Power and
Prediction

AI 경제학

AI 경제학

경제 시스템의 판도 변화

초판 1쇄 인쇄일 2024년 6월 17일　**초판 1쇄 발행일** 2024년 6월 21일

지은이 어제이 애그러월 · 조슈아 갠스 · 애비 골드파브 | **옮긴이** 천형석
펴낸이 박재환 | **편집** 유은재 신기원 | **마케팅** 박용민 | **관리** 조영란
펴낸곳 에코리브르 | **주소** 서울시 마포구 동교로15길 34 3층(04003) | **전화** 702-2530 | **팩스** 702-2532
이메일 ecolivres@hanmail.net | **블로그** http://blog.naver.com/ecolivres
출판등록 2001년 5월 7일 제201-10-2147호
종이 세종페이퍼 | **인쇄 · 제본** 상지사 P&B

ISBN 978-89-6263-279-8 03320

책값은 뒤표지에 있습니다.　잘못된 책은 구입한 곳에서 바꿔드립니다.

AI 경제학

경제 시스템의 판도 변화

어제이 애그러월·조슈아 갠스·애비 골드파브 지음 | 천형석 옮김

에코리브르

우리가 인공지능을 명쾌하고 체계적으로 다룰 수 있었던 것은 모두
가족, 동료, 학생, 스타트업 덕분이다. 다시 한번 감사드린다.

차례

서문: 멀리서 온 성공

2018년 우리는 《예측 기계(Prediction Machines)》를 출간하면서 인공지능의 경제학을 주제로 언급할 만한 것은 다 말했다고 생각했다. 그러나 전혀 그렇지 않았다.

당시 유아기에 머물러 있던 인공지능 기술은 분명 계속 진화해왔고 앞으로도 진화해가겠지만 그 바탕에 있는 경제학은 변할 수 없었다. 이처럼 변함이 없다는 게 경제학의 장점이다. 기술은 변하지만 경제학은 변하지 않는다. 우리는 《예측 기계》에서 인공지능 경제학을 위한 체계를 제시했으며 그 책은 지금도 쓸모가 있다. 그러나 《예측 기계》의 체계에서는 전체의 일부, 즉 도입 단계 솔루션(point solutions)만 다루었다. 인공지능의 또 다른 핵심 부분, 즉 **시스템** 부분에 대해서는 한마디도 꺼내지 못했던 것이다. 이 책에서는 남은 이야기를 하고자 한다. 우선 왜 우리는 시스템 부분을 놓쳤던가? 이를 설명하기 위해 시간을 거꾸로 돌려 2017년 《예측 기계》를 쓰던 당시로 돌아가 보자.

그해는 캐나다의 인공지능 선구자들이 이미지 식별 분야에서 딥 러닝(deep learning)의 탁월한 성능을 선보인 지 5년쯤 지난 때로, 이 새로운 기술에 대한 관심은 가히 폭발적이었다. 어디를 가든 인공지능 얘기만 들렸다. 캐나다가 세계 기술 무대에서 주목을 얻으리라는 관측이 있었다. 이런 주장은 가능성을 의심받는 문제가 아니라 시기만 남은 문제로 여겨졌다.

우리는 과학 기반의 스타트업 양성 프로그램을 운영하는 '창조적 파괴 연구소(Creative Destruction Lab, CDL)'를 설립해 그 일부로 인공지능 분야도 다루게 했다. 사람들은 우리에게 이렇게 질문했다. "캐나다의 첫 번째 인공지능 관련 유니콘(기업 가치가 10억 달러를 넘어서는 스타트업)은 어느 도시에서 등장할 것 같습니까?" 우리의 예상은 이러했다. "몬트리올 아니면 토론토겠지요. 어쩌면 에드먼턴일 수도 있고요."

다들 그렇게 생각했다. 캐나다 정부의 예상도 다르지 않았다. 2017년 10월 26일, 우리는 쥐스탱 트뤼도(Justin Trudeau) 캐나다 총리를 CDL에 초대해 '인공지능에 펼쳐진 시장과 머신 러닝'을 주제로 연례행사를 개최했다.[1] 그는 이 자리에서 산업 클러스터에 대한 투자의 중요성을 강조했다. 대기업, 스타트업, 대학, 투자자, 재능 있는 인력 등 다양한 산업 참가자들이 모인 특별한 지역이자, 따라서 전체가 부분의 합보다 클 수밖에 없으며 혁신을 조성하고 일자리가 창출되는 지역 말이다. 여기서 핵심 착안점은 공동 입지가 중요하다는 것이었다. 그로부터 몇 달이 지나자 트뤼도 정부는 새로운 슈퍼 클러스터 다섯 곳에 지원을 아끼지 않겠다고 밝혔다. 여기에는 몬트리올을 기반으로 인공지능에 중점을 두는 클러스터 한 곳이 포함되었다.[2]

우리는 인공지능의 상용화에 확신을 얻었다. 아마 이 주제에서는 우리도 누구 못지않은 전문가일 것이다. 우리는 인공지능 경제학을 주제로 베스트셀러를 냈고, 상용화를 주제로 학술 논문과 경영학 에세이를 제법 썼다. 이 분야에서 박사과정 학생들의 주요 참고문헌이 될 《인공지능의 경제학: 제안(The Economics of Artificial Intelligence: An Agenda)》을 공동으로 집필했고, 인공지능 상용화 목적을 가진 프로그램, 즉 우리가 알기로는 세계 어느 곳과 비교해도 가장 많은 인공지능 기업이 함께하는 프로그램을 설립했다. 아울러 전 세계를 돌며 기업과 정부의 리더들을 상대로 설명회를 개최했고, 인공지능 관련 정책 위원회, 전문가 위원회, 대중 토론회에 수차례 참여했다.

인공지능의 핵심 특징을 '예측'으로 이해해야 한다는 우리의 관점은 현직 전문가들 사이에서 반향을 일으켰다. 우리는 구글, 넷플릭스, 아마존, 페이스북, 마이크로소프트의 초청을 받아 설명회를 가졌다. 세계에서 가장 큰 음악 스트리밍 서비스업체 스포티파이(Spotify)에서 제품, 엔지니어링, 데이터, 디자인의 책임을 맡고 있는 구스타브 쇠데르스트룀(Gustav Söderström)은 어느 인터뷰에서 우리 책에 대해 이렇게 말했다.

> 《예측 기계》의 저자들은 그 책에서 빠짐없이 제시하고 있다. 머신 러닝 시스템의 예측 정확성이 라디오의 볼륨 손잡이를 돌리듯 조절 가능하다고 생각해보자. ……원하는 예측 정확성의 수준에 손잡이를 돌려 도달할 수 있게 된다면 실제로 머신 러닝을 기반으로 생산물과 사업 모델 전체를 재검토해야 하는 순간에 도달하고 만다. ……스포티파이는 청취자들의 선호를 반영한 믹스테이프 '디스커버 위클리(Discover Weekly)'를 매주 제공하며 《예측 기계》에서 설명한 '쇼핑 후 배송'에서 '배송 후 쇼핑'으로 패러다임을 바꾸었다. 스포티파이는 사용자에게 스스로 플레이리스트를 꾸릴 도구를 제공하는 방식에서 매주 플레이리스트를 제공해 사용자가 그중 마음에 드는 음악을 저장하면 되는 방식으로 전환할 수 있을 만큼의 예측 정확성

> 에 도달했다. 스포티파이의 비전은 스스로 플레이리스트를 꾸밀 탁월한 도구에서 플레이리스트를 꾸밀 필요마저 없는 방식으로 바뀌었다.[3]

예측의 질을 저렴한 비용으로 임의 조절할 수 있는 상황을 염두에 둔 우리 방식은 실용적으로 중요했을 뿐 아니라, 인공지능 전략에도 가치 있는 통찰을 제시했다.

그런데 우리가 캐나다의 첫 번째 인공지능 유니콘이 몬트리올이나 토론토 또는 에드먼턴에 등장할 거라고 그처럼 확신한 이유는 무엇인가? 최근 컴퓨터과학의 노벨상이라 불리는 튜링상(Turing Award)을 받은 두 사람과 교류하는 과정에서, 딥 러닝에 대한 선구적 업적이 몬트리올과 토론토에서 이루어졌고, 또한 강화 학습이라는 주요한 업적이 에드먼턴에서 이루어진 것을 알았기 때문이다. 캐나다 정부는 머신 러닝 연구에 전념하는 이 세 곳에 있는 기관들에 풍부한 재정 지원을 하려던 참이었다. 많은 글로벌 대기업이 인공지능 연구소를 설립하기 위해 몬트리올(에릭슨, 페이스북, 마이크로소프트, 화웨이, 삼성전자), 토론토(엔비디아, LG전자, 존슨 앤드 존슨, 로슈, 톰슨 로이터, 우버, 어도비) 그리고 에드먼턴(구글/딥마인드, 아마존, 미쓰비시, IBM)으로 몰려들었다.

하지만 우리의 예측은 틀리고 말았다. 그것도 많이……. 인공지능 상용화에 대한 우리의 지식이 적지 않았지만 말이다. 캐나다의 첫 번째 유니콘이 등장한 곳은 몬트리올도 아니고 토론토나 에드먼턴도 아니었다. 우리가 후보로 꼽은 지역, 즉 밴쿠버, 캘거리, 워털루, 핼리팩스도 아니었다. 캐나다의 기술 중심지인 이곳들 역시 아니라면 도대체 어디서 유니콘이 등장했단 말인가?

2020년 11월 19일, 〈월스트리트 저널〉의 헤드라인에는 이렇게 쓰여 있다. “미국 장외증권거래소의 지주 회사 나스닥이 금융 부정 탐지 기업 베라핀(Verafin)을 27억 5000만 달러에 인수하다.” 베라핀은 뉴펀들랜드주의 주도(州都) 세인트존스에 본사를 두고 있다. 우리를 포함해 어느 누구도 캐나다의 첫 번째 유니콘이 북아메리카 최동단에 위치한 이 도시에서 나오리라고는 상상하지 못했던 것이다.

세인트존스는 좀처럼 큰 사건이 일어나지 않는 곳이다. 뉴펀들랜드주는 캐나다에서 가장 동쪽에 있으며 인구는 50만 명이 겨우 넘는다. 기술 분야와는 별 상관이 없었던 곳이다. 미국이 캐나다의 이웃 국가이기는 해도 많은 미국인이 뉴펀들랜드에 대해 알기 시작한 것은 브로드웨이에서 성공한 뮤지컬 〈멀리서 온 사람들(Come from Away)〉이 2017년 토니상의 최우수 음악상을 비롯한 4개 부문 후보에 오른 이후부터였다. 이 뮤지컬은 9·11 테러 당시에 벌어진 실화를 바탕으로 하고 있다. 미국 영공이 폐쇄되어 비행기 38대가 뉴펀들랜드에 예기치 않게 착륙하자 익살맞으면서 친절한 주민들이 멀리서 온 오도 가도 못하는 승객 7000명을 받아들이는 이야기다. 그런데 브렌던 브라더스(Brendan Brothers), 제이미 킹(Jamie King), 레이먼드 프레티(Raymond Pretty)가 바로 이곳에서 베라핀을 설립했고, 결국 북아메리카의 금융 기관 3000여 곳에 금융 부정 탐지 소프트웨어를 공급하기에 이른다. 우리가 놓친 이유라도 있는 것일까? 순전히 요행으로 그리 된 것일까? 무작위로 기회를 얻은 것일까? 전문가도 한 번씩은 틀리기 마련이다. 지나고 나서야 깨닫기도 한다. 실현될 확률이 낮은 사건이라도 일어날 가능성은 있는 법이니 말이다.

나스닥이 사려 한 것은 인공지능이었다. 베라핀은 투자를 크게 늘려 금융 부정을 예측하고, 은행 고객의 신원을 인증하는 시스템을 구축했다. 이런 시스템은 은행이 규제를 준수하며 영업하기 위해 핵심적으로 갖추어야 할 것이었다. 이 시스템에는 빅 데이터가 반드시 필요했으며, 은행과 비영리 금융 기관의 데이터는 그중에서 가장 큰 부분이었다.

돌이켜보면 베라핀 같은 기업이 최고 성과를 거둔 것은 우연이 아니다. 그 성공은 불가피하기도 했다. 우리는 예측 기계의 **잠재력**에 너무나 몰두한 나머지 실제 상용화 **가능성**을 보지 못한 것이다. 우리는 인공지능 자체의 경제적 특징, 즉 예측 비용의 하락에는 주목하면서도 인공지능을 동반해야 하는 새로운 **시스템**의 구축을 둘러싼 경제학은 등한시했다.

당시 우리가 이 새로운 시스템을 더 잘 이해했더라면 최첨단 머신 러닝 모델을 제작하는 기술적 환경을 평가할 것이 아니라, 예측 문제를 중심에 두고 응용 환경을 조사했을 것이다. 이 예측 문제를 포함한 **시스템**이 아직 인간의 예측을 대체할 수준은 아니지만 이미 기계 예측을 위해 고안 중이었던 상황이니까 말이다. 이 새로운 시스템을 더 잘 이해했더라면 우리는 아마 이미 데이터과학자들을 고용해 예측 분석을 조직의 워크플로(workflow: 작업 흐름—옮긴이)에 통합시킨 기업들을 살펴보았을 것이다. 또한 금융 기관들이 금융 거래에서 사기, 돈세탁, 시정 의무 위반 및 다른 범죄 행위를 예측하기 위해 데이터과학자를 대규모로 채용했을 때, 금융 기관들이 이러한 시스템의 확산에 가장 앞서 있다는 걸 바로 깨달았을 것이다.[4] 그다음으로 금융 거래에서 발생할 문제에 대처하기 위해 인공지능이 거둔 최근의 성공을 수용하려는 소규모 기업들도 살펴보았을 것이다. 그렇게 해서 우리는 당시 캐나다에는 그럴 만한 기업이 극소수라는 점도 알아냈을 것이다. 그중 하나가 뉴펀들랜드주 세인트존스에 본사를 두고 있는 베라핀이라는 것을 말이다.

우리는 다시 물러나 인공지능의 경제학에 대해 더 살펴봐야 한다는 사실을 깨달았다. 베라핀의 방식은 《예측 기계》를 교본으로 삼고 있었다. 놀랄 일도 아니었다. 앞으로 더 밝혀져야 할 것은 그처럼 많은 응용을 대규모로 실행하기까지 그처럼 많은 시간을 보내야 하는 이유였다. 우리는 기술 자체에 대한 경제학뿐 아니라, 기술을 둘러싼 시스템을 이해해야 했다. 우리는 은행업의 금융 부정 탐지와 전자 상거래의 상품 추천에서는 **급속한** 자동화가 이루어진 반면, 보험의 계약 심사와 제약 회사의 신약 후보 물질 발견에서는 자동화가 **느릴** 수밖에 없도록 만드는 경제적 요인을 파악해야 한다.

우리만 기존 조직의 틀 안에서 인공지능의 실행을 가로막는 장애물을 유독 폄하한 것은 아니었다. 토론토 대학의 교수이자 딥 러닝 분야에서 선구적 성과를 이룬 덕에 인공지능의 대부라고 불리는 제프리 힌턴(Geoffrey Hinton) 역시 인공지능의 실행에서 닥칠 난관을 제대로 알아보지 못하는 듯한 예상을 내놓았다.[5] 그는 과거 흥미로운 말을 했다. "방사선 전문의가 되고자 한다면 이는 마치 벼랑 끝에 선 코요테가 미처 아래를 내려다보지 못해 발아래 디딜 곳이 없다는 걸 모르는 것과 다름없다. 이제는 방사선 전문의 훈련을 중단해야 한다. 5년도 안 되어 딥 러닝이 방사선 전문의를 앞설 것이라는 점은 거의 분명한 사실이다."[6] 기술 진보의 속도에 대해서는 그가 한 말이 옳다. (이제 인공지능은 다양한 진단에서 방사선 전문의를 능가하고 있다.) 그런데 벌써 5년이 지났건만 미국방사선학회 보고서에 따르면, 방사선 전문의가 되기 위해 훈련받고 있는 학생들 수는 줄지 않고 있다.

우리에게는 역사상 가장 독특한 시간, 즉 기술의 잠재력을 확인한 **때로부터** 광범위한 수용에 이를 **때까지** 보내야 할 '무르익는 시간'에 접어들었다는 생각이 뚜렷해지기 시작했다. 우리가 **도입 단계 솔루션**이라고 부르는 인공지능 수용 방법이 있는데, 이는 단순하다. 이 솔루션을 통한 인공지능 수용은 구식 기계에 의한 예측 분석을 새로운 인공지능 도구로 바꾸는 것뿐이다. (그래서 베라핀의 경우처럼 이 과정은 빨리 이루어진다.) 반면, 인공지능의 편익을 알고 그 수용에 따른 비용을 합리적으로 감수하기 위해 조직뿐 아니라 제품이나 서비스를 다시 설계해야 하는 인공지능 수용 방법도 있다. 후자의 경우에는 기업들과 각국 정부가 경쟁적으로 수익성을 확보하면서 이를 실행할 경로를 찾아 나선다.

우리는 인공 신경망에 대한 연구에서 벗어나 인간의 인지 과정(의사 결정이 이루어지는 방식), 사회적 상호 작용(일부 산업에서는 인공지능 수용이 재빨리 이루어지는 반면, 나머지 산업에서는 수용에 따른 반발이 생기는 이유), 생산 시스템(의사 결정들 사이의 의존 관계), 산업 구조(불확실성에 대비한 규칙의 등장)에 대한 연구로 옮겨갔다.

이러한 현상을 탐구하기 위해 우리는 인공지능을 사용하려는 기업 리더, 생산 관리자, 창업자, 투자자, 데이터과학자, 컴퓨터과학자를 만났다. 우리는 전문가와 정책 결정자들이 참가하는 워크숍과 회의를 거듭 개최했다. 그리고 인공지능 스타트업을 대상으로 벤처 캐피털의 지원을 받아 수백 번 실험을 하며 효과적인 것과 효과적이지 않은 것을 면밀히 조사했다.

물론 우리는 또한 《예측 기계》를 썼던 시기에 앞서 몇 년 동안 모습조차 보이지 않던 인공지능의 경제학을 실증적으로 연구해 결과를 얻는 가운데 경제학의 기본 원리를 재조명했다. 우리는 흩어져 있는 요인들을 연결해 경제학 모형을 구성함으로써 도입 단계 솔루션과 시스템 단계 솔루션(system solutions)을 구별해서 베라핀의 수수께끼를 풀고, 다음 차례 인공지능 수용의 물결을 예상하고자 했다. 도입 단계 솔루션이 아니라 시스템 단계 솔루션에 집중함으로써 인공지능 기술이 결국 산업 전체를 휩쓸면서 기성 기업의 일부에는 안착하는 반면, 나머지에는 지장을 주고 마는 양상을 설명할 수 있었다. 책을 한 권 더 써야 하는 상황이었던 것이다. 그게 바로 이 책이다.

때로부터 광범위하게 활용되면서 그 가능성을 실현하기까지의 시간 말이다.

인공지능의 앞날은 확정되어 있지 않다. 그러나 우리는 전기의 사례에서 특유의 패턴을 보았다. 따라서 인공지능의 상용화를 가로막는 장애물을 파악하기 위해서는 1880년대 즈음의 기업가들이 무엇을 생각했는지 상상하는 것이 필요하다. 당시에 전기는 다가올 미래였다. 여러분이 보기에 그 미래는 어떤 모습으로 실현되었을 것 같은가?

도입 단계 솔루션 기업가

19세기 후반에 증기는 경제의 동력이었다. 석탄으로 물을 데워 증기를 발생시키면 바로 이를 동력으로 삼아 레버·도르래·벨트를 움직였고, 결국 공업 생산이 가능해졌다. 증기가 농업혁명 이후 최대의 경제적 혁명을 이끈 기적임을 아무도 부인하지 못했다. 그래서 전기를 팔고자 하는 기업가라면 잠재 고객이 증기의 실상을 면밀히 파악하고 그 약점을 알아채도록 부추겨야 했다.

전기와 단순히 비교하는 것만으로 증기의 약점은 금세 드러났다. 증기는 열효율이 낮았는데, 이 점이 가장 중요했다. 발생한 열이 대부분 낭비되었던 것이다. 증기력을 작업대까지 전달하기 위해 회전축과 벨트를 이용했는데, 발생한 에너지의 30퍼센트에서 심지어 85퍼센트까지 응결, 밸브 누수, 마찰력 때문에 사라졌다.[1] 이 회전축 시스템이 머릿속에 잘 그려지지 않는다면, 증기 기관의 한쪽 끝에 3인치 길이의 강철이나 주철로 만든 회전축을 연결해 벨트와 도르래를 거쳐 동력을 전달하는 것을 떠올리면 된다. 일부 회전축은 수평적으로 동력을 전달한 반면, 많은 공장이 다층형 구조였기 때문에 수직으로 동력을 전달하는 회전축을 갖추고 있었다. 하나의 회전축으로 수백 대의 방직기에 동력을 공급하는 방식이었다.

전기를 당장 이용하려면 증기 기관을 대신해 회전축 말단에 연결할 새로운 기관이 필요했는데, 한때 에디슨 밑에서 일했던 프랭크 스프레이그(Frank Sprague)는 그 점을 이해하고 1886년에 초기 형태의 전기 모터를 개발했다. 조명에만 몰두한 에디슨과 달리 스프레이그는 전기의 주간(晝間) 요금이 저렴해지면 전기 모터의 사용으로 이익을 누릴 수 있음을 깨달았던 것이다. 스프레이그는 이러한 직관에 힘입어 빌딩의 엘리베이터와 전차에 전기를 이용하도록 만들었다. 한발 더 나아가 공장에 전기 모터를 도입하는 이들도 있었다.

필자들은 이 같은 시도를 도입 단계 솔루션이라고 부른다. 이 발명가들이 당시 공장에 막 선보인 전기로 증기를 대체했기 때문이다. 19세기 말의 도입 단계 솔루션 기업가들이 마주한 수요자는 전기라는 새로운 동력원에 적극적 태도를 보이는 사람들로서 두 부류로 나눌 수 있었다. 한 부류는 대형 증기 기관을 이용하는 공장주들이었다. 1893년 사우스캐롤라이나주 컬럼비아에 있던 어느 방직 공장은 증기 기관의 사용을 단념하고 1마일에 걸쳐 동력을 전달하는 케이블 시스템을 갖춘 단순한 구조의 수력 발전 시스템을 마련했다. 그렇게 만든 전기는 그 일대에서 가장 저렴했다.[2] 나머지 부류는 의류와 섬유 제조 공장을 운영하는 사람들이었다. 증기 기관의 단점으로는 청결하지 않다는 것뿐 아니라 운동 속도가 일정하게 유지되지 않을 가능성이 있다는 것을 들 수 있는데, 전기를 사용하면 이 두 가지를 걱정할 필요가 없었다.

도입 단계 솔루션 기업가들이 내세운 전기의 장점에는 비용 절감과 특정 유형의 공장에만 특화된 몇 가지 혜택이 있었다. 전기의 플러그 앤드 플레이(plug and play) 방식은 눈에 띄는 부분이었다. 그럼에도 선뜻 전기를 도입하려는 사람은 많지 않았다. 동력원을 바꾸더라도 에너지 비용의 절약에는 한계가 있었다. 도입 단계 솔루션에서 간과한 것은 **동력을 더 사용하더라도 합리적일 수 있다**는 점이었다.

응용 단계 솔루션 기업가

증기 기관은 일단 켜면 작동을 멈추기까지 시간이 걸렸지만 전기 모터는 끄고 난 후 바로 켤 수 있었다. 증기 동력 시스템은 증기력이 회전축에 전달된 후, 기계공들이 각자 맡은 기계에서 레버를 조작해 동력을 사용하거나 차단한 반면, 전기 모터는 기계와 직접 연결되어 기계공이 간단히 켜고 끌 수 있었다. 전기 모터 방식이 더 간편하고 유지에 드는 수고도 더 적었다.[3] 그런데 전기 모터 방식은 공장에서 소모되는 동력의 양이 실제 사용하는 것만큼 변동한다는 걸 의미했다. 경제사가인 네이선 로젠버그(Nathan Rosenberg)가 관찰한 대로, 이러한 점이 동력 분할의 시대에 접어든 요인이었다. 비로소 적은 비용으로 매우 작은 장치에 동력을 제공하는 게 가능해졌고, 이전과 같이 잠깐 쓰기 위해 과도한 동력을 발생시켜야 할 필요도 없어졌다.[4]

여기서 전기의 가치에 대한 사업적 통찰은 동력의 절약, 더 정확히 말하면 필요한 만큼만 동력을 쓸 수 있다는 것이었다. 이런 통찰은 기계 장치의 유형마다 동력원을 별도로 두는 등 공장 디자인이 부분적으로 변화하는 데 영향을 미쳤으며, 일부 엔지니어는 기계마다 적합한 전기 모터를 고안하기 시작했다. 그러나 여러 기계를 함께 작동해야 하는 경우라도 사용한 만큼만 비용을 지불하는 것만으로도 크게 유용했다.

획기적인 것은 기계 장치 한 대에 별도로 전력을 공급하는 방식이었다. 우리는 이를 응용 단계 솔루션(application solutions)이라고 부른다. 이 방식은 동력원의 교체뿐만 아니라 기계 장치 자체(즉, 응용 장치)를 교체하는 것이었다. 더 나아가 일부 장치는 이동하기 쉽게 제작되었다. 더 이상 중심 회전축에 연결할 필요가 없기 때문에 여러 장치를 여기저기서 사용할 수 있었다. 작업을 고정된 장치에 맞출 필요 없이 기계를 이리저리 옮겨가며 수행할 수 있게 된 것이다.

이런 상황은 충분히 예상한 것이지만 현실적으로는 드릴, 절삭 공구, 프레스 등 공작 기계 하나하나를 완전히 새롭게 개선해야 했다.[5] 개별 장치마다 전기 모터를 잘 활용하려면 말이다. 더욱이 전기 모터 자체에는 정해진 규격이 없어 특정 기계 또는 필요에 따라 맞춤형으로 제작해야 했다. 응용 단계 솔루션을 도입할 계기가 곳곳에서 보였지만, 그러려면 기계 장치를 개선해야 했던 것이다. 더 나아가 공장 내 기계 장치 하나를 전용 모터에 연결하도록 디자인할 경우 나머지 기계에 동력을 제공하는 기관의 가치는 그만큼 낮아진다. 따라서 적절한 균형을 이루려면 많은 장치를 다시 디자인하는 수밖에 없었다. 그런데 그렇게 하면 시간이 지남에 따라 새로운 시스템이 탄생할지도 모를 일이었다.

시스템 단계 솔루션 기업가

산업혁명 시기 내내 공장 디자인의 목적은 증기력을 최대한 이용할 수 있게끔 하는 것이었다. 지금까지 살펴본 대로, 공장의 단일 동력원은 회전축을 거쳐 거기에 연결된 벨트와 도르래를 지나 개별 기계에 분배되었다. 현대인의 눈으로 보면 당시의 공장은 그 안에 사람들이 마치 톱니바퀴처럼 놓여 있는 하나의 거대한 기계였다. 전체적으로 볼 때 공장은 동력을 분배하는 단일 지점에 수백 개의 움직이는 부품이 연결되어 있는, 만화에서나 볼 법한 복잡한 장치였다. 동력원을 바꾸어도 이런 모습은 변하지 않았다. 그러나 새로운 장치를 도입하면서 일부 기업가들이 공장에 대한 기존의 생각을 바꾸었다. 이를테면 중심 회전축이 없는 공장 또는 심지어 함께 작동해야 하는 여러 기계에 동력을 전달하는 회전축이 없는 공장으로 말이다. **이제 여러분이 전기에 대해 잘 안다고 가정하고 공장을 새롭게 디자인한다면 어떤 모습을 띨까?**

기존의 공장은 각종 기계 장치를 동력원 가까이에 놓이도록 만들어야 했다. 다시 말해, 각각의 작업 현장을 수직으로 층층이 배치하는 편이 유리했다. 19세기 말 다층 구조의 비좁은 공장은 노동 조건, 안전, 기계 성능에서 대가를 치르는 중이었다. 하지만 전기를 쓰면 기계를 비좁은 공간에 몽땅 밀어 넣을 필요가 없다.

점차 많은 기업 경영자들이 시스템 단계 솔루션을 받아들일 때에 전기의 진가가 드러난다는 것을 깨달았다. 구체적으로 말하면, 전기의 이점을 빠짐없이 활용하는 시스템에서 말이다. 여기서 필자들은 '시스템'이란 용어를 **작업의 완수를 보장하는 상호 연관된 절차**라는 뜻으로 사용한다.

공장 내부 공간을 경제학적으로 생각해보자. 증기와 중심 회전축이 존재하는 한 회전축 가까이에 있는 공간은 나머지 공간보다 가치가 더 클 수밖에 없다. 따라서 작업은 회전축 가까이에서 이뤄졌고, 그 작업이 끝나면 제품을 다음 과정을 위해 어딘가에 쌓아두거나 옮겨야 했다. 즉, 완성하기까지 제품을 이리저리 이동시켜야 했다.

하지만 전기가 유연성을 제공함으로써 공간의 경제적 가치가 평준화되었다. 이른바 라인을 따라 생산이 이루어지는, 다시 말해 미완성 제품을 이리저리 옮기지 않고 순차적인 공정 단계를 거치는 생산 방식이 좋은 평가를 얻었다. 헨리 포드(Henry Ford)라도 모델 T 자동차의 생산 라인을 증기력에 기반해서는 구축할 수 없었을 것이다. 전기의 상업적 장래성이 엿보이고 수십 년이 지나서야 포드는 자동차 생산 라인을 구축할 수 있었다. 알다시피 포드는 자동차 기업가이지만, 달리 보면 시스템 단계 솔루션을 도입한 기업가이기도 했다. 이러한 시스템 변화는 공업 지대의 풍경을 바꾸었고, 그제야 마침내 전기의 사용이 생산성 통계에서 중요 항목으로 등장했다.[6]

AI 기업가

우리는 이로부터 세 가지 교훈을 얻을 수 있다. 첫째, 큰 폭의 생산성 증가는 신기술의 가능성을 이해하는 데 달려 있다. 1890년에 전기 도입을 추진한 기업가는 이 기술에 어울리는 연료비 절감이라는 핵심 가치 제안에 주목했다. 그러나 전기는 더 저렴한 증기 기관 역할에 머물지 않았다. 전기의 진가는 동력 사용과 동력원의 분리에 있었다. 이 덕택에 동력원에서 거리가 멀더라도 동력을 사용할 수 있었고, 결국 공장과 워크플로를 개선하는 아이디어가 폭발적으로 쏟아져 나왔다. 1920년에 이르면 전기 도입을 추진하는 기업가는 전기의 핵심 가치 제안이 연료비 절감이 아니라 어마어마한 생산성 증가를 낳는 공장 디자인이라는 것을 이해하게 되었다.

AI의 경우에도 예상할 수 있는 패턴은 마찬가지다. 이미 언급한 대로 초기 인공지능의 등장으로 인해 열린 사업 기회를 차지한 것은 베라핀의 경우처럼 기존 예측 방식을 효율과 속도가 개선되고 비용이 덜 드는 방식으로 대체하는 도입 단계 솔루션이다.

우리는 또한 AI에 맞추어 장치나 제품을 다시 설계해야 하는 응용 단계 솔루션의 등장도 목격하고 있다. AI로 작동하는 로봇은 모두 응용 장치이며, AI가 장치의 소프트웨어를 개선하기 위해 구현하는 대부분의 방식 또한 마찬가지다. 안면 인식 기능이 있는 폰 내장형 카메라를 생각해보자. 여기에는 특수한 카메라뿐 아니라 관련 정보의 보안을 유지하는 특화된 하드웨어가 반드시 필요하다. 아마 이러한 혁신 중에서 가장 눈에 띄는 것은 수십억 달러를 들여서 디자인해 출시한 (기존 도로에서 운행하는) 자율 주행 차량일 것이다. 자율 주행 차량은 겉보기에 기존 차량과 별반 다를 게 없지만 차량 내부의 하드웨어는 감지기 장착, 온보드(onboard) 프로세싱을 갖춘 뒤 기계 조작이 가능하도록 재설계해야 한다.

우리는 조만간 대단히 중요한 AI용 시스템 단계 솔루션이 범람하는 광경을 목도할 텐데, 이 책에서는 AI의 잠재력뿐 아니라 그러한 기회를 실현하는 가운데 마주할 장애물에 대해서도 다룰 것이다.

둘째, 앞선 내용대로라면 간단하면서도 어쩌면 대답하기 쉽지 않은 다음의 질문을 던질 수밖에 없다. 현재 우리가 AI에 대해 잘 안다고 가정하고 처음부터 새롭게 시작한다면 재화, 서비스, 공장 등을 어떻게 디자인하겠는가? 단층식의 새로운 공장 구조는 우선 전통적 산업에서 생겨난 것이 아니라 20세기 들어 담배, 조립 금속, 수송 설비, 전기용 기계 장치 같은 신흥 산업에서 등장했다. AI 중심의 시스템 디자인을 수용하는 초기 단계에서도 우리는 이런 일이 반복되는 것을 보고 있다. 오늘날 검색, 전자 상거래, 스트리밍 서비스, 사회관계망 서비스 같은 디지털화한 신흥 산업군에서 말이다.

AI의 경우 우리는 다음 두 가지 동일한 질문을 할 수 있다. (1) AI로 우리는 진정 무엇을 얻는가? (2) 우리가 사업을 처음부터 새롭게 시작한다면 그 사업 프로세스와 비즈니스 모델을 어떻게 구축할 것인가? 전기가 더 저렴한 동력뿐 아니라 어마어마한 생산성 증가를 가져올 공장 디자인을 낳았다면, 아마 인공지능 역시 비용이 더 적게 드는 예측뿐 아니라 생산성이 매우 높은 재화, 서비스, 조직 디자인을 낳을 것이다. 전기의 주된 혜택이 동력 사용과 동력원을 분리해 공장 디자인의 혁신을 촉진한 것이었다면, 인공지능의 주된 혜택은 예측과 나머지 의사 결정 과정을 분리하고 개별 의사 결정의 상호 관계를 새롭게 정립함으로써 조직 디자인의 혁신을 촉진하는 것이다.

우리가 주장하는 바는 의사 결정에서 예측과 나머지 부분을 서로 분리하고, 예측을 인간이 아닌 기계에 맡김으로써 인공지능이 시스템 수준의 혁신을 일으킨다는 것이다. 의사 결정은 그 시스템에서 핵심 요소이고, 인공지능은 의사 결정을 향상시킨다.

마지막으로 세 번째 교훈은 솔루션에 따라 시장 지배력을 획득할 기회가 달라진다는 것이다. 기업가는 가치를 창조하고 이를 회수함으로써 이익을 얻는다. 도입 단계 솔루션의 문제는 창조되는 가치가 별반 크지 않다는 것이다. 전기로 증기를 대체할 수 있음에도 증기에는 이미 설비 기반이 갖추어져 있었다. 그래서 증기를 전기로 대체하는 것은 결코 비용이 적게 드는 일이 아니었으며, 대체를 제안할 수 있는 가치는 동력 비용이 절약된다는 것 정도였다. 즉, 도입 단계 솔루션 기업가들은 그 솔루션의 활용에 누구보다 능숙한 경우에만 지속적인 수익을 누릴 수 있었다. 이는 베라핀의 사례에서 보았던 상황이기도 하다. 하지만 이조차 가장 상황이 좋은 경우에나 그러할 뿐이다.[7]

응용 단계 이후 시스템 단계로 넘어가면 기업가는 창조한 가치를 방어하기가 더욱 쉬워진다. 새로운 장치를 경쟁에서 차별화할 수 있으며, 특허와 지식재산권의 보호도 받을 수 있기 때문이다. 그런데 새로운 시스템의 잠재력은 여기서 그치지 않는다. 전기의 경우 새로운 공장 디자인은 주로 공장 소유자가 고안했다. 자신에게 경쟁력 있는 분야에서 일어난 이러한 변화 덕분에 공장 소유자들은 시장 점유율을 확보하고 경쟁 부담에서 벗어날 노하우를 얻을 수 있었다. 공장의 내부 배치는 금세 알아볼 수 있는 것이지만 새로운 시스템의 바탕을 이루는 공정, 역량, 숙달 정도는 눈에 잘 보이지 않고 따라 하기도 쉽지 않다. 더 나아가 새로운 시스템은 규모의 경제를 가능케 한다.

판도를 바꾸는 인공지능과 지배력

전기는 이른바 '판도'를 바꾸는 데 수십 년이 걸렸다. 첫 20년 동안 전기는 도입 단계 솔루션을 받아들인 일부 공장과 장치에서 쓰였고, 그

외에는 조명으로만 사용되었다. 그런데 새로운 시스템이 발전하면서 경제마저 변화했다. 그 변화는 대단히 강력했을 뿐만 아니라 발전(發電)과 배전망을 통제하는 사람, 전기를 대규모로 사용해 대량 생산에 나선 사람에게 경제적 지배력을 안겨주었다. 이런 변화를 겪으면서도 벨트와 도르래에 의지하는 공장제 수공업이나 공장용 부동산의 소유자로 남고 싶어 하는 사람은 없을 것이다.

인공지능의 경우에도 과정은 똑같다. 희소한 자원과 자산에 대한 통제력이 지금까지와는 다른 사람들에게 옮겨가는 경제적 지배력의 실제 이동은 경쟁 압력에서 조직을 보호할 능력을 동반한다. 인공지능의 등장으로 지배력이 이동할 만한 계기가 명백히 보였다. 하지만 판도를 바꾸는 계기, 즉 산업을 탈바꿈시키고 산업 내 지배력을 획득할 수 있는 계기는 새로운 시스템에서 나온다. 이 새로운 시스템은 발전이 더딜 뿐 아니라 그 복잡성 때문에 남들이 따라 하기도 쉽지 않다. 바로 이런 이유로 시스템의 혁신을 이룰 수 있는 사람이 기회를 얻는 것이다.

그러나 불확실성은 여전히 크다. 인공지능의 경우 이 신기술에서 지배력을 획득할 사람이 누구일지는 아무도 모른다. 이는 새로운 시스템이 갖출 미래의 모습에 달려 있을 것이다. 여기서 필자들의 과제는 인공지능 시스템이 발전하고 수용되면서, 누가 지배력을 얻고 누가 지배력을 잃는지 독자들이 알 수 있도록 길을 밝히는 것이다.

핵심 요약

- 100년도 더 된 과거 동력 시장을 배경으로 설명한 세 가지 유형의 기업가 비유는 증기에서 전기로 바뀌는 동일한 기술 변화를 맞이한 기업가들이 받아들인 각각의 가치 제안을 보여준다. 이러한 가치 제안에는 도입 단계 솔루션(동력 비용을 절감하고 마찰에 의한 동력 손실이 줄어든다. 공장 시스템 디자인에는 아무 변화가 없다), 응용 단계 솔루션(개별 기계 장치마다 별도 전력 제공: 기계 장치를 모듈화해서 장치 하나가 멈추더라도 다른 장치는 영향을 받지 않는다. 공장 시스템 디자인에는 아무 변화 없다), 시스템 단계 솔루션(공장 디자인 변경: 경량 건축, 단층 구조, 노동자와 원자재의 이동 및 공간 배치를 최적화한 워크플로)이 있다.
- 일부 가치 제안은 특히 주목을 받았다. 전기의 경우, 시스템 변화 없이 증기를 전기로 곧장 대체하는 도입 단계 및 응용 단계 솔루션의 가치는 제한적이었으며, 이는 산업계의 수용이 처음부터 더뎠다는 사실에서 드러난다. 시간이 지나자 일부 기업가는 증기를 계속 사용하는 한 불가능하거나 막대한 비용이 드는 분리, 즉 기계 장치와 동력원의 분리가 비로소 가능해지는 순간을 맞이했다. 전력을 이용하는 시스템 차원의 솔루션을 도입함으로써 말이다. 대체로 시스템 단계 솔루션의 가치 제안은 도입 단계 솔루션의 가치 제안보다 훨씬 우월했다.
- 전기 덕분에 기계 장치와 동력원의 분리가 가능해지면서 가치 제안이 연료비 절감에서 어마어마한 생산성 증가를 가져올 공장 디자인으로 급격하게 전환되었다. 이렇듯 인공지능은 예측을 의사 결정의 나머지 부분과 분리하고 가치 제안을 예측 비용 절감에서 어마어마한 생산성 증가를 가져올 시스템으로 전환시킬 것이다.

02

인공지능의 시스템적 수용의 미래

2017년은 인공지능 콘퍼런스로 넘쳐났다. 이런 자리들이 홍수를 이루는 가운데 기업계와 여러 나라 정부가 여기에 함께했고, 학계 또한 흥분을 감추지 못했다. 우리는 경제적 변화를 가져올 인공지능의 잠재력을 깨달아 최고의 경제학자 중 일부라도 인공지능 연구에 나서기를 희망했다. 우리는 경제학자들의 이목을 모으기 위해 토론토에서 AI 콘퍼런스를 조직하고 연구 주제를 제시했다.[1]

놀랍게도 우리는 커다란 어려움 없이 여러 사람의 주목을 이끌어냈다. 경제학과 컴퓨터과학 두 분야에 걸쳐 혁신을 이룩한 공로로 노벨상을 수상한 스탠퍼드 대학의 폴 밀그럼(Paul Milgrom)은 이 자리에서 1990년 인터넷 경제학을 주제로 한 콘퍼런스에 초대받은 적이 있는데, 유감스럽게도 그 초대를 거절했다고 회상하며 이렇게 말했다. "지금도 기억이 생생하다. 1990년 미국국립과학재단(NSF)이 내게 인터넷 경제학에 대해 발표할 의향이 있는지 물었을 때 나는 주인-대리인 이론, 기업 관련 경제학, 전략적 상보 효과에 대한 연구로 여념이 없었다. 그래서 안타깝게도 그 초대를 거절하고 말았다!" 그리고 다음과 같이 덧붙였다. "그래서 이번에는 핑계를 대지 않고 이 자리에 참석했다."[2]

참석자 일부는 인공지능이 미칠 영향에 낙관적 태도를 보였다. 노벨상을 수상한 대니얼 카너먼(Daniel Kahneman)은 다음과 같이 언급했다. "최종적으로 인공지능 컴퓨터 프로그래밍을 이용하지 않고 할 수 있는 일이 별로 없을 거라고 생각한다."[3] 오바마 대통령 시절 경제자문위원회에서 활동했던 벳시 스티븐슨(Betsey Stevenson)은 그 낙관적 분위기를 이렇게 요약했다. "경제학자라면 명백히 인공지능으로 인한 경제적 이득이 상당할 것으로 생각했다."[4]

회의주의적 입장에 더 가까운 이들도 있었다. 역시 노벨상을 수상한 조지프 스티글리츠(Joseph Stiglitz)는 인공지능이 불평등에 미칠 영향을 우려하는 사람들 중 하나였다. 경제학자이자 〈뉴욕타임스〉 칼럼니스트 타일러 카우언(Tyler Cowen)도 AI의 생산성이 물질적 자원의 희소성을 확대할 수 있다고 걱정했다. 한때 이스라엘 정치계에 몸담았던 마누엘 트라이텐베르그(Manuel Trajtenberg)는 기술 혁신이 일어났다고 해서 반드시 그 기술의 혜택이 장기적으로 이어지는 것은 아니며, 오히려 자동화에 대한 저항과 함께 자동화가 일자리에 미칠 영향을 염려하는 대중적 분위기만 낳을 수 있다고 우려했다.

특히 눈길을 끄는 한 가지는 AI가 경제에 큰 영향을 미치지 않을 것 같다는 주장이었다. 경제학자 에릭 브리뇰프슨(Erik Brynjolfsson), 대니얼 록(Daniel Rock), 채드 시버슨(Chad Syverson)은 다음과 같이 지적했다.

> 우리는 역설의 시대에 살고 있다. 인공지능을 이용하는 시스템은 점차 많은 분야에서 인간이 이룬 성과에 필적하거나 이를 능가하고 있다. 여러 기술 분야에서 급속한 발전을 최대한 이끌어내는 동시에 주식 가격의 폭등마저 이끈다. 그러나 지난 10년간 생산성 증가율은 절반이나 하락한 것으로 추정되며, 미국인 대다수는 실질 임금이 1990년대 말부터 정체 상태에 있었다.[5]

전기의 역사에서도 그러하지만 기술사를 공부하는 사람이라면 이러한 역설이 낯설지 않다. MIT의 로버트 솔로(Robert Solow)는 1987년에 잘 알려진 대로 다음과 같이 재치 있게 말했다. “우리는 어디를 가든 컴퓨터의 시대임을 알 수 있다. 생산성 통계를 제외한다면 말이다.” 컴퓨터가 모든 곳에서 등장하고 있지만 생산성 증가율의 상승은 확인되지 않는다는 뜻이다. 이러한 패턴은 전혀 낯선 일이 아니며, 경제학자들은 ‘범용 기술’, 즉 광범위한 분야에서 지속적인 생산성 증가를 가져오는 기술이 등장하는 시기의 일반적 모습에 주목해왔다.[6] 범용 기술에는 증기 기관, 전기 및 더 최근의 사례로 반도체와 인터넷이 있다. 우리 콘퍼런스 참석자들에게는 인공지능 역시 범용 기술의 후보로 충분해 보였다. 우리의 기대는 어떠할 것 같은가? 우리 역시 그렇다. 역사적으로 이러한 기술은 결국 경제, 기업, 직무를 뒤바꾸었다. 그런데 이 모든 것이 뒤바뀌는 수십 년 동안 무슨 일이 일어났을까? 무르익는 시간 동안 무슨 일이 벌어졌을까?

인공지능 수용을 위한 시스템 혁신

구글 CEO 순다르 피차이(Sundar Pichai)는 다음과 같이 말했다. "AI는 인간이 여태껏 공들인 것 중에서 아마 가장 중요해질 것이다. 인공지능이 미칠 반향은 전기보다 클 것으로 생각한다."[7] 구글은 벌써부터 인공지능에서 얻을 혜택을 이해하고 있었다. 하지만 많은 회사가 지금껏 이를 이해하지 못하고 있다. 2020년 〈MIT 슬론 매니지먼트 리뷰〉와 보스턴 컨설팅 그룹의 조사에 따르면, 각종 조직의 11퍼센트만이 인공지능으로 얻을 기업의 이익이 상당하다고 평가하는 것으로 나타났다.[8] 이처럼 낮은 수치는 노력이 부족해서가 아니다. 59퍼센트의 조직은 인공지능 전략을 갖추고 있다고 밝혔다. 또 57퍼센트의 조직이 인공지능 솔루션을 채택하거나 시험해보았다.

구글 브레인(Google Brain)을 설립하고 중국 검색 엔진 바이두(Baidu)의 수석과학자를 지낸 인공지능 분야의 선구자 앤드루 응(Andrew Ng)은 다음과 같이 공식적으로 말했다. "인공지능은 새로운 전기(electricity)다. 인공지능에는 모든 산업을 변화시키고 거대한 경제적 가치를 창출할 잠재력이 있다."[9] 우리도 이에 동의한다. 변화를 이끌어내는 데 있어 인공지능에는 전기에 맞먹는 잠재력이 있다. 그러나 과거 경험에 비추어보면 이런 변화는 오랜 시간에 걸쳐 이루어지고 우여곡절을 겪을 것이다.

전기의 사례에서 볼 수 있듯 인공지능의 미래를 낙관적으로 보든 이제껏 인공지능이 거둔 성과에 실망하든 이 두 가지 태도 사이에는 아무런 내적 모순도 없다. 브리뇰프슨, 록, 시버슨은 이런 점을 들어 역설의 시대라고 강조했다. 우리는 낙관주의와 더불어 현재의 도달 수준에 대한 실망이 공존하는 상황을 경험할 것이다. 사실 경제가 혁신적 기술로 인해 구조 조정을 겪는 시기에 낙관과 실망이 공존할 거라는 예상에는 타당한 개념적 근거들이 있다.

처음 전기 붐이 일었을 때 백열전구가 촛불을 대체하고, 전기 모터가 증기 기관을 대체했다. 이는 도입 단계 솔루션이기 때문에 반드시 구조 변화를 동반해야 하는 것은 아니었다. 그래서 경제는 변화를 겪지 않았다.

인공지능도 마찬가지 상황에 있다. 현재 인공지능은 예측 분석을 위한 새로운 도구로 쓰인다. 그리고 베라핀 같은 극소수 회사는 예측력 강화에서 얻을 수 있는 혜택을 이해하고 있다. 이 회사는 인공지능의 기업적 이익을 이미 이해하고 있는 11퍼센트의 회사에 속한다.[10] 이들은 이미 예측을 수행하고 있으며, 인공지능은 이러한 회사의 예측을 개선하고, 더 빠르고 더 낮은 비용으로 그 일을 처리할 것이다. 인공지능을 통해 가장 먼저 거둘 과실은 도입 단계 솔루션이며, 그 과실은 지금도 수확 중이다.

발전을 통해 만든 전기를 분산된 공간에서 사용한다는 더 큰 혜택을 이해하고 누리면서 전기의 진정한 잠재력이 실현되었듯, 인공지능은 예측함으로써 얻는 혜택을 완전히 활용할 수 있는 순간에 이르러야 진정한 잠재력을 발휘할 것이다. 필자들의 입장에서 이런 혜택은 정확히 말해, 예측이 의사 결정의 개선에 기여하는 것을 의미한다. **우리가 밝히려는 것은 대체로 예측이 의사 결정 방식을 그처럼 변화시킨다면, 조직 내 의사 결정 체계 전체와 그 과정 역시 이에 적응할 수밖에 없다는 점이다.** 그때 가서야 AI 수용은 진정 도약을 맞이할 것이다.

우리는 AI의 확실한 잠재력이 알려진 이후부터 AI의 영향으로 변화를 맞이하기까지의 사이에서 무르익는 시간을 보내고 있다. 인공지능 도입에 성공한 대기업 11퍼센트와 같은 선상에 베라핀을 놓을 수 있는 것은 인공지능을 이용한 예측이 이 회사의 시스템에 들어맞았기 때문이다. 이 회사는 기존 절차와 워크플로를 크게 바꾸지 않고도 인공지능의 예측을 이용할 수 있는 상태였다.

나머지 89퍼센트의 회사는 그러한 시스템을 갖추지 못했다. 인공지능의 잠재력은 분명하지만 그 잠재력이 실현되는 경로는 불분명하다. 작업 방식의 개선에 도움을 줄 기계 예측의 사용법을 마련해야 한다. 이 말은 의사 결정의 개선에 예측을 이용할 수 있어야 한다는 뜻이다.

인공지능은 의사 결정을 개선할 수 있기 때문에 인간이 할 수 있는 모든 일에 큰 영향을 줄 것이다. 인공지능은 데이터 수집, 모델 수립, 예측 수행 등 기술적 과제뿐 아니라 적재적시에 적절한 의사 결정이 이루어져야 하는 조직적 과제를 해결할 수 있다. 정보의 질이 개선될 경우 **새로운 문제 해결 방식**을 찾아야 하는 전략적 과제 역시 마찬가지다.

단계의 구분

무르익는 시간 동안 드러나는 큰 특징 중 하나는 도입 단계 솔루션이 거둔 성공과 그에 대한 열광이다. 그러나 얼핏 인공지능은 여전히 기술 시장의 일부를 겨냥한 상품처럼 보인다. 이미 응용 단계 솔루션에서도 어느 정도 발전과 실험이 이루어졌다. 하지만 이 솔루션의 쓰임새는 그 성격상 무척 제한적이다. 현재 이러한 응용 단계 솔루션은 전화기나 자동차 안전 기능 같은 기성 상품의 기능을 향상시키고 있다.

미국 인구조사국은 약 30만 개 기업을 대상으로 인공지능 사용 현황을 조사했다. 여기서 인공지능을 채택한 대기업은 압도적으로 기존 프로세스의 자동화 및 개선이 그 사용 목적임을 강조했다. 즉, 이들이 도입한 인공지능은 도입 단계 솔루션과 응용 단계 솔루션이며, 따라서 시스템의 변화를 동반하지 않았다. 도입한 인공지능이 이런 기업의 생산성에 미친 영향은 평범했다.[11] 기존의 워크플로를 검토하고 인공지능으로 대체 가능한 분야를 밝히는 작업은 당장 그 혜택을 기대할 수 없더라도 그 의미를 부정할 수는 없다. 하지만 이런 분야에서는 가장 큰 기회를 기대하기 힘들다.

무르익는 시간 동안 기업가와 경영자들은 이러한 응용 단계 솔루션을 수용하는 것이 경제적으로 유의미해지도록 몸부림친다. 네이선 로젠버그가 주목했듯 기술의 경우 "무수한 사업 실패는 대부분 창업자가 자신이 우연히 매료된 부분과 전체 시스템의 나머지 부분 사이의 상호 의존이라는 연관성을 이해하지 못했기 때문이다".[12]

진정한 변화는 혁신가들이 새로운 시스템 단계 솔루션을 창조할 때 비로소 시작된다. 이러한 시스템 단계 솔루션 자체가 인공지능을 무시할 수 없는 경제적 규모에 이르게끔 하고, 이렇게 해서 모멘텀이 형성되면 추가로 응용 단계 솔루션에 강한 자극을 준다. 이처럼 규모의 잠재력이 보이고 혁신이 잇따라야 인공지능 시스템은 경제적으로 추구할 만한 가치를 얻는다.

지금까지 세 가지 솔루션의 의미를 살펴봤으니, 다음으로 우리의 주장을 상세히 설명하는 것이 중요하다. 우리의 개념을 아래와 같이 정의하도록 하자.

- 도입 단계 솔루션은 기존 절차를 일부 개선하면서도 독립적으로 수용할 수 있다. 그 절차를 포괄하는 시스템 변화가 요구되지는 않는다.
- 응용 단계 솔루션에서는 새로운 절차의 도입이 가능하며 이 절차는 독립적으로 수용할 수 있다. 그 절차를 포괄하는 시스템 변화가 요구되지는 않는다.
- 시스템 단계 솔루션은 기존 절차를 개선하며 하부 절차의 변화를 동반하는 새로운 절차의 도입을 가능케 한다.

이러한 정의에서 까다로운 부분은 '독립적'이라는 용어인데, 시스템 단계 솔루션을 제외하고 도입 단계 솔루션과 응용 단계 솔루션에 등장한다. 기존 절차 내에서든 새로운 절차를 통해서든 신기술을 사용해 가치 상승을 꾀할 수 있다고 가정해보자. 가치 상승이 솔루션의 개발과 수용에 드는 비용을 넘어선다면, 그 솔루션은 경제적으로 실행 가능하다. 게다가 그 실행 가능성은 나머지 부분의 변화 여부와는 별개다. 그러나 신기술 사용으로 얻는 혜택이 너무 적은 동시에 다른 부분의 변화를 동반해야 그 혜택이 늘어날 수 있는 경우를 가정해보자. 그런 경우 변화를 동반하지 않는 독립적 수용은 경제적으로 실행 가능하지 않다. 수용하려면 서로 얽혀 있는 절차를 한꺼번에 변화시키는 것이 반드시 필요하다.

그래서 도입 단계 솔루션을 적용해 증기를 전기로 교체하는 게 용이한 공장이 존재했으며, 또한 기존 생산 시스템을 넘어서지 않으면서 전기 모터와 통합해 구축하는 응용 단계 솔루션을 적용할 수 있는 공장도 일부 있었다. 그러나 일반적인 경우는 공장을 재구성해야 했으며, 도입한 솔루션이 경제적으로 실행 가능하려면 중앙 집중형 전력 시스템과 배전망도 구축해야 했다. 즉, 시스템 단계 솔루션에서 전기는 기존 동력을 대체하는 역할에서 벗어나 새로운 동력을 사용하는 계기를 제공했다.

다음 장에서는 예측 기계에서 다룬 주제, 즉 현대 인공지능의 진화는 본질적으로 예측 기술의 개선이라는 주제로 다시 돌아갈 것이다. 예측은 의사 결정을 하는 경우에만 가치를 얻는다. 따라서 이 책의 목적에 맞춰 앞의 정의를 다음과 같이 수정하고자 한다.

- 인공지능 도입 단계 솔루션: 예측이 기존 결정을 일부 개선하는 동시에 그 결정이 독립적으로 가능하다면, 예측은 도입 단계 솔루션으로서 유의미하다.
- 인공지능 응용 단계 솔루션: 예측으로 새로운 결정이 가능하거나 의사 결정 방식이 변화하는 동시에 그 결정이 독립적으로 가능하다면, 예측은 응용 단계 솔루션으로서 유의미하다.
- 인공지능 시스템 단계 솔루션: 예측으로 기존 결정을 개선하거나 새로운 결정이 가능한 경우이면서 다른 의사 결정 방식 또한 변화해야 하는 경우에만 예측은 시스템 단계 솔루션으로서 유의미하다.

다른 기술은 시간이 지나면 주된 요소와 부차적 요소를 정확히 구분할 수 있지만, 인공지능의 경우에는 그러한 구분이 아직 이루어지지 않고 있다. 이 책에서는 이를 밝혀낼 방법을 다룰 것이다.

시스템 변화는 판도를 바꾼다

인공지능 수용이 가장 크게 늘어난다면, 과거 경험에 비추어볼 때 이는 시스템 변화 때문에 벌어지는 일일 것이다. 그런데 그 변화는 판도 또한 바꿀 것이다. 판도가 바뀐다는 것은 인공지능 때문에 한 산업에 속한 기업과 그 내부의 인사들이 대부분 역할의 변화를 겪는다는 뜻이며, 이런 변화와 함께 지배력도 이동한다는 얘기다. 즉, 경제적 승자와 패자가 나뉜다. 이런 일은 특히 시스템 변화가 빨리 이루어질수록 더욱 급격히 나타난다.

이러한 판도 변화를 이해하기 위해 농업에서의 예측 문제를 생각해보자. 농업은 기계화로 인해 고용이 부쩍 줄어든 산업이다. 그런데 농장 경영은 여전히 농부의 몫이다. 농장은 크고 처리할 문제도 많은 반면, 그 대부분을 여전히 농부들이 소유하고 있다. 농부들은 산적한 문제에 대한 결정을 내리기 위해 일기 예보를 활용하는데, 토지의 작황은 본질적으로 농부 자신의 예측과 더 일반적으로는 의사 결정에서 농부가 발휘하는 농업 기술에 좌우되는 측면이 강하다.

그런데 상황이 변하고 있다. 농부는 날씨의 변동을 감수하게 마련이지만, 위태롭게도 농부가 이를 어떤 식으로 감수할지는 농작물과 농토의 상태에 따라 결정된다. 이 추가적인 위험은 최초로 인터넷을 통해 일기 예보를 제공한 데이비드 프리드버그(David Friedberg)가 미국 농부들을 상대로 보험 판매를 하던 시절에 깨달은 것이었다. 날씨 데이터처럼, 2900만 필지에 대한 적외선 위성 이미지 및 토양 구성과 관련한 미국 정부의 데이터 등을 이용해 프리드버그는 날씨에 따른 토지별 위험도나 예상 수확량을 계산할 수 있었다.[13]

프리드버그는 농부를 상대로 보험을 판매하기 위해 클라이맷 코퍼레이션(The Climate Corporation)을 설립했는데, 얼마 지나지 않아 농부들이 농토와 관련한 자신의 데이터에 주목한다는 사실을 깨달았다.

> 그[프리드버그]는 번번이 농부에게 토양이 머금은 수분의 양을 정확히 알려주었다. 수분이 특정 수준을 넘어서면 토양은 습해(濕害)를 입는다. 그는 날마다 농부들에게 강우량과 온도를 알려주었다. 농부들은 모두 이를 안다고 생각하겠지만, 농부가 여러 카운티에 걸쳐 흩어져 있는 스물이나 서른 곳의 토지를 경작하는 경우도 있을 수 있다. 그는 농부에게 작물의 정확한 성장 현황, 비료를 줄 가장 적합한 시기, 파종에 가장 알맞은 8일의 기간, 이상적인 추수 일을 알려주곤 했다.[14]

예측은 농부에게 가장 중요한 결정, 즉 거름주기, 파종, 수확과 관련한 결정을 내리는 데 큰 역할을 했다. 이러한 결정의 목적은 거의 한결같았다. 수익의 극대화였다. 농사는 농부의 직감에 따른 임기응변식 판단에 따라 이루어졌다. 하지만 클라이맷은 농사를 과학적 의사 결정의 문제이자 확률의 문제로 변화시켰다. 농부는 더는 룰렛을 하지 않고 블랙잭을 했다. 데이비드 프리드버그는 농부가 확률적 경우의 수를 따질 수 있도록 도왔던 것이다.[15]

농부들은 새로운 도구를 사용하면서 기술 변화를 이해하는 것에 익숙했는데, 이러한 지식이 그들의 의사 결정 방식을 바꾸고 있었다. 정말로 결정 자체가 바뀌었을 뿐 아니라, 거리상 동떨어진 곳에서 그러한 결정이 내려졌다. 그곳은 바로 미국 시골 지역에서 한참 먼 샌프란시스코다. 미국 서부 해안의 대도시에 있는 이 기업이 캔자스주 농부들에게

옥수수를 재배해서는 안 된다고 조언하는 것이다.

클라이맷은 현재 농업 관련 결정을 일체 하지 않고 있다. 농부들은 여전히 일부 중요한 결정을 스스로 내리고 있지만, 프리드버그가 주목한 대로 시간이 지나면 그들 자신이 결정하는 일은 거의 없을 것이다. 모든 것이 관찰되고 모든 것이 예측될 것이다.[16] 농부들은 이 점을 서서히 받아들이고 있다. 저술가 마이클 루이스(Michael Lewis)는 다음과 같이 이야기한다. "어떤 농부도 프리드버그에게 이런 질문을 던진 적이 없었다. 내 지식이 더는 쓸모가 없다면, 나는 무슨 쓸모가 있는가?"[17] 다시 말해, 이런 징후는 판도를 바꿀 혁신과 중앙 집중화한 농업 경영을 예고한다. 그것에 시간이 얼마나 들지, 그리고 자동화할 수 없는 일부 결정이 존재할지 여부는 알 수 없다. 우리가 아는 것은 농업 분야에서 이러한 도구의 잠재력을 높이 평가한다는 사실이다. 2013년 다국적 식량 기업 몬산토는 클라이맷을 11억 달러에 인수했다.

예측 기계가 발전함에 따라 농부들은 점차 그 예측을 바탕으로 의사 결정을 하는 게 아니라 타인에게 그걸 맡길 것이다. 적절한 정보, 기술, 인센티브, 조정 능력을 갖춘 사람이 의사 결정을 맡는 경우가 늘어나면 농업 경영이 개선될 가능성이 크다. 그렇다면 앞으로 농부의 역할은 어떻게 바뀔까? 농부들은 현재 토지 소유자이지만 그렇게 되기까지도 오랜 변화를 겪어야 했다.

이 책의 구성

이 책의 목적은 인공지능의 시스템 단계 솔루션 발전을 고무하는 데 있다. 그 핵심은 바로 의사 결정과 그 의사 결정 안에서 예측이 하는 역할이다.

1부에서는 세 가지 유형의 기업가 비유를 제시하며 기술이 무르익는 동안 인공지능의 발전과 효율적 사용을 가로막는 장애물을 소개한다. 그것은 전기를 비롯해 과거의 여러 가지 범용 기술이 보낸 무르익는 시간과 거의 유사하다. 3장에서는 이러한 장애물과 기회를 이해시키는 징검다리로서 이 책에 앞서 출간한 《예측 기계》의 주제를 다시금 논의하고, 인공지능에서 예측이 핵심 부분으로 자리 잡는 과정을 밝힌다.

2부에서는 높은 가치 창출은 도입 단계 솔루션만으로 불충분하다는 우리 주장을 뒷받침하기 위해 의사 결정 과정을 파헤친다. 여기서는 세 가지 큰 주제를 살핀다. 첫째, 의사 결정은 쉽지 않다는 것이다. 단순히 규칙을 따르는 것과 비교해 인지적 비용이 수반된다. 의사 결정의 긍정적 측면은 새로운 정보에 대응해 당장의 행동을 바꿀 수 있다는 것이다. 예측이 없다면 혜택도 없다. 둘째, 인공지능의 예측은 결국 규칙에서 의사 결정으로 나아가도록 만드는 결정적 요인일 수 있다. 아울러 조직을 부정적 결과로부터 보호하려는 규칙과 그에 따른 행동 방식 때문에 불확실성이 감추어질 수 있다. 따라서 인공지능을 적용해야 하는 부분을 찾는 일이 까다로울 수 있다. 동시에 그것이야말로 판도 변화를 불러올 가능성이 가장 큰 부분이다. 그러한 불확실성이 표면에 떠올랐음에도 그걸 감추는 기업은 위기에 처할 수 있다. 셋째, 각 의사 결정 사이의 관계다. 여러 의사 결정이 상호 작용하는 가운데 규칙에서 예측에 기반한 의사 결정으로 옮겨가면 실제로 시스템에 대한 불신이 어느 정도 발생한다. 이것을 극복하려면 대체로 시스템 차원의 변화가 필요하다. 문제는 규칙이 보통 교묘히 그리고 눈에 띄지 않게 기존 시스템을 옴짝달싹 못하도록 속박한다는 것이다. 따라서 기존 시스템을 바꾸기보다 처음부터 새롭게 시스템을 갖추는 편이 더 쉬울 수 있다. 그래서 역사적으로 보면 최적화를 위해 시스템의 총체적 개선이 필요한 시기에 새로운 시장 진입자와 스타트업이 기존 기업을 종종 능가하는 것이다. 따라서 시스템 수준의 변화는 현존 기업들이 주도하는 세력 판도를 바꿀 수 있는 길이다.

3부에서는 새로운 시스템의 창출 과정을 살핀다. 이 과정에서는 예측에 대응하기 위해 하나의 의사 결정을 바꾸는 걸 넘어 상호 작용하는 의사 결정 전체에 영향을 미치는 상황이 발생한다. 특히 이전부터 규칙이 많은 것을 주도해온 경우, 시스템 중심적 사고방식을 수용하고 의사 결정 사이의 미묘한 관계를 이해하는 것이 중요하다는 점을 설명한다. 우리는 인공지능 예측이 혁신 프로세스에서 이미 시스템 변화의 효과를 낳고 있음을 보여줄 것이다. 이는 혁신 프로세스 이외의 곳에서도 변화가 필요하다는 것을 어렴풋이 보여준다.

4부에서는 시스템 차원의 변화가 불러올 한 가지 핵심적 결과를 살핀다. 즉, 시스템 차원의 변화는 지배력에 영향을 미친다는 것이다. 판도가 바뀌면 프로세스 측면에서 경제적 지배력의 이동이 수반된다. 이를테면 새로운 시스템을 도입하면 가장 경제적인 가치를 창출하는 자리의 주인이 바뀐다. 우리는 산업을 혁신하는 판도 변화와 시스템 차원의 변화가 지금까지 어떤 관계에 있었는지 설명하기 위해 최근의 사례를 살펴볼 것이다. 그다음으로 인공지능에 대한 논의에서 등장하는 지배력과 관련한 공포의 일면을 들여다본다. 기계가 지배력을 가질 수 있는지 말이다. 인공지능의 목적이 예측이고, 예측은 의사 결정 과정에 개입하는 것이라는 이해를 전제로, 지배력은 외견상 기계가 아무리 강력해 보이더라도 기계에서 비롯하는 것이 아니라 기계 너머에서 예측에 따른 대응 방식을 결정하는 판단에서 비롯한다는 점을 설명할 것이다. 다음으로 개선된 예측과 그 예측의 연료 역할을 하는 데이터를 통해 경쟁 상황에 놓인 기업이 얻는 이점을 살핀다. 즉, 예측으로 지배력이 확대되는 양상을 살펴볼 것이다.

5부에서는 예측이 기존 지배력을 허무는 메커니즘, 즉 인공지능으로 판도가 바뀌는 방식을 파헤친다. 예측 기계가 없던 시절의 임기응변식 의사 결정 방식에 항상 예측과 판단이 결합되어 있었다면, 인공지능이 등장해 그 예측과 판단이 분리되는 방식을 설명한다. 이처럼 예측과 판단이 분리되면 현재의 의사 결정자가 실제로 그러한 판단을 하기에 가장 적합한 사람인지 의문을 불러일으킨다. 이어서 판단하는 사람이 분리를 추구할 수 있다는 사실을 다룬다. 특히 판단이 분산적으로 이루어지는 상황에서 어떻게 결국 지배력의 집중을 불러올 만큼의 수준에 이르는지 살펴본다. 마찬가지로, 예측이 규칙으로부터 의사 결정으로의 변화를 불러일으키고 여기에 새로운 시스템마저 뒤따른다면, 새로운 인물이 의사 결정 역할을 차지하고, 따라서 이는 지배력의 새로운 근원이 된다.

마지막으로 6부에서는 시스템 디자인, 특히 새로운 인공지능 발전에 기반한 신뢰할 만한 시스템 디자인을 살펴보며, 기업과 산업을 의사 결정(혹은 잠재적 의사 결정)의 체계로 이해하도록 도움을 줄 수단을 제공한다. 여기에는 강력한 예측 기계를 이용해 가장 핵심적인 소수의 의사 결정에 조직의 과제를 대응시키는 접근 방식이 포함된다. 우리는 주택보험 산업에 이 방식을 적용해볼 것이다. 다음으로 인공지능의 응용 단계에서 이미 시스템 차원의 장애물을 맞닥뜨린 의료 서비스에도 효과가 있을 시스템 디자인을 살펴본다.

이 책 끝부분에서는 많은 사람이 우려하는 인공지능의 편향 사례를 소개한다. 우리는 인공지능이 도입 단계 솔루션 수준에 머물 경우, 인공지능의 편향이 문제가 되며 예측 기계의 수용에 대한 반발도 정당할 수 있다고 인정한다. 그러나 이러한 편향은 시스템적 사고의 관점에서 더 정확히 볼 수 있다. 시스템이 인공지능의 예측에 맞춰 조정되어가는 방식을 이해하면 편향 제거가 인공지능이 제공하는 기회이며, 인공지능에 의한 전복이 아님을 훨씬 이해하기 쉬울 것이다.

종합적으로, 우리는 인공지능이 이끄는 산업 변화에는 시간이 소요된다는 사실을 강조하고자 한다. 초기에는 그러한 변화가 어떻게 이루어지는지 확실치 않다. 많은 사람이 시도하겠지만, 수요를 잘못 예측하거나 비즈니스 모델의 단위당 수익성이 충분치 않아 실패를 거듭할 것이다. 하지만 결국에는 누군가 성공을 거두고 수익을 냄으로써 이 방법을 입증할 것이다. 그러면 나머지는 따라 하기 시작할 테고, 그 산업의 리더는 해자를 둘러 이익을 보호하려 할 것이다. 때로는 이게 효과를 거두기도 할 것이다. 그럼에도 그 산업은 변화를 겪을 것이며, 언제나 그렇듯이 승자와 패자가 나뉠 것이다.

핵심 요약

- 인공지능이 지닌 엄청난 예측 능력에도 불구하고 지난 10년간 생산성 증가율은 절반이나 하락한 것으로 추정되며, 미국인 대다수는 실질 임금이

1990년대 말부터 정체 상태에 있다. 이러한 생산성 역설은 새삼스러운 것이 아니다. 우리는 컴퓨터가 있었던 1980년대에도 비슷한 경험을 했다. 사람들이 인공지능의 능력을 인지한 때로부터 그것을 광범위하게 수용하기까지의 기간을 무르익는 시간이라고 부른다. 도입 단계 솔루션과 응용 단계 솔루션은 상당히 빨리 기획 및 도입될 수 있지만, 인공지능의 거대한 잠재력을 드러낼 시스템 단계 솔루션에는 훨씬 더 많은 시간이 든다.

- 세 가지 유형의 인공지능 솔루션, 즉 도입 단계 솔루션, 응용 단계 솔루션, 시스템 단계 솔루션에 대한 정의에서 핵심 개념은 독립성이다. 인공지능의 예측이 핵심 결정을 개선해 가치를 창조하고, 그러한 가치 창조가 시스템을 변화시키지 않고도 독립적으로 가능하다면 이러한 도입 단계 솔루션(기존 결정의 향상)이나 응용 단계 솔루션(새로운 결정)은 실행 가능하다. 그러나 개선된 의사 결정의 가치가 독립적이지 않고 가치 창조를 위해 시스템의 상당한 변화가 필요한 경우에는 시스템 단계 솔루션이 필수적이다.
- 일반적으로 시스템 단계 솔루션의 시행이 도입 단계 솔루션이나 응용 단계 솔루션의 시행보다 더 힘든 이유는 인공지능에 의해 의사 결정이 개선되면 시스템의 다른 의사 결정이 그 영향을 받기 때문이다. 도입 단계 및 응용 단계 솔루션이 보통 기존 시스템을 강화한다면, 시스템 단계 솔루션은 정의상 기존 시스템을 전복하며 결과적으로 판도를 바꾸어버린다. 그런데 인공지능에 대한 투자에서는 대체로 시스템 단계 솔루션일 때 가장 높은 수익을 거둘 가능성이 크다. 게다가 시스템 단계 솔루션은 일부 산업에서 판도를 바꾸는 원인으로 작용할 가능성이 높으며, 결국 승자와 패자가 갈릴 것이다.

03

인공지능은 예측하는 기술이다

필자들이 처음으로 함께 쓴 책 《예측 기계》에서는 인공지능 경제학의 기초적인 요소들을 살펴보았다. 우리는 인공지능과 관련한 잠재적 복잡성과 과장된 선전을 일일이 살펴보고 나서 이것을 단 한 가지 요소, 즉 예측으로 축약했다. 흥미를 끄는 대상으로부터 선정성이 덜한 본질을 드러내는 축약형 분석은 경제학 교범에서 핵심적인 방법이다.

사람들이 생각하는 인공지능의 모습은 대중문화에서 흔히 볼 수 있는 지능 있는 기계다. R2-D2(〈스타워즈〉에 나오는 로봇 캐릭터—옮긴이)나 월-E(미국 애니메이션 〈WALL-E〉에 나오는 지구 폐기물 수거·처리용 로봇—옮긴이) 같은 보조 로봇일 수도 있고, 〈스타트랙〉의 데이터(Data) 소령이나 〈아이언맨〉의 자비스(J.A.R.V.I.S.) 같은 현명한 동료일 수도 있다. 아니면 〈2001 스페이스 오디세이〉의 HAL9000이나 〈어벤저스〉의 울트론(Ultron)처럼 적대적으로 변한 로봇을 떠올릴 수도 있다. 이 로봇들의 개성이나 목적은 차치하고 인공지능을 이렇게 묘사하는 태도에는 한 가지 공통점이 있다. 인공지능이 인간처럼 사고하고 추리하고 자율적으로 행동한다는 것이다.

대중문화에서 묘사하는 대로 그러한 기술이 앞으로 개발될 수는 있겠지만, 현재 우리의 인공지능은 이런 모습이 아니다. 인간이 지금까지 이룩한 것은 통계 기법의 발전이지 생각하는 존재 같은 게 아니다. 그런데 통계 기법의 발전은 매우 중요하다. 그 발전이 최대에 이르면 예측 비용은 급전직하할 것이다. 그리고 예측은 우리가 어느 분야에서든 지금까지 해온 일이다.

인공지능이 거둔 최고의 발전 가운데 상징적인 사건은 머신 러닝의 일종인 딥 러닝의 우수성을 입증했다는 것이다. 2012년 제프리 힌턴이 이끄는 토론토 대학 연구 팀이 딥 러닝을 이용해 기계의 이미지 식별 능력을 비약적으로 끌어올렸다. 이 팀은 이미지넷(ImageNet)이라는, 수많은 이미지가 담긴 데이터 세트를 이용해 특정 이미지를 보고 그게 무엇인지 분류하는 알고리즘을 10년 가까이 만들고 있었다. 이 데이터 세트에는 각각의 이미지마다 그걸 식별하기 위해 인간이 분류해서 작성한 라벨이 붙어 있었다. 데이터 세트의 분류를 기준으로 알고리즘을 개발하고, 그 알고리즘에 따라 새로운 이미지를 식별할 수 있도록 한 것이다. 이미지 식별을 두고 알고리즘들 사이에 경쟁이 벌어졌고, 인간도 이 경쟁에 참여했다. 인간의 이미지 식별이 완전하지는 않았지만 2012년 전까지는 그 어떤 알고리즘보다 월등히 뛰어났다. 하지만 2012년에 변화가 일어나기 시작했다.

딥 러닝은 그림 속 대상을 식별하는 걸 일종의 예측 문제로 바라보았다. 그 목표는 새로운 그림이 주어지면 인간이 그림을 보고 식별하듯 그게 무엇인지 예측할 수 있게끔 하는 것이었다. 가령 강아지 그림을 제시할 경우, 딥 러닝이 하는 일은 그 그림이 실제로 무엇인지 알아보는 게 아니었다. 그런 게 아니라 그림 속 사물이 미리 설정된 라벨들 가운데 어느 라벨에 가장 가까운지를 맞추는 것이었다. 따라서 목표는 가장 적합해 보이는 라벨을 고르는 것이며, 그게 바로 예측이었다. 수많은 속성과 그 속성들의 수많은 조합(복잡한 계산의 실행을 통해 얻는다)을 고려한 끝에 토론토 대학 연구 팀이 밝혀낸 것은 딥 러닝이 어떤 알고리즘보다 뛰어나며, 결국 대부분의 인간마저 앞지를 수 있다는 것이었다.

이렇게 묘사하면 기계가 문제를 해결하기 위해 정해진 대로 작동하기보다 마치 즉흥적으로 행동한다는 듯한 인상을 줄 수 있다. 그런데 이런 즉흥적 행동이 강력해지고 있다. 기계 예측의 유용성은 무엇보다 정확성을 제고하는 데 달려 있다. 예측이 의사 결정의 핵심 투입물이기 때문이다.

예측의 보완재

예측이 의사 결정의 유일한 투입물인 것은 아니다. 판단과 데이터도 예측만큼 중요한 투입물이다. 다음 사례는 판단을 가장 잘 설명해준다.

로봇이 인간에게 봉사하는 미래 사회를 배경으로 만든 영화 〈아이, 로봇(I, Robot)〉에는 살인 사건 담당 형사인 델 스푸너(Del Spooner)가 등장한다. 이 형사는 로봇을 혐오하는데, 영화의 플롯 대부분을 이끄는 것이 이런 혐오감이다. 그런데 스푸너가 로봇에게 적의를 품은 데에는 이유가 있었다.

과거 스푸너는 자동차 사고로 12세 소녀와 함께 다리 아래로 추락했고, 두 사람 모두 익사 직전에 놓였다. 당시 한 로봇이 소녀는 외면하고 스푸너를 구했는데, 이때 스푸너는 로봇이 소녀를 먼저 구했어야 한다고 생각해서 로봇에 반감을 품기 시작했다.

나중에 스푸너는 로봇이 왜 그런 결정을 했는지 살펴볼 수 있었다. 당시 로봇은 스푸너의 생존 확률을 45퍼센트로, 소녀의 생존 확률을 11퍼센트로 예측했다. 따라서 한 명을 구할 시간밖에 없었기에 로봇은 스푸너를 선택한 것이다. 하지만 스푸너는 11퍼센트도 소녀의 목숨을 구하기에 부족하지 않은 확률이며, 인간이라면 소녀를 먼저 구했을 거라고 생각한다.

그럴 수 있다. 바로 이것이 특정 환경에서 이루어지는 특정 행동에 대한 보상을 결정하는 과정, 즉 판단이 무엇인지를 보여주는 대목이다. 스푸너가 보기에 소녀를 구하는 게 옳은 의사 결정이라고 한다면, 그는 소녀의 목숨이 자기 목숨보다 4배는 더 소중하다는 판단을 했다고 추론할 수 있다. 만일 생존 확률이 소녀는 11퍼센트이고 스푸너는 45퍼센트라면, 그 정보를 바탕으로 둘 중 하나만 구해야 하는 사람은 두 목숨의 상대적 가치를 판단할 수밖에 없다. 로봇은 인간의 목숨은 모두 동등하다고 판단하게끔 프로그래밍되어 있었다. 예측 기계를 활용할 때, 우리는 판단의 과정을 명백하게 밝혀낼 필요가 있다.

상관관계와 인과관계

데이터에는 예측을 가능케 하는 정보가 있다. 인공지능이 적합한 데이터를 많이 확보할수록 예측은 개선된다. 적합한 데이터란 예측하고자 하는 것과 관련된 데이터를 의미한다. 통계학자는 적합한 데이터를 갖추는 것이 데이터를 바탕으로 한 예측에 필수적이라고 말한다. 한정된 데이터를 가지고 너무 많은 것을 예측하면 그 예측은 부정확해질 것이다.

무척 다양한 환경의 데이터를 수집하면서도 너무 많은 걸 추정하거나 너무 먼 미래를 예측하지 않는 것뿐 아니라 데이터를 바탕으로 예측하는 것도 간단한 일이 아니다. 이따금 필요한 데이터가 없을 수도 있다. 그 때문에 전 세계 통계학 수업에서 결코 빠뜨리지 않는 상투어, 즉 상관관계가 있다고 해서 반드시 인과관계가 성립하는 것은 아니라는 얘기가 있다.

미국 장난감 산업의 광고비와 매출액 사이에는 강한 상관관계가 있다. 광고비 지출은 11월 말을 앞두고 급격히 늘어나 한 달 동안 높은 수준에 머무른다. 광고비가 이처럼 높은 기간 동안에는 장난감이 매장 선반에서 금세 사라진다. 데이터만 본다면, 한 해의 나머지 기간 동안 광고비를 늘리고 싶은 마음이 들 수 있다. 크리스마스를 앞두고 그렇듯 초봄에 광고비를 늘리면 4월에 매출이 늘어날 것처럼 보일 수 있는 것이다.

하지만 지금껏 장난감 회사들은 그렇게 하지 않았다. 장난감 광고비는 4월 수준이 12월 수준보다 훨씬 낮다. 누구도 시도하지 않았다는 얘기는 4월에 광고비 지출을 늘리는 경우, 기존 데이터가 그 결과에 대한 어떠한 예측도 뒷받침하지 못한다는 것을 뜻한다. 광고비와 매출액 사이의 월별 상관관계를 보고 늘어난 광고비가 매출액 증가의 원인이라든가, 크리스마스가 광고비와 매출액 증가의 원인이라고 말할 수 없는 것이다. 그 상관관계가 사실상 인과관계여서 4월의 늘어난 광고비가 장난감 매출의 급격한 증가로 이어질 가능성도 있을 수는 있다. 물론 12월에 거둔 장난감 매출 대부분이 광고 때문이 아닐 수도 있다. 오히려 크리스마스에 대한 기대감이 광고비 및 매출 증가의 원인일 수 있다. 또한 광고비가 12월 매출의 원인일 수는 있지만, 4월에 장난감을 사는 미국인이 너무 적기 때문에 4월에는 광고비가 12월만 한 효과를 거두지 못할 것이다.

다시 말해, 예측 기계만으로는 업계가 광고 전략을 바꾸었을 때 4월의 장난감 판매에 미칠 영향을 알 수 없다.[1] 둘 사이의 관계를 파악하기 위해서는 인과 추론(casual inference)이라고 부르는 통계학의 별도 분야를 활용해야 한다. 이 분야는 인공지능과 마찬가지로 지난 몇 년 동안 큰 진전을 이루었다. (2021년 노벨 경제학상은 인과관계 분석에서 거둔 업적을 인정받은 학자들이 수상했다.) 게다가 이러한 수단이 그 자체로 인공지능에 불가피한 역할을 하면서, 인공지능에 다양한 상황에서의 효과적 예측에 필요한 데이터를 제공한다는 점이 갈수록 분명해지고 있다. 세계 최고의 인공지능 회사들도 이 사실을 알고 있다. 예를 들어, 2021년 노벨 경제학상 수상자 3명 가운데 2명이 아마존에서 근무했다. 그중 휘도 임번스(Guido Imbens)는 교수직 말고도 핵심 인공지능 팀에서 연구하고 있으며, 데이비드 카드(David Card)는 아마존과 산학 협력에 나서고 있다.[2]

인과 추론이 지닌 한계 때문에 인공지능의 유용성은 관련 데이터 수집이 가능한 분야에만 한정된다. 인공지능은 체스, 바둑, '슈퍼마리오 브라더스' 같은 게임에서 대단히 효과적이다. 게임의 환경은 플레이할 때마다 항상 동일하며, 따라서 현재의 게임을 위해 과거 데이터로부터 많은 것을 추측할 필요가 없다. 게다가 데이터가 없는 상황이라도 게임은 소프트웨어의 일종이므로 시뮬레이션을 통한 실험을 시행하는 것이 가능하다. 이 실험으로 인공지능은 다른 버튼을 누르거나 전략이 바뀌면 일어날 법한 상황을 분석해 데이터에서 결핍된 부분을 채운다. 인공지능이 줄곧 신통치 않았던 바둑 같은 수준 높은 대국(對局) 경기에서 딥마인드(DeepMind)의 알파고(AlphaGo)와 알파고제로(AlphaGoZero)가 찾아낸 승리 전략이 바로 이것이다. 딥마인드는 모의실험을 수백만 번 시행하면서 전략을 여러 차례 바꿀 때마다 일어날 법한 상황을 시뮬레이션함으로써 승리 전략을 예측하는 기계 학습을 수행했다.[3]

다양한 기업 환경에서 데이터는 유용한 역할을 한다. 데이터가 당장 없더라도 실험을 통해 데이터를 얻는 것이 종종 가능하다. 기업에서 실험은 컴퓨터로 시뮬레이션을 실행하는 속도가 아니라 인간의 속도로 이루어지므로 컴퓨터 시뮬레이션 실행보다 더 오랜 시간이 걸린다. 그런데 이 방식은 인공지능에 유용한 투입물일 수 있는 관련 데이터를 수집하는 강력한 도구가 될 수 있다.

무작위 실험은 통계 전문가들이 인과관계를 밝히는 데 주로 사용하는 방법이다. 이 방식은 의학계에서 새로운 약물을 승인할 경우에 거치는 대표적인 표준 절차인데, 사람들을 무작위 두 그룹으로 나누어 한 그룹엔 진짜 약을 주고 나머지 그룹엔 가짜 약을 준다. 만약 두 그룹이 균등하지 않다면 서로 차이가 있더라도 이것은 우연일 뿐이다. 그래서 충분한 수의 사람들이 균등하게 나뉜 경우, 치료와 그 효과 사이의 인과관계에 대해 결론을 내릴 수 있다. 아울러 바로 이런 종류의 실험을 시행함으로써 상관관계에 대해서뿐만 아니라 인과적 결론을 이끌어내는 데 필요한 데이터도 수집할 수 있다.

이러한 시뮬레이션을 통해 얻는 데이터, 또는 무작위 심지어 준(準)무작위 실험을 통해 얻는 데이터는 그걸 수집하는 게 아예 불가능하거나 어려운 경우도 있을 수 있다. 극단적으로 인공지능을 군사 분야에 적용하는 경우가 그러하다. 일견 전쟁이 인공지능의 방법을 적용하기에 이상적인 무대로 보일 수 있다. 군사학자 카를 폰 클라우제비츠(Carl von Clausewitz)가 19세기에 썼듯이 전쟁은 불확실성의 영역이다. 따라서 예측이 불확실성을 줄이고 결국엔 상당한 군사적 이점을 안겨줄 것으로 생각할 수 있다. 그러나 문제는 전쟁엔 상대방이 있다는 것이다. 전쟁에서 인공지능이 주어진 문제에 대해 능숙하게 최적의 해결책을 제시할 경우, 지능 있는 상대라면 그 상황을 바꾸려 할 것이다.[4] 그러면 상대는 인공지능의 학습 데이터를 넘어설 테고, 그렇게 되면 평시의 데이터는 아무런 쓸모도 없게 된다.

이런 관점은 비즈니스 환경에도 적용된다. 예측이 효과를 얻으려면, 그 예측을 허물어야 할 경제적 동기를 가진 경쟁자가 없어야 하거나, 그 예측을 회피하려는 소비자가 없어야 한다. 소비자가 인공지능의 핵심 부분을 역설계해서 그 적용 방식을 짐작하고 인공지능에 그릇된 정보를 제공함으로써 이익을 볼 수 있다면, 그 인공지능의 효과는 소비자가 인공지능의 적용 방식을 알아내지 못하는 동안에만 지속될 것이다. 이런 경우에는 도입 단계 솔루션으로 보이는 것마저 시스템 수준의 변화를 요구할 수 있다. 그렇지만 이미 인공지능의 가치를 이해한 11퍼센트의 기업은 자사의 데이터를 바탕으로 예측을 하고 있으며, 따라서 도입 단계 솔루션은 문제없이 작동한다.

예측의 핵심

금융 거래를 승인하거나 거부해야 하는 의사 결정을 생각해보자. 이 결정에서 핵심은 속임수를 예측하는 것인데, 이는 베라핀의 핵심 사업이기도 하다. 거래에는 계좌를 옮기는 지급 요청이 수반된다. 이 거래가 승인되면 돈의 주인이 바뀌고, 바로 이어서 재화와 서비스의 교환이 일어난다. 거래가 승인되지 않으면 돈이 옮겨가지 않기 때문에 실질적인 계약상 의무 이행도 이루어지지 않는다. 거래에 이러한 승인이 필요한 이유는 실수의 대가가 크기 때문이다. 만약 계좌 없는 사람이 요청한 거래를 승인한다면, 이후 많은 문제가 발생한다. 하지만 이러한 문제가 전혀 없는 거래를 거부한다면, 금융 거래의 기저를 이루는 현실 세계의 행위를 방해하는 셈이다.

그 때문에 업계에서는 오류를 완전히 배제하는 시스템을 갖추고 싶을 법한데, 문제는 오류를 피하는 게 가능하지 않다는 것이다. 시간을 들이고 주의 깊은 검토를 거치면 은행이 오류를 피할 수 있을 것 같지만, 그처럼 오류를 완전히 배제하려면 많은 비용을 치러야 한다. 즉, 거래가 지지부진해지고 거래 비용이 치솟으며, 그 밖에 애초 거래를 통해 기대한 편의성 자체가 사라질 수도 있다. 결국 자기 계좌 잔액의 출납을 승인받기 위해 디지털 메시지를 보내야 하는 거래는 그에 따른 불편이 너무 커서 차라리 상대방이 현금을 가지고 나타나 그 자리에서 돈을 건네는 편이 더 나을지도 모른다.

그 대신 은행은 거래 시스템이 작동하도록 예측 게임을 수행한다. 은행은 자신이 범할 수 있는 예측 오류 사이에서 균형을 잡아야 한다. 거래 승인이 너무 엄격하면 합법적 거래를 거부할 위험이 생기고, 결국 고객의 불만을 해소해야 한다. 반대로 그 승인이 너무 관대해지면, 사기꾼들에게 불법 거래를 일삼을 통로를 마련해주는 셈이 되고 돈을 회수하는 것도 어려워진다. 이는 직접적으로 은행의 핵심 업무에 해를 입힌다. 따라서 은행은 자신이 불가피하게 범할 두 가지 오류 사이에서 균형을 잡기 위해 예측을 하는 동시에 엄격함에 제약을 둔다.

이때 인공지능은 은행이 예측 게임에 능숙해지도록 돕고 오류를 줄이는 수단이다. 경제학자들이 지난 10년에 걸쳐 인공지능의 새로운 발전을 연구하는 동안, 필자들의 역할 중 하나는 인공지능을 둘러싼 갖가지 허풍을 물리치는 것이었다. 인공지능은 철학자, 영화 제작자, 종말론자, 저녁 파티에 참석한 호사가들의 주목을 받고 있다. 우리 역할은 그 반대다. 컴퓨터과학에서 거둔 성공이 실제로 신경망 네트워크, 머신러닝, 딥 러닝, 적대적 훈련(adversarial optimization) 같은 근사한 이름을 가진 인공지능의 발전으로 이어졌다는 점에 착안해 우리는 그러한 진보를 (거대한 진보임에도 불구하고) 통계학, 즉 예측에 관한 통계학으로 압축한다. 따라서 인공지능은 사기에 맞서는 범죄 예방책이 아니며, 인공지능의 실제 임무는 합법적 거래와 사기 거래를 훨씬 낮은 비용으로 구분하는 능력, 즉 예측을 개선하는 방법이다.

요즘의 인공지능은 예측 기계이며, 그것이 전부다. 베라핀의 경우 이러한 점은 정확히 이 회사가 바라던 바였다. 현대의 지불 시스템에는 높은 수준의 자동화가 필요하다. 그리고 사람들은 거래 승인에 높은 신뢰성이 확보되길 원한다. 이런 조건은 인공지능에 딱 들어맞는 분야다. 인공지능은 고객, 행동 양식, 거래가 이루어지는 시간과 장소에 대해 은행이 갖고 있는 방대한 정보를 축적하고 이를 이용해 정당한 거래를 가리도록 예측한다. 그 정확성은 지난 20년 동안 개선되었다. 이제는 은행업과 금융 서비스에서 부정행위를 적발하기 위한 인공지능 도구의 광범위한 수용을 앞두고 있다. 그리고 업계는 정확성이 늘어나 이익이 크게 증가할 것으로 기대한다.[5]

예측은 베라핀이 하는 사업이다. 인공지능이 예측 기술에서 큰 발전을 이룬다면 베라핀 같은 회사는 분명 그러한 발전의 초기 수혜자가 될 것이다. 과거 은행과 여러 금융 기관은 자체적으로 예측 기능을 수행했다. 금융 거래 승인이 이들의 사업 내용이었고, 그 결정이 향상될수록 업무 능력도 높아질 것이다. 그리고 이러한 기관은 얻을 수 있는 정보를 모두 활용할 수 있다. 드러난 대로, 베라핀은 수천 개의 금융 기관과 그 고객 간 거래를 활용해 자사의 알고리즘을 학습시키고 개선함으로써 예측에 쓰일 정보를 제공할 수 있었다. 베라핀이 예측 분야에서 거뜬하게 마켓 리더가 되었다고 말하려는 게 아니다. 베라핀은 거의 20년 동안 경험을 쌓았다. 여기서 요점은 예측이 지금이나 과거에도 항상 베라핀의 업무이고, 인공지능이 베라핀에 그 역량을 강화할 새로운 기회를 제공했다는 것이다.

예측 이면의 상황

베라핀 같은 회사를 다루는 게 이 책의 주제는 아니다. 그럼에도 베라핀을 먼저 떠올린 것은 그 사례가 인공지능의 수용 및 영향과 관련해 전형이라기보다 예외에 가깝기 때문이다. 베라핀 입장에서는 원하는 걸 다 이루었다. 첫째, 인공지능의 가장 중요한 산물, 즉 예측은 베라핀의 핵심 사업이었다. 둘째, 이러한 사업 내용 덕분에 베라핀은 자사 고객인 금융 기관에 제공하는 상품을 변화시켜야 할 필요도 거의 없었다. 셋째, 베라핀에서는 이미 예측을 바탕으로 의사 결정이 이루어지고 있었다. 그들은 이러한 예측을 활용하는 방안을 알고 있었으며, 예측 오류에 대응하는 게 새삼스러운 일이 아니어서 인공지능 채택을 순탄하게 진행할 수 있었다. 그리고 은행은 도입 단계 솔루션의 혁신을 수용할 만큼 성숙한 상태였다.

요점은 베라핀의 활동이 인공지능 수용에 대비한 시스템 속에서 이루어졌다는 것이다. 이 시스템은 예측을 이용하기 위해 변화할 필요도, 의사 결정 방식을 새로이 갖출 필요도 없었다. 베라핀은 예측의 용도가 정해져 있고 그러한 예측을 효율적으로 이용할 준비가 된 기관들에 이미 예측을 제공하고 있었다. 가장 중요한 것은 베라핀에는 예측에 기반해 자사의 방향마저 바꿀 능력이 있었다는 점이다.

베라핀의 사례는 당장이든 앞으로든 인공지능을 수용해 이익을 얻을 수 있는 대부분의 기업들에는 더욱 도전적일 수밖에 없는 절차 가운데 막바지 단계에 해당한다. 인공지능을 채택하려면, 그것을 갖추기 전에 눈앞을 가로막는 덤불, 아니 숲 전체를 제거해야 한다. 이 책의 주제는 길을 개척하는 절차, 즉 변화를 수용할 때 맞이할 딜레마와 도전 그리고 변화가 필요한 대상을 규명하는 것이다. 우리가 다루려는 것은 시스템 수준의 변화이며, 기존 시스템을 그대로 둔 채 갖출 수 있는 도입 단계 및 응용 단계 솔루션이 아니다. 자신이 직면할 상황을 아는 것이야말로 그걸 감수할 가치가 있는지 판단하기 위해 거쳐야 할 중요한 단계다.

장애물의 사례

우리가 쓴 초기 저작에서 사람들이 가장 많이 참조하는 부분 중 하나는 사고 실험의 내용이었다. 아마존은 인공지능을 이용해 특정 소비자가 구매할 법한 상품을 예측한다. 아마존에서 쇼핑을 하면, 이 예측 시스템이 수천만 개의 상품이 포함된 카탈로그에서 추천할 상품을 뽑아 보여준다. 여러분이 이렇게 추천된 상품을 살펴보고 주문하면 상품을 배송한다. 주문한 때로부터 그 상품이 도착하기까지는 며칠이 걸린다.

이런 상황에서 우리는 소비자가 구매하려는 상품에 대한 예측을 더욱 개선하면 어떤 변화가 일어날지 궁금했다. 아마존은 여러분이 구매하려는 상품을 예측해 그것을 미리 배송하고, 여러분의 집 앞에서 구매 여부를 요청함으로써 주문 이후 배송까지 기다려야 하는 며칠조차 불필요해지도록 할 수 있을 것이다. 즉, 아마존이 예측에 기반해 상품을 배송하면 여러분은 문간에서 배달된 박스 안의 상품을 쇼핑하는 식이다. 우리는 이것을 '쇼핑 후 배송'에서 '배송 후 쇼핑'으로의 전환이라고 불렀다. 일부는 자기 집 앞에 상품이 진열되는 게 꺼림칙하다고 말할 수 있겠지만, 그 전환이 가져다줄 편리함은 무척 명백하다.

배송 후 쇼핑은 우리가 예상하기에 응용 단계 솔루션에 해당하는 것이었다. 이 솔루션에서는 예측이 이루어지면 소비자가 어떤 상품의 배송 여부를 결정하는 대신 아마존이 예측된 상품의 배송 여부를 결정한다. 많은 사람이 쇼핑을 부담스럽게 여기므로, 한층 개선된 예측을 이용해 힘들이지 않는 쇼핑을 제공하는 이런 응용 단계 솔루션이 가능하다고 생각했다.

아마존이 이렇게까지 한 것은 아니지만, 그렇다고 사전 준비가 없었던 것도 아니다. 아마존은 이미 예측 배송이라는 아이디어를 특허 출원했는데, 실제로 그걸 실행한다는 소식은 들리지 않는다.[6] 예를 들어, 아마존은 소비자가 스스로 주문하는 대신 소비자에게 상품 구독을 신청하는 옵션을 꾸준히 제공한다. 어떤 식으로? 여러분이 가정에서 소모하는 휴지의 양을 예측한 다음, 정기적으로 이를 제공하겠다고 약속하는 식이다. 이렇게 하면 아마존은 확실한 수요를 확보할 수 있다. 또한 아마존은 그렇게 절약한 비용의 혜택을 소비자에게 구독 시 할인 형태로 제공한다.

그러나 이 사고 실험을 벗어나면 배송 후 쇼핑에는 큰 장애물이 있음을 알 수 있다. 예측이 완전하면 배송 후 쇼핑은 실행하기 어려운 응용 단계 솔루션으로 보이지 않을 것이다. 하지만 예측은 완전하지 않고 결코 그럴 수도 없다. 그 때문에 아마존은 여러분이 문 앞에서 거절한 상품을 회수할 방법을 찾아야 한다. 회수를 위해 문 밖에 놓아두는 것은 차치하고 상품을 안전하게 운반하는 것부터 쉬운 일이 아니다. 또한 회수는 소비자에게도 번거로운 일일 수 있다. 따라서 사실상 비용이 거의 들지 않는 회수 시스템을 마련하지 않는다면, 아마존의 배송 후 쇼핑은 애초부터 등장할 가능성이 낮다. 사실 아마존은 이미 반송 문제를 해결하기 위해 애썼지만 반송된 제품을 재판매하지 않고 바로 폐기한다.[7] 기존 시스템에서는 반송 제품을 아마존의 물류 시스템에 도로 밀어 넣는 것보다 폐기하는 게 비용이 덜 들기 때문이다. 여기서 배울 수 있는 교훈 한 가지는 응용 단계 솔루션으로 보일 법한 배송 후 쇼핑은 시스템 전체의 경제성 개선을 요구하는 시스템 단계 솔루션이라는 것이다.[8] 이 솔루션은 나머지 핵심적 의사 결정에 영향을 미칠 뿐 아니라, 반드시 더욱 효과적인 비용 절감형 회수 방식을 갖춘 아마존 시스템을 요구하기 때문이다. 전작 《예측 기계》에서 우리는 이처럼 평가하지 못했다.

이제 어떻게 할 것인가

"좋다. 그러면 이제부터 어떻게 해야 하는가?" 인공지능 기술을 갖추기 시작한 많은 기업과 조직이 우리에게 던졌던 질문이다. 이들은 줄곧 인공지능에 대한 과장된 선전을 들었으며 《예측 기계》에서 우리가 제시한 교본을 가지고 인공지능의 여정을 시작했다. 팀을 갖춰 자신의 과제를 살펴보고 인공지능의 예측 능력을 효과적으로 활용할 계기를 찾으려 했다. 예측은 기존 정보를 필요한 정보로 변환시키는 프로세스다. 필자들이 《예측 기계》에서 썼듯 인공지능의 최근 혁신은 모두 예측의 질, 속도, 비용 면에서 혁신을 불러왔다.

이러한 발전의 결과는 곳곳에서 볼 수 있으므로 구태여 확인할 필요도 없다. 스마트폰에는 인공지능 기술이 담겨 있다. 잠금을 풀면 폰은 금세 얼굴을 식별한다. 여러분은 폰이 오직 당신만을 허용하는 보안 장벽에 의해 가려져 있다는 것을 느끼지도 못한다. 그리고 정확히 어느 순간이 되면, 여러분이 원하는 바를 예측해 선호하는 앱들이 펼쳐져 있는 스크린을 마주한다. 자주 가던 카페 가까이에 있다면 마시고 싶은 음료를 주문하게 될까? 운전 중이라면 어떤 특정한 곳으로 방향을 틀게 될까? 폰은 이미 답을 알고 있다. 그러나 우리는 편리하다고만 느낄 뿐이다. 결론적으로, 인공지능 예측을 이용해 거둘 수 있는 가장 빠른 수확을 우리 모두가 거두고 있는 중이다. 그렇다면 기업가들이 던져야 할 질문은 바로 이것이다. "이게 전부인가?"

그 질문에 대한 이 책의 대답은 "그렇지 않다"는 것이다. 인공지능은 과거의 많은 중요한 기술들처럼 곳곳에서 눈에 띄지만 이제 막 시작 단계에 있다. 전기, 내연 기관, 반도체 같은 특별한 기술 혁신은 모두 그 출발이 더뎠고 본궤도에 오르는 데 수십 년이 걸렸다. 인공지능 예측도 이와 다르지 않을 것이다. 인공지능의 기술 변화 패턴은 다소 다를 것이라는 허풍에도 불구하고 그렇다.

우리는 통제할 수 없는 중력의 변덕에 휘둘리는 롤러코스터를 타고 있는 게 아니라 기회의 경계에 서 있다. 무르익는 시간을 보내면서 말이다. "이제 어떻게 할 것인가?"라는 물음에 답을 찾는 개인과 기업이 인공지능이 가야 할 길을 마련할 것이다.

경제학자로서 우리는 그 질문에 답하기 위해 필요한 경제적 요인에 주목한다. 그러나 예측 비용의 절감을 목격하면 그 예측을 응용하는 사례가 늘어날 것이라는 기초적 경제학은 넘어서야 한다. 대신 우리는 개인이나 기업의 의사 결정 방식은 최적의 해결책에 곧바로 도달하는 마술적 과정이 아니라, 오히려 그 과정에 신중한 논의, 프로세스, 고유한 비용이 수반된다는 명백한 사실에 적극적으로 몰두하고자 한다.

예측을 효과적으로 이용하기 위해서는 그 예측에 사용 목적이 있어야겠지만, 과거엔 이러한 예측 없이도 의사 결정자들이 그럭저럭 버텼다는 사실 또한 고려해야 한다. 마땅한 게 없다고 해서 그냥 포기하는 것이 아니라 부족한 것을 메꾸게 된다. 만약 여러분이 어떤 선택을 하는 데 필요한 정보가 없더라도, 무조건 하고 본다는 식의 결론은 멀리한다는 것이다. 그런데 인공지능 예측이 등장할 때 그걸 사용할 만한 계기가 당장 눈에 보이지 않더라도 놀랄 일은 아니다. 잠재적 의사 결정자인 규칙이 그러한 정보를 무시하는 벽을 세워놓고 있기 때문에 그렇다.

이는 다음 수순을 결정하기 위해서는 예측 기술의 미래뿐 아니라 그러한 질문조차 가로막는 장애물 또한 면밀히 살펴야 한다는 걸 의미한다. 우리는 의사 결정을 분석해 인공지능 예측이 불러올 명백한 기회를 이해시키는 데 그치지 않고, 아직 불투명하지만 그게 잠재적으로 더 중요한 기회임을 알아볼 수 있도록 해줄 수단을 여러분에게 제공할 것이다.

핵심 요약

- 인공지능이 거둔 최근의 발전은 예측 비용의 하락을 가져왔다. 우리는 예측을 이용해 기존 정보(예를 들어, 과거의 금융 거래가 부정한 행위인지 여부에 대한 데이터)를 모으고, 필요하지만 현재 없는 데이터(예를 들어, 현재의 금융 거래가 부정한 행위에 해당하는지 여부)를 만들어낸다. 예측은 의사 결정을 위한 투입물이다. 투입 비용이 하락하면 우리는 더 많이 투입하고, 예측 비용이 하락하면 인공지능을 더 많이 사용할 것이다. 예측 비용이 하락함에 따라 기계 예측의 대체재인 인간의 예측은 그 가치가 떨어질 것이다. 동시에 기계 예측의 보완재는 그 가치가 높아질 것이다. 기계 예측의 두 가지 핵심 보완재는 데이터와 판단이다. 우리는 데이터를 이용해 인공지능 모델을 훈련시킨다. 그리고 의사 결정을 위해 예측과 함께 판단을 이용한다. 예측이 가능성을 표시하는 반면 판단은 욕망, 즉 우리가 원하는 바를 표시한다. 따라서 우리는 의

사 결정을 할 때, 그 결정에서 비롯될 결과의 가능성(예측)과 각 결과마다 우리가 부여하는 가치의 정도(판단)를 심사숙고한다.

- 아마도 인공지능 예측을 가장 크게 오용하는 경우는 인공지능이 상관관계로 밝힌 것을 인과관계로 취급하는 일일 것이다. 이따금 상관관계만으로도 응용에는 충분하다. 그러나 인과관계를 알아내기 위해 인공지능이 필요한 경우라면, 우리는 무작위 실험을 통해 관련 데이터를 수집한다. 이런 실험은 통계학자가 인과관계에서 원인을 밝히는 데 최상의 수단이다.
- 《예측 기계》에서 우리는 아마존의 추천 알고리즘과 관련한 사고 실험을 소개했다. 우리는 이 알고리즘의 정확성이 점차 높아지면 무슨 일이 일어날지 상상해보았다. 우선 이 알고리즘은 상품의 추천을 더욱 훌륭하게 수행한다. 그런데 어느 순간에 이르러 알고리즘이 어떤 수준을 넘어 너무나 훌륭해진 나머지 아마존의 모든 사람이 다음과 같은 의문을 품게 된다. '소비자가 원하는 걸 이처럼 잘 예측할 수 있다면 그들이 주문할 때까지 기다릴 필요가 있을까? 그렇다면 바로 배송을 해버리자!' 아마존은 예측 쇼핑으로 특허를 얻었지만 이 새로운 비즈니스 모델을 여태 실행하지는 않고 있다. 그 이유는 무엇일까? 인공지능이 기존 플랫폼을 바탕으로 더 나은 추천을 제공한다는 애초의 도입 단계 솔루션은 아마존의 기존 시스템에 매우 적합하다. 그러나 이 새로운 모델은 특히 반송 제품의 처리 방식과 관련해 아마존 시스템의 전면적 재편을 요구할 것이다. 현재 아마존의 시스템에서는 반송 제품의 폐기가 재판매를 위해 재고로 쌓아두는 것보다 더욱 경제적이라는 사실이 드러나 있다. 앞의 사고 실험에서 최소한의 필수 요건은 도입 단계 솔루션에서 시스템 단계 솔루션으로의 전환이었다. 《예측 기계》에서 우리는 그 차이를 제대로 평가하지 못했다.

Power and Prediction

2부

규칙

04

결정하거나 결정을 피하거나

잠깐, 비밀을 하나 밝히겠다. 경제학자는 사실 인간이 완전히 합리적이라고 믿지 않는다. 자기 앞에 놓인 무수히 많은 선택지를 펼쳐놓고 이익, 행복, 그 밖에 무엇이 되었든 자기 목적을 정확히 파악한 후 신중하게 선택하고 그에 맞는 행동 방침을 고수하는 계산적인 주체라고 믿지 않는다. 이만큼 합리적인 주체는 경제학 모델을 고스란히 받아들이는 경우에만 있을 수 있는 존재다. 경제학자는 이런 경제학 모델을 기반으로 한 예측을 진지하게 받아들이지만, 경험적으로 현실의 인간이 경제학 모델에서 묘사하는 존재와 별반 닮은 구석이 없다는 사실도 잘 알고 있다. "경제학자는 인간이 모두 합리적이라고 믿는다"라는 꼬리표를 경제학자에게 붙인다면 그들은 못마땅한 표정을 지을 것이다. 경제학자는 인간이 합리적이라고 믿지 않는다. 오히려 합리적이라고 믿는 게 완전히 불합리한 일이다.

그렇지만 인간의 행동을 이해하기 위해서는 인간을 계산적이고, 일관되고, 이해관계만 좇아 행동하는 주체로 가정하는 것이 유용하다. 담배에 세금을 부과하면 흡연이 줄어들지 궁금하다고 해보자. 한 가지 분명한 사실은 비용이 커지면 소비가 줄어든다는 것이다. 정확히 얼마나 줄어들지, 그리고 과세만으로 충분할지는 다른 문제다. 이를 알려면 흡연자의 이력, 스트레스, 귀속 집단, 담배 회사의 구체적 마케팅 기법을 이해해야 한다. 하지만 사회과학은 대체로 결정이 합리적으로 이루어진다는 걸 인정하는 것에서 출발한다.

사람들은 날마다 자신이 입을 옷을 결정한다. 스티브 잡스는 행사 자리나 날씨를 불문하고 검은 터틀넥과 청바지를 항상 고수한 것으로 유명하다. 마크 저커버그는 늘 청바지에 상의는 회색 계열의 티셔츠였다. 대통령 재임 시절 오직 회색과 청색 정장만 입었던 버락 오바마는 패션 잡지 〈베니티 페어(Vanity Fair)〉의 마이클 루이스(Michael Lewis)에게 그 이유를 다음과 같이 설명했다.

> "보다시피 나는 회색과 청색 정장만을 입습니다. 어떻게 해서든 결정을 덜 하려 하죠. 식사나 의상을 두고 결정하고 싶지 않습니다. 내게는 내려야 할 결정이 너무 많거든요." 오바마는 단순한 의사 결정이라도 그걸 되풀이하면 이후의 의사 결정에서 그 능력이 떨어진다는 연구 결과를 언급했다. 그래서 쇼핑이 그처럼 힘든 것이다. "의사 결정을 하려면 집중해야 해요. 루틴에 따라 움직여야 합니다. 사소한 일로 산만해진 채 시간을 보내서는 안 됩니다."[1]

우리 저자 중 한 명인 조슈아는 일전에 마음에 든다며 같은 신발 여섯 켤레를 한꺼번에 구입한 적이 있다. 앞으로 10년 동안 신발 쇼핑을 하지 않겠다면서 말이다. 이런 선택은 모두 의사 결정의 부담을 덜기 위한 것이다. 사람들이 습관을 기르거나 규칙을 따르는 것은 최적의 선택을 하는 데 너무 큰 비용이 든다는 걸 알기 때문이다. 그래서 사실상 결정을 피하기 위한 결정을 한다. 이것이 현실이다. 잠시 여러분 스스로를 돌아보면, 여러분이 하는 결정은 대부분 실질적인 결정이 아니라 잠재적 결정, 즉 가능한 한 선택을 피하기 위한 결정임을 깨달을 것이다.

이런 점은 인공지능을 다루는 이 책에서 상당한 문제를 야기한다. 인공지능의 예측은 직접 의사 결정을 하는 경우에만 유용하다. 하지만 문제는 이뿐만이 아니다. 상호 의존적 요소들로 이루어진 시스템을 구축하려다 보면 신뢰성에 신경을 쓸 수밖에 없다. 시스템의 요소들이 기대나 예상에서 벗어나 서로 어긋나는 걸 바라지는 않는 것이다. 즉, 당신은 시스템의 신뢰성을 유지하고 싶어 한다. 그런데 규칙을 만드는 게 시스템의 신뢰성을 유지하는 방편은 되겠지만, 인공지능의 예측 때문에 규칙이 무너지고 그 자리에 의사 결정이 들어선다면 분명 기존 시스템의 신뢰성은 약화할 것이다. 그래서 인공지능에 의한 의사 결정을 수용할 수 있도록 시스템을 재구성하지 않는다면 인공지능은 무용지물이 되고 만다.

이것이 우리가 결정을 피하기 위한 결정에서 논의를 시작하려는 이유다. 우리는 인공지능을 수용하면 이처럼 잠재적 결정 대신 실질적 결정을 할 수 있는지 알아보고, 아울러 우리가 왜 결정을 피하기 위한 결정을 하는지 이해해보려 한다. 이번 장에서 살펴보겠지만, 우리는 앞으로 변화를 마주한 조직의 적응 방식에 인공지능이 큰 이점과 의의를 제공할 것으로 믿는다.

갖추고 나면 잊어라

의사 결정을 하는 것보다 결정을 해야 하는 상황에서 벗어나는 게 더 속이 편하다. 즉, 정보를 수집하고, 처리하고, 모든 선택지를 따진 후에나 할 수 있는 의사 결정은 회피하는 게 더 편하다는 얘기다. 경제는 거의 이러한 전제 위에서 작동한다. 그래서 우리처럼 행동할 거라고 전적으로 믿을 수는 없는 사람들에게 결정의 권한을 맡기는 것이다.

제한적 합리성에 대한 연구로 노벨 경제학상을, 인공지능을 개척한 공로로 튜링상을 수상한 허버트 사이먼(Herbert Simon)은 누구보다 이 점을 잘 이해했다. 그는 청소년 시절 밀워키의 공원관리부에서 일하며 활동 기금이 합리적으로 분배되지 않는다는 사실을 관찰했는데, 이를 계기로 사람들의 최적화 방식이 경제학자들의 가정만큼 합리적이지 않다는 걸 컴퓨터를 활용해 밝힐 수 있을 거라고 생각했다.[2] 1950년대에 사이먼은 프로그래밍을 통해 최신식 컴퓨터를 지능 있는 의사 결정자로 만들려고 시도하면서 최적화의 어려움을 이해할 수 있었다. 우리가 복합적인 환경에서 필요한 고급 미적분학을 이해한다 하더라도 그것으로는 당면한 결정을 내리는 데 충분치 않다. 왜냐하면 사이먼이 당시의 초창기 컴퓨터로 작업하면서 한계에 부딪혔던 것처럼 사람들 역시 컴퓨팅 자원이 한정된 가운데 무언가를 해야 하기 때문이다. 다시 말해, 임시변통 방식으로 작업할 수밖에 없다.

사이먼이 영리하게 '만족화(satisficing)'라고 부르는 용어와 닮은 데가 있는 임시변통은 완전을 추구하느라 아무것도 하지 못하는 방식이 아니다. 더 뛰어나다고 알려진 해결책을 찾는 대신 그럭저럭 만족할 만한 행동을 하는 것이다. 사람들은 복잡한 환경을 받아들이기보다 고려할 만한 선택지를 좁힌다. 새로운 정보가 등장할 때마다 이에 휘둘려 선택을 바꾸기보다 그 새로운 정보에 좌우되지 않을 규칙, 루틴, 습관을 받아들인다. 따라서 나중에는 정보를 전부 무시한다.

그런데 사람들이 이따금 의사 결정이 아니라 규칙을 우선시하는 데 주목하는 것은 흥미로운 현상이기는 해도 우리의 목적에 부합하지는 않는다. 우리는 의사 결정이 이루어지는 상황을 이해하고자 한다. 무엇 때문에 어떤 문제가 생겼을 때 적극적 의사 결정으로 대응하지 않고 규칙으로 대응하는 것일까?

낮은 중요성

일반적으로 의사 결정을 하게끔 만드는 두 가지 요인이 있다. 결정의 중요성과 정보의 비용이 바로 그것이다. 비용에 대해서는 잠시 미루어 두고, 지금은 결정의 중요성에 대해 생각해보자. 중요성이 크지 않다면 너무 힘을 쏟지 않는 게 인지상정이다. 프랑스 철학자 장 뷔리당(Jean Buridan)의 우화에서는 이 점이 가장 잘 드러난다. 그는 먹이든 물이든 더 가까운 곳에 있는 걸 찾아가는 당나귀가 건초더미와 물 한 동이 사이에 있는 상황을 가정했다. 이런 상황에서 벗어날 선택을 할 수 없는 당나귀는 굶어 죽고 만다. 생각해보면, 컴퓨터 프로세스가 무한 루프에서 벗어나지 못하도록 만드는 난제와 비슷하다.[3] 그런데 우리가 중요하게 생각하는 문제는 의사 결정에 들이는 시간이 그 결정의 중요성에 견주어 너무 커서는 안 된다는 것이다.

잡스, 저커버그, 오바마가 인지적 부담을 줄이기 위해 입을 옷을 정해놓는다는 이야기로 돌아가 보자. 이들이 깨달은 것은 더 어울리는 옷을 선택하더라도 그 중요성이 크지 않다는 점이다. 그들은 매일 옷장 앞에 설 때마다 중요성이 크게 떨어지는 선택을 마주해야 했을 것이다. 눈을 감고 손을 뻗어 처음 손에 닿는 옷을 입을 수도 있지만, 그렇게 하면 선택한 옷이 어울릴지 어떨지 알 수 없다. 그래서 의식적으로 자신의 선택을 제한한 것이다.

대다수 사람에게 의상 선택의 중요성은 위의 세 인물만큼 낮지 않다. 분명히 잡스와 저커버그라면 입고 싶은 대로 걸치고 출근해 일을 해도 뭐라고 할 사람이 없을 것이다. 오바마는 대체로 정장을 입어야 했지만, 그 색상을 신경 쓰는 이는 아무도 없었다. 정장의 색이 너무 바랜 게 아니기만 하다면 말이다.[4] 그러나 우리는 그런 호사를 누리지 못한다. 여러분은 날마다 옷장 전체를 살펴보는가? 아니면 정한 대로 입을 수 있도록 몇 벌의 옷을 한 세트로 분류해놓는가? 대부분의 사람은 의상 선택을 수월하게 하기 위해 선택을 제한하지 않는다. 결국 결정의 복잡성을 줄이려는 마음이 든다면 그 선택의 중요성을 낮추려 노력할 것이다.

앞의 의상 선택 사례는 잠재적으로 중요성은 떨어지고 상대적으로 인지적 부담은 높은 의사 결정이라고 이해할 수 있다. 그런데 중요성과 인지적 부담 사이에는 서로 밀접한 관련이 있다. 혼인을 맹세하거나 자식을 갖는 경우를 생각해보자. 잘못된 선택의 결과가 너무도 크므로 이를 심사숙고하는 데는 반드시 시간과 노력을 들여야 할 것이다. 따라서 의사 결정을 하든 미루든, 아니면 무조건 규칙에 의지하든 우리가 의사 결정을 앞두고 시간과 노력을 들여야 한다고 생각한다면 그게 더 중요한 일이라는 의미다. 그래서 우리의 행동도 결정을 회피하기보다 심사숙고하는 쪽이 될 수밖에 없을 것이다.

비용이 많이 드는 정보

능동적으로 결정하도록 만드는 두 번째 요인은 정보의 유무다. 구체적으로 말하면, 의사 결정에 필요한 정보의 비용이다. 정보가 비싸면 그 의사 결정은 중요성이 낮은 의사 결정과 다를 바 없어 신중히 따지는 대신 무조건 규칙을 따르는 것으로 귀결된다.

오늘은 우산을 들고 외출해야 할까? 사람에 따라 크게 중요하지 않을 수 있지만 이 선택이 제법 중요한 경우도 있다. 만일 우산을 들고 나가지 않아서 비에 젖는다면 일진 사나운 날이 되기 때문에 비에 젖지 않도록 우산을 챙길 수도 있다. 하지만 이렇게 하는 데는 나름의 비용이 든다. 물론 정확한 정보(구체적으로는 비가 올지, 그리고 비에 옷이 젖을지에 대한 정보)가 주어지는 경우 비 올 가능성이 높으면 우산을 챙기고 그 가능성이 낮으면 그냥 외출하면 된다. 그런데 그 가능성이 반반이라면 어떤가?

동전 던지기처럼 두 가지 경우만 있다고 해보자. 가령 비에 젖으면 10달러의 비용이 들고, 우산을 챙겨 나갔는데 비가 오지 않으면 괜스레 성가셔서 10달러의 비용이 든다고 가정하자.[5] 그 비용의 기댓값을 계산하면 어느 쪽이 됐든 10×0.5, 즉 5달러다. 우산을 들고 나가든 그냥 외출하든 아무 차이가 없다.

이 문제를 해결하는 방법 중에는 문 밖으로 나가기 전에 기상 예보를 살피는 것이 있다. 예보에서 비 올 확률이 50퍼센트가 넘으면 우산을 챙기고 30퍼센트 미만이면 그냥 나간다. 일단 우리는 이 문제를 단순화해서 그 이상의 정보가 필요한 상황은 제외했다. 90퍼센트 신뢰 수준에서 날이 쨍쨍하다는 예보라면 문제는 간단하다. 예보가 항상 맞는 것은 아니지만 말이다. 만약 비 올 확률이 50퍼센트에 못 미치는 40퍼센트나 30퍼센트라면 우산 휴대 여부를 결정하기가 애매하기 짝이 없다. 게다가 정보를 전부 모아보겠다고, 가령 풍향이나 기압까지 살피기 시작한다면 여러분은 (고작 5달러의 비용을 줄이기 위해) 그 인지 비용이 잠재적 이익을 능가하는 상황에 놓일 것이다.

우리는 이 결정을 MBA의 필수 강의에서 흔히 나오는 '의사 결정 트리(decision tree)'로 나타낼 수 있다. 의사 결정 트리의 가지들은 선택이 존재하는 곳에서 갈라진다. 예를 들어, 그림 4-1에서는 검게 칠한 분기점에서 우산 휴대 여부가 갈린다. 이 의사 결정은 불확실성을 동반하는데, 각각의 선택은 다시 비 옴과 맑음이라는 2개의 가지로 나뉜다. 예보가 없는 경우, 가지마다 50퍼센트의 확률을 부여할 수도 있다. 그런데 여기서는 예보가 있어 비 올 확률이 90퍼센트라고 가정해보자. 말단 가지 끝에는 결과가 있고, 각각의 결과(총 네 가지 결과가 있다. 우산 휴대+비 옴, 우산 휴대+맑음, 우산 비휴대+비 옴, 우산 비휴대+맑음)마다 금액으로 보상을 표시했다.

여기서는 귀찮은 경우와 비에 젖는 경우를 비용으로 표시했다. 비용의 크기는 사람에 따라 다를 것이다. (이 사례에서는 독자들이 그 비용을 정할 수 있다.) 그 때문에 우리는 이 비용의 크기를 **판단**이라고 부른다. 판단은 이 책에서 중요한 역할을 하는 핵심 개념이다. 특히 판단해야 하는 경우가 많은 사람일수록 의사 결정을 지배한다고 볼 수 있다. 더욱이 예측 기계가 없을 때에는 의사 결정자가 대개 예측과 판단을 함께 하지

그림 4-1 우산 휴대 의사 결정 트리

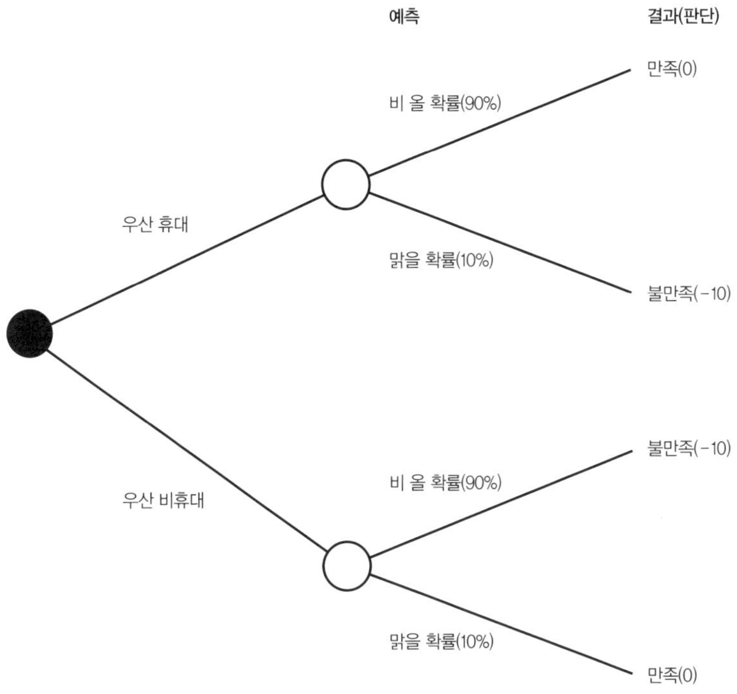

만, 예측 기계가 있다면 판단만 의사 결정자에게 맡겨진다. 여기서는 불만스러운 결과에 둘 다 10달러를 부여한다. 따라서 비가 온다고 예측할 때 우산을 들고 나가면 비용의 기댓값은 1달러(0.9×0 + 0.1×10)이고, 우산 없이 나가면 그 기댓값은 9달러(0.9×10 + 0.1×0)다. 비가 온다고 예측할 때에는 우산을 들고 나서는 편이 현명하다는 뜻이다.

통상적으로 사람들은 결정을 꺼리는 경우가 많다. 특히 유용한 예측을 할 수 없을 경우 더더욱 그렇다. 예를 들어, 여러분은 비가 어느 정도 오더라도 융통성을 발휘해 옥외 활동 시간을 조정하는 식으로 비를 피할 수 있을 것이다. 이런 경우라면 무조건 우산 없이 나갈 수 있다. 아니면 비싸지만 오래 사용할 수 있고 휴대하기 간편한 소형 접이식 우산을 구매할 수도 있다. 그러면 여러분은 무조건 우산을 휴대하고, 비가 오든 말든 신경 쓰지 않아도 된다.

여기서 주목할 것은 최적의 선택을 하기 위한 정보를 모으기 어렵다면, 사람들은 아예 정보를 검토할 필요성마저 없는 습관이나 규칙을 선택한다는 것이다. 그럴 경우 우리는 따져보지도 않고 같은 행동을 반복한다.

의사 결정의 가치

의사 결정을 꺼리고 규칙에 집착하는 사람한테는 인공지능의 예측이 유용하지 않아 보일 수 있다. 인공지능은 의사 결정에 필요한 정보를 제공하기 때문에, 의사 결정을 하지 않는다면 그 정보는 아무런 가치도 없다.

인공지능의 기능은 예측을 개선하는 데 있고, 이는 결국 인공지능을 통해 의사 결정의 개선에 필요한 정보를 얻을 수 있다는 의미다. 앞에서 우산을 휴대하기로 결정할 수 있었던 이유는 일기 예보를 확률적으로 이해한 덕분이 아니라 신뢰할 수 있었기 때문이다. 이처럼 양질의 정보가 있다면, 규칙을 버리고 공들여 의사 결정을 해야 하는 이유를 이해할 수 있을 것이다.

다시 우산의 사례로 돌아가면, 정보가 충분히 많을 경우 비용을 걱정할 필요가 없다는 사실을 알 수 있다. 몸이 젖어 발생하는 비용이든 번거롭게 우산을 휴대해 발생하는 비용이든, 미래를 알 수 있다면 아무 비용도 발생하지 않는다. 그러니까 습관에서 벗어나 일기 예보 앱을 확인한 후 우산 휴대 여부를 결정하면 비용 문제에서 벗어날 수 있는 것이다. 또한 이유는 생각할 필요조차 없이 우산 휴대 여부만을 알려주는 앱을 사용할 수도 있다. 이것 역시 규칙에서 의사 결정으로의 전환이다. 앱 프로그래머가 우산 휴대의 확률적 기준을 정해놓았더라도 말이다. 우리가 일기 예보 분야에서는 아직 그만한 수준에 도달하지 못했을 수 있지만, 소셜 미디어의 뉴스나 음악 추천 리스트는 주목할 만하다. 이런 서비스의 핵심은 의사 결정이다. 추천 목록을 그대로 듣더라도 규칙(예를 들어, 신문을 처음부터 순서대로 읽기)에 의지하지 않고 의사 결정을 실현하는 것이다.

인공지능의 예측에 기반해 의사 결정으로 전환하면 우리는 정말이지 가치 있는 것을 얻을 수 있다. 우리는 코로나19 기간 동안 재택근무를 해야 했던, 누구에게나 익숙한 '불가피한 실험'에 대한 설명에서 이 사실을 어렴풋이 느낄 수 있었다. 과거 우리는 재택근무의 생산성이 어느 정도인지를 알 길이 없었다. 그러나 달리 행동할 수밖에 없는 불가피한 상황이 우리에게 교훈을 주었고, 우리는 습관을 깨뜨림으로써 새로운 것을 배웠다. 코로나19 이후에도 우리가 재택근무를 이어가게 된다면, 이는 일할 장소를 둘러싼 결정이 이제 우리에게 중요한 문제가 되었다는 의미다.[6]

2014년 런던 지하철 운행에 영향을 미친 이틀간의 파업에서도 비슷한 예를 찾아볼 수 있다. 60여 곳의 역사가 폐쇄되면서 많은 사람이 평소의 동선을 바꾸었다. 하지만 많은 역을 이용할 수 없는 상황에서도 대다수 사람에게는 파업 이후 집에서 가장 편리한 역과의 거리는 그 이

전에 이용하던 역과의 거리와 거의 같았다. 또 영국답게 당시 비가 내려서 사람들은 도보나 자전거를 이용해 출근할 엄두를 내지 못했다. 이 일에 대한 연구에 따르면, 짧은 기간 동안의 파업임에도 통근자의 5퍼센트 이상이 그 후 통근 경로를 바꾸었다.[7] 통근 경로를 바꾸었을 가능성이 가장 큰 사람은 (전통적으로 양식화된 이미지를 갖고 있는) 지하철 노선도에서 가장 왜곡되어 보이는 노선을 이용하던 이들이었다. 즉, 역과 역 사이의 실제 체감 거리가 지하철 노선도의 겉보기 거리와 다른 경우였다. 추정치에 따르면, 출근 경로를 바꾼 사람들은 날마다 6분을 절약했다. 평균 출퇴근 시간을 30분가량으로 보면 20퍼센트를 절약한 것이며, 그 정도면 그날 입을 옷을 고르는 데 사용할 만한 시간이다.

이 사례는 상황이 변했음에도 규칙을 고수하면 최적에서 한참 벗어날 수 있다는 걸 보여준다. 2015년 5월 오스트레일리아 퍼스(Perth)에서는 휘발유 소매가격을 둘러싸고 3주간 가격 전쟁이 벌어졌다. 그런데 흥미롭게도 어느 플랫폼이 (그다음에는 어떤 앱이) 2001년 이후부터 그 도시 내 주유소들의 휘발유 가격 변동 내역을 전부 보여주었다. 그 앱의 가치는 바로 치솟았고, 연구자들에 따르면 가격 전쟁이 일어난 그 한 해 동안 그 앱의 사용이 70퍼센트 넘게 늘었다고 한다. 사실상 가격 전쟁이 사람들에게 기존 습관을 버리고 의사 결정에 속하는 가격 검색에 나서도록 충분한 유인을 제공한 것이다.[8]

여기서 핵심은 규칙을 따르는 동안에는 정보를 수집해 의사 결정에 나서야 할 필요성을 느끼지 못한다는 점이다. 이런 사례를 의사 결정엔 미처 실현되지 않은 이익이 잠재해 있다는 증거로 볼 수 있다. 그렇다면 일부 인공지능의 예측이 그러한 가능성의 실현에 기여할 수 있다고 기대할 만하다.

결정을 피하기 위한 투자

잡스, 저커버그, 오바마는 입을 옷을 미리 정해놓음으로써 결정을 회피한 것일까? 전체를 보지 않고 일부만 본다면 그러하다. 날마다 같은 옷을 입으려면 여러 상황에 어울리는 것을 찾아야 한다. 상황이 달라지면 불편할 옷을 골라서도, 자리가 바뀌면 어울리지 않을 옷을 골라서도 안 된다. 이런 옷을 찾는 일은 쉽지 않다. 그래서 세 사람 모두 상당한 시간을 들여 입을 옷을 정해야 했을 것이다.

이렇게 보면 규칙은 실제로 의사 결정을 하지 않은 게 아니라, 오히려 미리 의사 결정을 한 것이다. 계획을 세우는 일은 항상 그렇다. 숙박업소나 돌아올 비행기를 예약하지 않고 짐도 싸지 않은 채 여행길에 나서는 사람은 거의 없다. 여행을 자주 떠나는 사람은 세면도구와 충전기 등 개인용 물품을 챙길 때 인지적 부담이 적다. 이는 결정의 순간과 빈도를 줄여주는 예행연습에 해당하는데, 시간을 앞당겨 써서 이후의 시간을 절약하도록 해주는 것이다.

결정을 피하기 위해 사전 투자를 하면, 그 결과로 형성된 습관에서 벗어나기가 쉽지 않다. 습관이 좋은 결과를 낳으면, 의사 결정이 더 효과적일 수 있다는 생각 자체가 불가능해진다. 만약 여러분이 의사 결정에만 유용한 인공지능 개발 기업에서 일한다면, 규칙에 의존하는 상대방에게 그 인공지능을 도입하도록 설득하는 일은 어려울 것이다.

대다수 기업과 단체가 결정을 피하기 위해 하는 투자는 유명 인사들이 의상 루틴을 정하기 위해 들이는 투자와 비교조차 할 수 없다. 결단력으로 유명한 조직도 대부분 결정을 피할 수 있는 방법을 마련한다. 그 핵심에 표준운영절차(standard operating procedures, SOPs)가 있는데, 이는 조직 전체에 적용되는 대응 절차를 밝혀놓은 상세한 문서를 말한다. 알다시피 SOPs는 기업마다 다르고, 이것이 없는 기업은 없다.

SOPs는 의사 결정 관점에서 보면 시간낭비를 줄일 수 있으며, 따라서 앞서 말한 유명인들이 미리 해놓은 선택과 비슷하게 인지적 부담을 줄여주는 역할을 하면서도 추가적 혜택, 즉 신뢰성을 제공한다. 조직을 내부 규칙에 따라 운영하면 상호 협의처럼 비용이 드는 커뮤니케이션 없이도 서로 간섭 없이 일을 할 수 있다.

건설 산업에서는 이따금 전체 공정을 단순한 단계들로 나눈다. 그리고 각각의 단계마다 계통과 시간에 따라 완수할 임무와 순서를 정한 건축 일정이 있다.[9] 각 단계의 결과는 미리 계획한다. 현장의 어느 누구도 자신이 맡은 단계 이상을 고민해서는 안 된다. 각 단계에서 이들이 하는 역할은 해당 작업을 완수하면 체크 표시를 하고 넘겨주는 것뿐이다. 변경과 리뷰가 필요한 예외도 발생하지만, 대체로 일은 모두 계획대로 이뤄진다. 모두가 자신에게 맡겨진 일을 하고, 그 일을 마치면 기록을 한다.

이러한 규칙은 불확실성과 업무를 둘러싼 협력의 필요성을 줄여주어 신뢰성을 낳는다. 사실상 결정은 이미 내려졌고 계획에 반영되어 있다. 그런데 이런 방식의 문제점은 계획 방향이 바뀌면 추가로 비용이 든다는 것이다. 작은 문제는 발생하더라도 무시할 수 있지만, 큰 문제가 생기면 계획에 차질을 빚을 수 있다. 또 하나의 문제는 SOPs의 고정된 방침이 변화와 적응을 가로막을 수 있다는 점이다. 이후에 살펴보겠지만 인공지능을 미세 조정된 규칙 시스템에 통합하려 하면 즉각적인 반발에 직면하게 된다. 이 경우 인공지능은 의사 결정을 위해 도입하는 것이지만, 의사 결정을 해야 하는 순간 협력의 문제에 봉착한다.

새로운 결정

인공지능의 예측이 중요한 것은 규칙보다 의사 결정에 도움을 주는 필수 정보를 제공하기 때문이다.

새로운 결정은 낡은 규칙을 대체한다. 그런데 이 오랜 규칙은 단지 홀로 존재하는 것이 아니다. 여전히 존재하는 불확실성으로부터 이런 규칙을 보호하는 체계와 가림막이 자리 잡고 있다. 기업과 산업계는 이러한 보호에 무척 익숙하다. 따라서 규칙을 새로운 결정으로 대체할 기회를 포착하는 것은 쉬운 일이 아니다. 앞으로의 과제는 이런 상황을 인식하고, 숨겨진 규칙을 찾아내고, 기존 규칙을 밀어낼 새로운 의사 결정을 실행하는 것이다. 우리는 다음 장에서 이러한 과제를 살펴볼 예정이다.

핵심 요약

- 규칙은 미리 하는 의사 결정이다. 의사 결정을 하려면 규칙을 따르는 것하고 달리 때와 조건에 맞는 정보를 고려해야 한다. 따라서 결정에서 비롯된 행위는 상황 변화에 대응하는 것이기 때문에 규칙을 따르는 행위보다 보통 더 낫다. 그렇다면 우리는 지금까지 왜 의사 결정보다 규칙에 의지했을까? 의사 결정을 하려면 더 높은 인지적 비용이 발생한다. 그 비용을 감당하는 것이 타당한 경우는 언제일까? 결정의 중요성이 크고 정보의 가격이 낮은 때다. 인공지능을 도입한다고 해서 결정의 중요성이 달라지는 것은 아니지만 정보

의 비용은 낮출 수 있다.

- 규칙과 의사 결정 사이의 균형은 인공지능 시스템에 중요하다. 인공지능의 핵심 혜택이 의사 결정을 개선하는 것이기 때문이다. 인공지능은 규칙에 아무런 도움도 주지 않는다. 인공지능이 예측을 하면 그 예측에 포함된 정보는 핵심 정보로서 의사 결정에 반영된다. 결국 인공지능이 더 강력해짐에 따라 정보(예측)의 비용이 낮아지고, 규칙에 의지하는 경우에 비해 의사 결정으로 인한 상대적 수익이 늘어난다. 이처럼 인공지능이 발전하면 규칙을 따르던 데에서 벗어나 의사 결정으로의 전환이 일부 이루어진다.
- 그러나 규칙을 따르면 인지적 비용은 더 낮을 뿐 아니라 신뢰성 역시 더 높을 수 있다. 의사 결정은 보통 서로 영향을 미친다. 시스템의 의사 결정이 상호 의존하는 상황에서는 신뢰성이 중요한 문제로 대두할 수 있다. 예를 들어, 조직은 대부분 규칙에 해당하는 SOPs에 의지한다. 이 절차는 인지적 부담이 낮고 신뢰성이 높다. 규칙을 의사 결정으로 전환하고 인공지능의 예측을 이용하려면 신뢰성 저하에 대처할 수 있도록 시스템을 재구성해야 한다.

05

감추어진 불확실성

경제학자 조지 스티글러(George Stigler)는 이렇게 말했다. "타야 할 비행기를 한 번도 놓친 적 없는 사람은 공항에서 너무 많은 시간을 허비한 셈이다."[1] 그가 이렇게 언급한 지 수십 년이 지났는데, 지금도 그때처럼 말할 수 있을까?

대한민국의 인천공항에 새로 제2 여객 터미널을 건설한 건축가라면 아니길 바랄 것이다. 이 공항에 일찍 도착하면 그냥 기다리는 게 아니라 즐기면서 기다릴 수 있다. 스파나 카지노를 방문할 수 있고, 미술 전시회나 댄스 공연을 관람할 수 있으며, 빙상장에서 스케이트를 탈 수도 있다. 실컷 쇼핑을 할 수 있고, 식사를 하거나 냅 존(nap zone)에서 잠시 낮잠을 잘 수도 있다. 이 공항의 새로운 여객 터미널에서는 이 모든 게 예외가 아니라 표준이다. 싱가포르 공항은 최근 5층 높이의 폭포가 있는 정원을 만들었다. 도하 공항에는 수영장과 어린이용 오락센터, 밴쿠버 공항에는 아쿠아리움이 있다. 암스테르담 공항은 정기적으로 네덜란드의 유서 깊은 박물관에서 예술품을 옮겨와 전시한다.[2]

인천공항을 설계한 겐슬러(Gensler)의 건축 목표는 이 공항을 행선지로 만드는 것이었다.

> 공항을 이용하는 신세대는 여객 터미널을 지나야 할 문턱으로만 보지 않는다. 사실 우리는 현실이 달라졌다는 걸 알고 있었다. 즉, 보안 절차 때문에 승객이 터미널에서 보내는 시간이 늘어났다. 우리는 이를 공항의 수입과 평판을 끌어올리는 기회로 활용해 공항의 미래상을 창조해야 했다. 이렇게 생각하면 공항의 터미널이 점차 행선지로 보인다. 또한 행선지인 만큼 승객들이 돈을 쓰기 마련이다.[3]

스티글러는 이 같은 변화를 인정해야 할 것이다. 당신이 만약 공항에 있다면 허비할 시간이 없다. 그리고 그게 현실이 되었다.

> 공항 디자인을 전문적으로 하는 펜트리스 건축(Fentress Architects)의 건축가이자 총괄 책임자 톰 시어벌드(Tom Theobald)는 이렇게 말한다. "승객들은 바로 10년 또는 그 이전과 비교해 공항 안에서 한 시간은 더 보내야 한다." 그는 항공 여행이 급격히 늘어나면서 1960년대와 1970년대에 지어진 공항에서 보내야 하는 시간이 늘어났다는 사실에 주목했다.[4]

그래서 가장 먼저 어떤 일이 벌어졌는가? 공항들은 이제야 행선지 기능을 하도록 설계되고 있다. 공항은 전과 다르지 않지만, 승객들은 공항에서 더 많은 시간을 보내고 있다. 선택을 한 것이다. 그렇다면 왜 그런 선택을 했을까? 비행기에 탑승할 때까지 걸리는 시간의 불확실성이 더욱 커졌기 때문이다. 여기엔 교통 체증, 주차 문제, 보안 절차 등의 문제가 있다. 탑승 자체도 예약 변경 시 추가 요금, 초과 예약, 환승, 좌석 위 짐칸 다툼 등의 문제가 있다. 정시에 탑승하는 일이 더 어려워지고 탑승하지 못하는 상황이 늘어났다. 9홀짜리 골프 코스(방콕행 비행기를 타고 가서 보라)가 없더라도 좀더 일찍 도착해 책을 보는 편이 나은 것이다.[5] 그러나 새로운 편의 시설이 있다면, 탑승을 위해 시간을 앞당겨 공항에 온 이유를 잊게 된다. 이것이 새로운 규칙이 되고 있다.

이런 상황이 얼마나 낯선 것인지 살펴보도록 하자. 인천공항은 1992년부터 공항 확장에 100억 달러를 지출했다. 그 비용은 대부분 보안 절차를 포함한 터미널 공간의 확장과 독특한 디자인 때문에 발생했다. 그런데 인천공항의 모토는 "원활한 항공 교통을 보장"하는 것이다.[6] 여러분은 당시에 관문 역할 외에 모든 걸 하겠다는 모토를 내건 공항을 인천공항 말고는 찾아볼 수 없었을 것이다. 공항 설계가들은 승객을 공항에 묶어둘 방법을 고심하고 있다. 더욱이 공항 수입의 40퍼센트 가까이는 항공 운항이 아닌 다른 항목에서 발생하며, 그중 가장 큰 부분은 임대료다.[7] 공항 설계가들이 하는 일은 공항 수입이 늘어나도록 보장하는 것뿐만 아니라, 동시에 승객이 공항에서 시간을 더 보내더라도 이를 의식하지 못하게끔 만드는 것이다.

현대의 공항은 감추어진 불확실성을 알 수 있는 좋은 사례다. 최적의 의사 결정, 가령 공항을 향해 집에서 출발할 시간을 결정하는 데 필요한 정보가 없다면 사람들은 규칙을 정할 것이다. 항공 여행에서 일어나는 변화와 공항에 도착해서 떠날 때까지의 과정 때문에, 공항에서 더 시간을 보내는 선택이 당연한 것처럼 되었다. 공항에서의 대기가 불편하면 여행도 불편해지고 결국 여행이 줄어든다는 걸 공항은 알고 있다. 그래서 공항은 인프라에 대규모 신규 투자를 할 때 관문 말고 또 다른 역할에 대해 고심하지 않을 수 없다. 대기 시간을 더 만족스럽게 만들고 그 과정에서 돈벌이까지 할 방안을 궁리하는 것이다. 영화관에 들어가려 하면 팝콘이 비싸더라도 유독 눈에 들어오듯, 일단 공항에 일찍 도착하면 식사나 다른 소비에 적극 나서게 된다. 여러분이 규칙 때문에 비용이 발생한다는 사실을 의식하지 못하고 규칙 덕분에 좀처럼 비행기를 놓치지 않는다면, 규칙에 대해 재고할 일은 없을 것이다. 불확실성이 배후로 물러나고 선택된 규칙을 이처럼 모두 끌어안은 시스템의 위용은 5층 높이에서 물을 쏟아붓는 세련된 유리 건축물의 형상으로 드러난다.

인공지능을 활용한 새로운 의사 결정을 기대하면서 4장에서 설명한 내용은 여러분이 규칙의 문제점을 상세히 살펴야 하며, 이러한 불확실성을 외면하지 않고 고려하는 의사 결정이 규칙을 대체할 수 있는지 알아야 한다는 것이었다. 이번 장에서는 인공지능이 주도하는 새로운 의사 결정을 가로막는 것에는 규칙뿐 아니라 규칙을 제정하면서 낭비와 비효율을 낳는 불확실성이 은폐되도록 만드는 체계와 가림막에 대해 살펴본다. 규칙은 인공지능에 기회가 있음을 보여줄 뿐 아니라 이런 기회의 중요성을 보여주는 것이기도 하다. 사실 공항의 경우 인공지능을 단순히 적용하는 것만으로도 현재 공항이 고수하려는 모든 것에 위협이 된다.

대안적 공항 체계

공항 시스템에 대한 인공지능의 위협적 측면을 살피기 전에 요즘 공항과는 정반대 모습을 보이는 대안 시스템을 언급해야겠다. 그런 사례 중 하나로 매우 큰 부자들이 이용하는 개인 터미널을 들 수 있다. 이런 부자들은 상용 여객기를 타지 않으며, 따라서 구식이든 신식이든 일반 대중이 이용하는 공항에서처럼 실랑이를 할 필요도 없다. 대신 이들은 개인 전용기를 타고 개인 터미널을 통과한다. 보통 큰 부자들이 자리하는 곳엔 호화로움, 화려함, 훌륭한 식당, 갤러리가 있기 마련이다. 그러나 공항의 경우 개인 터미널은 정말이지 간소하다.

공항이 개인 터미널의 개선에 투자하지 않는 이유는 우리 모두를 곤란에 빠뜨리는 불확실성이 부자들을 괴롭히지 않기 때문이다. 상용 여객기의 경우, 승객은 시간표에 쫓기고 시간이 되면 여객기는 승객을 남겨둔 채 출발해버린다. 반면, 개인 전용기는 시간표가 유동적이고 심지어 없기까지 하다. 승객이 제때 도착하지 않아도 승객을 남겨두고 출발하지 않는다. 반대로 승객이 일찍 도착하면 바로 출발하기도 한다. 시스템이 이렇기 때문에 승객이 비행기 출발 시간을 기다리는 일은 없다. 적어도 승객 입장에서는 그렇다. 기다릴 필요가 없으므로 기다리면서 유쾌한 기분이 들도록 투자할 필요도 없다. 동시에 이런 부자들은 공항 도착 시간에 대한 규칙이 없다. 원할 때 떠나면 된다. 이런 부자들이 늘어난다면 최적의 터미널은 분명 거대하기보다 간소해질 것이다.

그러나 이 같은 대안 시스템을 경험하기 위해 부자일 필요는 없다. 대신 입국 게이트 맞은편과 출국 게이트 맞은편에서 볼 수 있는 상황을 비교하는 것으로 충분하다. 입국장과 출국장이 분리되어 있다면, 그곳은 간소한 공항이다. 가벼운 식사를 위한 식당을 볼 수는 있겠지만, 거의 모든 것이 공항에서 벗어나도록 만드는 데 초점이 맞춰져 있다. 중요한 점은 택시 승강장과 주차 시설이 가까이 있어야 한다는 것이다. 설사 잔뜩 긴장한 채 바삐 움직이지 않는 상황이더라도 말이다. 공항에 도착하면 빨리 벗어나려고 서두르는 바람에 자질구레한 것들은 기억조차 못하지 않는가?

공항 시스템에 대한 인공지능의 위협

공항에서는 인공지능을 이미 사용하고 있다. 항공 교통 관제소는 항공기 도착 및 혼잡을 더 잘 예측하기 위해 인공지능 기반 시스템을 채택했다.[8] 에인트호번 공항에서는 새로운 수하물 처리 시스템을 시범 운영하고 있는데, 승객이 자신의 짐을 사진 찍어서 맡긴 뒤 목적지에 도착해 찾으면 그만이다. 라벨이 필요 없는 것이다.[9] 최소한의 프라이버시 보호를 전제로 승객에게도 이를 적용할 계획이다.[10] 이렇게 하면 신속한 탑승에 도움을 줄 것이다.

그런데 인공지능은 비행기에 탑승할 때까지의 가장 큰 불확실성, 즉 교통과 보안 문제에서는 이렇다 할 역할을 못하고 있다. 그렇지만 교통 문제와 관련해서는 이미 변화가 일어나고 있다. 웨이즈(Waze) 같은 내비게이션 앱은 교통 상황을 고려해 공항에 도착하는 시간을 합리적으로 예측해준다. 이 앱이 완전하지는 않지만 계속해서 개선되고 있다.

이 앱을 사용하면 승객에게 공항으로 출발해야 할 시간을 재촉하는 규칙이 필요 없다. 대신 앱의 달력에 비행기 출발 시간을 입력하기만 하면 된다. 그러면 앱이 집에서 떠나기에 가장 좋은 시간을 알려주니 이에 맞춰 일정을 짤 수 있다. 가까운 미래에는 실제 비행기 출발 시간의 불확실성까지 고려해 한층 더 개선될 것이다. 정해진 비행기 출발 시간에 맞춰 집에서 떠날 시간을 알려주는 데 그치는 게 아니라, 항공편의 실제 출발 예상 시간에 맞춰 집에서 떠날 시간을 알려주는 식이다. 다시 한번 말하지만, 불확실성을 완전히 해소할 수는 없어도 정보가 아예 없는 상태와 좀더 정확한 정보가 있는 상태는 크게 달라서 대기 시간을 많이 절약할 수 있다. 이와 비슷하게 우버의 대다수 운전자들은 과거 목적지 도착 예정 시간을 신경 쓰지도 않았지만, 지금은 이 정보를 가장 가치 있는 핵심 서비스로 꼽는다. 우버는 인공지능을 사용해 이러한 예측을 돕고 있다.[11]

인공지능은 또한 보안 절차에 걸리는 대기 시간을 예측할 수 있다. 이 모든 걸 종합하면, 여러분은 공항으로 가는 출발 시간을 규칙이 아니라 인공지능을 활용해 결정할 수 있다. 모든 일에서 그렇듯 남들보다 앞서 이러한 가능성을 받아들이는 사람이 있을 것이다. 인천공항을 비롯한 많은 공항에서는 기다리는 시간이 더는 나쁘지 않으므로 아마 정보를 바탕으로 결정을 내려야 할 필요성이 없을 수도 있다.

인공지능 기반 내비게이션 앱이나 출발 시간 제공 서비스를 개발하는 사람은 터미널 내부의 공항 서비스에서 발생하는 수익과 아무런 직접적 이해관계도 없다. 그러나 이 애플리케이션의 가치는 주로 공항에서 대기하는 걸 꺼리는 사람들의 수에 달려 있다. 따라서 공항에서의 대기 비용이 집에서 시간에 맞춰 출발하는 것보다 낮아지면 이러한 앱의 가치도 낮아진다.

보안 절차에 관한 예측은 성격이 다른 문제다. 공항은 보안 절차에 걸리는 시간을 줄여 불확실성을 낮추겠다고 말한다. 그러나 경제학자인 우리가 보기에 공항이 보안 절차에 걸리는 시간을 줄이는 것은 질 좋은 서비스를 제공하는 것과는 무관하다. 물론 보안 절차에 걸리는 시간이 줄어들면, 공항의 여러 시설에서 보내는 시간은 더 늘어날 것이다. 그러나 동시에 보안 절차 개선으로 불확실성이 낮아지면, 사람들은 공항 도착 시간을 비행기 출발 시간에 더 가깝게 재조정할 수도 있다. 그렇다면 공항이 승객의 터미널 도착 시간을 앞당기는 데 기여하는 인공지능을 이용해 보안 문제의 불확실성을 제거하려 하겠는가?

규칙의 수용 양상

사실 우리가 다루고자 하는 것은 공항이 아니라 규칙이다. 규칙은 불확실성에 따르는 비용이 크기 때문에 생겨나지만 나름의 문제를 발생시킨다.

기술 분야 저술가 클레이 셔키(Clay Shirky)가 제시한 이른바 셔키의 법칙은 "어느 문제 때문에 존재하는 조직이나 단체는 그 문제를 방치하기 마련이다"라고 말한다. 사업에 대해서도 마찬가지로 말할 수 있다. 사업의 내용이 비행기 탑승을 기다리는 사람에게 도움이 되는 방법을 제공하는 것이라고 하자. 공항에서 승객들이 더는 대기할 필요가 없어지면 이제 사업 기회를 어디에서 찾을 수 있겠는가?

인공지능에 기반한 의사 결정이 기회를 얻으려면 불확실성의 영향으로부터 규칙을 보호하는 방벽과 불확실성으로 인한 비용의 지출을 감수하도록 만드는 행위를 당연하게 여겨서는 안 된다. 적어도 규칙 때문에 불가피하게 감수하는 부정적 결과를 가능한 한 배제해야 하는 것이다.

우리는 영국 농부들이 사용하는 길게 늘어선 방벽, 즉 관목 울타리(hedgegrow) 세우기에서 규칙의 순기능과 역기능을 이해할 수 있다. 관목 울타리는 토지의 경계 구실을 하도록 억센 나무와 식물들을 세심하게 계획적으로 심는 것이다. 들판에서는 이 울타리가 지극히 유용해서 가축들이 경계를 벗어나지 않도록 감시할 사람이 필요 없을 정도다. 또한 폭우로 토양이 너무 빨리 침식되지 않도록 막는 데도 유용하고, 작물을 강풍으로부터 보호할 때에도 유용하다. 사고 위험에 대비한 이 같은 보호 기능을 모두 감안할 때, 이러한 관행이 이후 폭넓은 보험을 의미하는 단어로 진화한 '헤징(hedging)'의 기원이라는 사실이 놀랄 일은 아니다.

그러나 관목 울타리에는 대가가 따른다. 농지를 작게 나누기 때문에 방대한 토지에 효과적인 특정 농업 기술, 예를 들면 기계화를 불가능하게 한다. 제2차 세계대전 이후 영국 정부는 실제로 관목 울타리 제거에 보조금을 지급했는데, 때로는 리스크 관리 측면에서 관목 울타리가 일정한 역할을 함에도 불구하고 지나칠 정도로 많은 울타리를 제거했다. 오늘날 관목 울타리를 다시 세우자는 움직임이 일어난 것은 대부분 영국 왕세자가 이를 장려했기 때문이다.[12]

많은 경우 막대한 투자는 잠재적 의사 결정자를 리스크로부터 보호하거나 분리하기 위해 이루어진다. 고속도로의 가드레일은 주행하는 차량이 제방이나 언덕 또는 반대편 차로로 벗어나지 않도록 막기 위해 설치한다. 다행히 대부분 사용될 일이 없지만 운전자의 실수를 고려해 도로마다 설치해둔 것이다.

더 일반적으로 건축 법규는 불확실한 사고로부터 건물 안의 인명을 보호하기 위해 다양한 조치를 마련해놓는다. 이러한 사고에는 화재뿐 아니라 날씨, 부실해진 지반, 지진 같은 자연재해로 인한 피해가 포함된다.

이 같은 보호 조치에 공통적인 것은 한결같이 너무 복잡해 보이는 솔루션을 담고 있다는 점이다. 그리고 특수한 사건, 즉 평생에 한 번 있을 법한 폭풍이나 한 세기에 한 번 있을 법한 홍수를 염두에 두고 설계되었다. 이런 사건이 일어난다면 관련 공학 기술은 높이 평가받는다. 그러나 일어나지 않는 동안에는 불가사의한 것으로 남을 뿐이다. 《괴짜경제학(Freakonomics)》의 저자 스티븐 레빗(Steven Levitt)과 스티븐 더브너(Stephen Dubner)는 오랜 세월 동안 비행기의 구명조끼와 보트가 (안전 시범은 말할 것도 없이) 얼마나 낭비적 요소로 취급되었는지 지적했다. 항공기가 수상 착륙에 성공할 가능성이 턱없이 낮다는 사실도 한몫했다.[13] 2009년 당시 체슬리 설렌버거(Chesley Sullenberger) 기장은 엔진이 꺼진 US 에어웨이 항공기를 몰고 허드슨강에 착륙했다. 성공 확률이 낮았던 이 사건 하나로 비상수단인 구명조끼가 그 가치를 인정받았을까? 잘 모르겠다. 그러나 결과의 실현을 볼 수 없다고 해서 그게 발생할 확률이 없다고 평가할 수는 없다.

그런데 레빗과 더브너의 핵심 주장은 시간이 지남에 따라 불확실한 사건의 가능성이나 그 변화를 평가해서 보호 조치를 도입할 시점을 정하는 것은 가능하지만, 어떤 결과의 발생을 줄일 목적으로 수행한 투자가 과도한지 여부를 측정하기는 불가능하다는 것이다. 사용된 리스크 관리 전략 자체가 그러한 정보를 고려하지 않기 때문이다. 물론 리스크가 크지 않다고 판단한 일에 낭비적 투자를 하는 경우도 있을 수는 있다.

온실 시스템

공항은 인공지능이 불확실성의 비용을 크게 낮출 수 있는 장소로 적합해 보이지 않을지도 모른다. 그러나 그 기회는 바로 여러분 자신의 행동에 달려 있다. 감추어진 불확실성을 발견하고 인공지능의 예측을 도입해 새로운 의사 결정으로 나아갈 수 있다면 사업 방식의 급격한 변화를 맞이할 것이다.

농작물 재배는 주로 날씨 탓에 불확실성으로 가득하다. 날씨가 너무 덥거나, 너무 춥거나, 너무 습하거나, 적당히 습하지 않거나, 바람이 너무 불거나 하면 수확량은 줄어든다. 이 때문에 실내 농업을 도입하면 날씨를 통제할 수 있다. 문제는 작물에 빛이 필요하다는 것인데 온실, 즉 실내에서도 햇빛의 혜택을 입는 게 가능하다. 온실에서는 농부들이 온도, 습도, 관개도 쉽게 통제할 수 있다.[14] 이 통제 비용은 결코 낮지 않은데, 냉난방과 추가 조명은 모두 에너지를 소모하지만 거기에 드는 에너지는 예측 및 관리 가능하다.

그러나 문제는 날씨 통제만이 작물을 재배할 때 뒤따르는 어려움은 아니라는 것이다. 다른 예로 해충을 들 수 있다. 진딧물, 모기, 실지렁이, 진드기 등은 실외에서보다 실내에서 더 빠르게 성장하고 그 수가 더 빨리 늘어난다.[15] 매사추세츠주에서는 온실 관리를 위한 편람을 마련했는데, 그 내용의 3분의 1이 해충 방제에 대한 것이다.[16] 이는 농부 입장에서 상당한 시간을 들여야 하는 일이다. 농작물을 살피고, 고인 물을 퍼내고, 장비를 소독하고, 살충제를 뿌리는 것 말이다. 온실 관리에서 큰 일 가운데 하나가 온실을 해충의 침입으로부터 보호하거나 입구로 들어온 해충의 영향을 약화시키는 것이다.

인공지능이 이런 일에 도움을 줄 수 있다. 에코에이션(Ecoation)은 인공지능을 사용해 온실에서 해충을 억제하는 기술을 개발한 스타트업이다.[17] 에코에이션은 감시 시스템을 갖추고 있다. 인간이 온실 주위의 기계를 작동하면, 그 영상 시스템이 해충의 출몰 가능성과 위험 지역을 예측한다. 이 시스템은 당장 해야 할 일도 알려주는데, 살충제나 다른 방제 수단을 오늘 어디에 사용할지 농부에게 얘기해주는 것이다. 이 시스템은 또한 앞으로 일주일 동안 전체 온실에 해충이 얼마만큼 퍼질지도 예측하는데, 이 기간은 해충 방제 수단을 주문해서 사용하는 데 걸리는 시간과 관련이 있다.[18] 에코에이션이 가장 내세우는 장점은 비용 절감이다. 요컨대 인공지능은 적절한 해충 방제 수단을 적시에 주문하고, 이것이 현재 에코에이션의 마케팅 포인트다.

그러나 온실 시스템을 전체적으로 살펴보면 비용 절감을 넘어 더 큰 혜택이 있다는 걸 알 수 있다. 농부들은 해충에 강한 작물을 심거나, 온실을 작게 만들어 직접 관찰하거나, 기후 조건을 특정 방식으로 조정하는 등 해충 문제를 최소화할 아주 많은 규칙을 충실히 지킨다. 이런 규칙을 완화할 수 있다면 진정한 가치를 얻을 것이다. 인공지능의 해충 예측이 만족스러운 수준에 이르면 온실을 사뭇 다르게 운영하는 것이 가능하다. 해충에 민감한 작물도 재배할 수 있고 온실을 확장하는 것도 가능해진다. 에너지를 절약할 대안도 나올 수 있다. 에코에이션 같은 인공지능 회사가 제대로 해충 발생을 억제한다면 우리는 기존 규칙을 없애고 새로운 시스템을 도입할 수 있다. 농업에서도 공항에서와 마찬가지로 규칙에서 의사 결정으로의 전환이 가능해지는 것이다.

핵심 요약

- 규칙만 인공지능이 주도하는 의사 결정을 가로막는 것은 아니다. 우리가 받아들인 규칙 때문에 발생하는 낭비와 비효율로 이어지는 불확실성을 감추는 체계와 가림막도 인공지능이 주도하는 의사 결정을 가로막는다.
- 현대의 공항은 불확실성을 감추기 위한 값비싼 체계와 가림막의 본보기다. 불확실성의 근본적 원인은 교통 체증과 보안 문제 때문에 발생하는 지연 가능성이다. 호화로운 신공항은 출발 예정 시간에 앞서 한참이나 일찍 공항에 도착하도록 하는 규칙이 있다는 사실을 사람들이 의식하지 못하도록 디자인되어 있다.
- 온실에서는 해충 출몰에 대한 인공지능의 예측을 이용해 농부의 방제 능력을 향상시킬 수 있다. 이것은 도입 단계 솔루션이다. 만일 인공지능이 그 예측에서 만족스러운 수준에 이르면, 도입 단계 솔루션에 머물지 않고 **시스템 수준의 변화**가 가능해진다. 온실의 전체적 구조 설계와 워크플로는 해충 출몰의 위험성에 영향을 받는다. 예측을 개선하면 농부는 (해충에 강한) 다양한 작물을 키우고, 더 큰 온실을 운영하고, 에너지 절약이 가능한 새로운 대안 전략을 모색할 수 있다.

06

규칙은 교착된다

외과 의사이자 의학 분야 저술가인 어툴 거완디(Atul Gawande)는 체크리스트를 사랑한다. 그가 쓴 체크리스트에 바치는 시 〈체크리스트 선언(The Checklist Manifesto)〉에는 한 가지 목적만 있을 뿐이다. 대단히 전문적인 분야에 종사하는 사람들이 체크리스트에 표시를 하는 것은 전문가로서 하기에 하찮은 일이 결코 아니라는 걸 설명하기 위해서다. 체크리스트는 전문가들이 한층 복잡해진 환경에서 업무를 수행하도록 돕는 필수적인 부분이다.

체크리스트는 현대의 조직 생활에서 빼놓을 수 없는 것이다. 미 육군이 신형 폭격기를 구매하려 할 때, 처음엔 보잉의 모델 299를 거부하고 맥도널드 더글러스의 경쟁 모델에 눈을 돌렸다. 보잉의 모델이 경쟁 모델보다 폭탄 탑재 중량이 5배 많고, 속도도 더 빠르고, 항속거리도 2배 이상 길었지만 단순히 추락을 했다는 이유만으로 그랬다. 그 추락은 기체 결함이 아니라 조종사의 실수 때문에 발생한 것이었다. 보잉의 모델은 조종하기가 더 까다로운 비행기였다.

여하튼 육군은 우여곡절 끝에 보잉의 폭격기 몇 대를 구입하기로 결정했다. 그런데 거완디에 따르면, 육군은 조종사의 훈련을 늘리는 대신 더 간단한 조치를 취했다. 즉, 이착륙 같은 다양한 상황에서 필수적인 단계들을 담은 체크리스트를 마련해 조종사에게 보급했다.

> 체크리스트의 존재만으로도 항공학의 발전 정도가 간접적으로 드러났다. 비행기가 등장한 초창기에 비행기를 하늘에 띄우는 것은 신경이 곤두서긴 했어도 그다지 복잡한 일은 아니었다. 운전자가 차고에서 차를 빼며 체크리스트를 떠올리지 않듯 조종사가 이륙을 위해 체크리스트를 이용할 생각을 하지는 않았다. 그런데 이 신형 폭격기는 아무리 노련한 조종사라도 기억에 의존해 조종하기에는 너무 복잡했다.
>
> 조종사들은 체크리스트를 사용하면서 299 모델을 몰고 한 번의 사고도 없이 총 180만 마일을 비행했다. 결국 육군은 그 폭격기를 1만 3000대 주문했고, 이후 B-17이라는 이름을 붙였다.[1]

거완디는 현대 의학의 발전이 너무나 복잡해 이 분야 역시 동일한 접근 방식으로 혜택을 볼 수 있다고 설득력 있게 주장했다. 그는 그러한 설득이 쉽지 않다는 것을 알고 있었다. 뛰어난 외과 의사들이 손을 문질러 씻는 걸 거부한 때도 있었으니 말이다.[2] 그러나 체크리스트는 건설 현장부터 치즈케이크 공장에 이르기까지 모든 곳에서 복잡한 상황에 대응하기 위해 사용되었다. 의사들은 생명을 구할 수 있다면 못마땅해도 분명 받아들일 터였다.

우리는 체크리스트의 가치를 두고 거완디와 맞설 생각이 없다. 오히려 체크리스트를 사용하는 사람들에게 공감을 표하고 싶다. 체크리스트가 존재하는 것은 불확실성 때문이다. 복잡한 시스템은 서로 연관된 많은 부분으로 이루어져 있고 대부분의 사람이 각 분야에서 맡은 과업을 제대로 해내야 하기 때문에 체크리스트의 가치는 일의 진행 정도를 알리는 지표일 수만은 없는 것이다. 대신 체크리스트는 규칙과 그 규칙을 따를 필요성을 구현한 것이다. 체크리스트의 목적은 신뢰성을 확보하고 오류를 줄이는 데 있다. 전문가에게 자기 지식에 근거해 의사 결정을 하도록 맡기는 방법도 있지만, 이는 다른 사람들에게 골칫거리나 불확실성을 안겨줄 수 있다.

대기업에는 체크리스트가 있다. 또한 그와 비슷한 역할을 하는 표준운영절차, 즉 SOPs가 있다. 4장에서 언급했듯 이는 사람들이 단계를 마칠 때마다 체크하는 것을 포함해 반드시 준수해야 할 단계들을 모두 밝힌 무수한 매뉴얼로 이루어져 있다. SOPs는 복잡한 조직이 기능하도록 돕는다. 그러나 우리는 이 운영 절차를 있는 그대로, 즉 의사 결정이 아니라 따라야 하는 규칙들로 이루어진 것임을 인식해야 한다.

SOPs와 체크리스트는, 무수한 규칙을 빚어내 조직의 혈관에 새겨 넣은 감추어진 불확실성의 산물이다. 각각의 규칙마다 그와 연관된 불확실성이 존재한다. 그리고 각각의 규칙에 대해 다음과 같은 질문을 할 수 있다. 우리가 인공지능 예측의 도움을 받을 수 있다면 규칙을 의사 결정으로 대체하고, 그 운영 절차 매뉴얼에서 규칙을 지워버리고도 생산성 향상을 이룰 수 있을까?

인간은 모두 다르다

규칙은 인간이 모두 같기라도 한 것처럼 누구에게나 동일하게 적용된다. 그러나 인간은 서로 같을 수 없다. 인간은 모두 다르다. 이는 아마도 마케팅의 기본적 가르침일 것이다. 마케팅 전문가들은 고객을 여러 그룹으로 분류해 판매할 상품을 잘 살 것 같은 그룹을 선정한다.

이 전문가들이 고객을 모두 동일하게 취급한다면 그것은 마땅한 정보가 없기 때문이다. 정보가 있다면 고객에 따라 알맞은 상품과 서비스를 제공할 것이다. 마케팅 전문가는 모든 사람을 동일하게 취급하는 규칙에서 적합한 고객에게 적시에 알맞은 상품을 제공하는 의사 결정으로 옮겨갈 수 있다.

라디오에서는 규칙이 전부다. 라디오 방송국의 디스크자키는 모든 청취자를 상대로 같은 노래를 들려준다. 하지만 스포티파이, 애플 뮤직, 판도라 같은 스트리밍 음악 서비스에서는 개인이 취향에 따라 플레이리스트를 만들 수 있다.

그런데 이 맞춤형 플레이리스트로 가치를 창조할 때 겪는 어려움은 무엇일까? 판도라의 데이비드 라일리(David Reiley)와 장훙카이(張宏凱)가 이런 질문을 던진 것은 회사 내부의 여러 규칙을 조사하면서부터다. 플레이리스트는 개인마다 달랐지만 회사의 운영은 규칙에 의해 이루어졌다. 판도라에는 프리미엄 모델이 있다. 일부 소비자는 요금을 지불하고 광고 없이 음악을 들을 수 있다. 나머지 사람들은 시간당 횟수가 정해진 광고를 보면서 무료로 듣는다.

라일리와 장은 워싱턴 대학의 앨리 골리(Ali Goli) 교수와 함께 사람들이 광고를 싫어하는 정도와 서비스를 이용하고 싶은 정도를 밝히는 실험 데이터를 분석하면서 인공지능을 활용했다. 그 인공지능은 고객들이 평균적으로 광고를 얼마나 싫어하는지뿐만 아니라, 고객들 사이의 차이까지 밝혀낼 수 있을 만큼 개개인에 대한 예측이 가능했다. 그 정보를 토대로 하면 회사는 시간당 광고 노출 횟수에 대한 규칙을 고수할 필요가 없었다. 광고를 더 보는 사람도 있고 덜 보는 사람도 있기 때문이다.[3] 회사는 개인마다 광고 횟수를 차등화함으로써 이익이 크게 늘어날 수 있음을 깨달았다. 인공지능은 또 광고 횟수를 줄일 경우 청취 시간을 늘리는 고객과 유료 회원으로 전환할 고객도 예측했다.

이러한 정보를 얻게 되면 기업은 모든 고객에게 동일한 횟수의 광고를 보여주는 규칙을 만들어놓을 필요가 없다. 기업은 시간당 광고 횟수가 줄어들면, 청취 시간을 늘릴 고객에게는 광고를 줄이는 결정을 할 수 있다. 또 유료 회원으로 전환할 법한 고객에게는 광고를 늘릴 수도 있다. 판도라의 연구 부서는 이렇게 인공지능을 통한 새로운 의사 결정이 어떻게 가능한지 보여주었다.

그러나 이것이 전부는 아니다. 광고 능력을 확대하려면 광고주를 찾아야 한다. 골리, 라일리, 장은 광고의 3분의 2만 채워질 것으로 예측했다. 동일한 고객에게 반복해서 같은 광고를 보여주지 않으려면 새로운 광고주를 찾아야 하는 문제가 있었다.[4] 새로운 전략을 시행하려면 새로운 광고 판매 전략이 반드시 필요했던 것이다.

또한 소비자의 반응에 대한 이해 역시 필요했다. 인공지능으로 가장 큰 이익을 보려면 유료 회원 가입을 망설이고 있는 고객에게 광고를 늘려가야 한다. 또 무료 서비스의 질을 낮춰 고객이 유료 회원으로 전환하도록 만들 수도 있을 것이다. 그러나 판도라가 고객 데이터를 이렇게 이용하면 고객들은 틀림없이 기분이 상할 것이므로 이 전략에는 고객이 한꺼번에 이탈할 위험성도 있었다.

이러한 한계가 있다는 것은 판도라가 아직 이 인공지능을 충분히 활용할 만한 상황이 아니라는 의미다. 회사는 여전히 광고 횟수를 정하기 위해 규칙을 이용하고 있다. 인공지능을 이용하는 것은 규칙을 중단하는 첫 단계임에도 말이다. 의사 결정이 가능하기 위해서는 변화해야 할 프로세스가 여전히 남아 있는 것이다.

벽 속의 또 다른 벽돌

교육은 규칙으로 가득하다. 착석할 자리, 품행, 학사 일정 등 규칙이 많기도 하다. 우리 필자 중 한 명인 애비(Avi)는 자녀의 학교에서 59쪽짜리 부모를 위한 가이드를 받았다. 그 가이드에는 알레르기, 머릿니, 부상, 면역 관련 건강 및 안전 규정과 숙제에 대한 방침, 생일 축하 방법, 핸드폰 제한, 등하교를 위한 주차 장소, 수업 편성 방침 등이 담겨 있었다. 부모용인데도 이만큼이나 되었다!

이런 규칙에는 나름의 목적이 있다. 요컨대 안전하고 효율적인 교육 시스템을 유지하기 위한 것이다. 시트콤 〈사인필드(Seinfeld)〉에서 극중 인물 코스모 크레이머(Cosmo Kramer)는 이렇게 말한다. "규칙은 규칙이다. 터놓고 말해 규칙이 없으면 혼란뿐이다."[5]

물론 규칙을 늘리는 것도 가능하지만, 교육의 획일화를 염려하는 시각 역시 오랜 것이다. 1859년 존 스튜어트 밀은 《자유론》에서 이렇게 썼다. "일반 공교육은 정확히 똑같은 사람들을 만들어내는 수단일 뿐이다."[6]

교육자들은 규칙과 유연성 사이의 이러한 긴장을 잘 이해하고 있다. 교육 분야의 글들은 그 점을 설명하면서 이에 대처하려 한다. 뉴욕 주립유치원의 학습 지침은 다음과 같이 강조한다.

> 이 지침의 취지는 모든 아동에게 동일한 환경에서 수업이나 커리큘럼을 똑같이 진행하도록 규정하려는 것이 아니다. 맞춤형 교육, 적응력, 문화적·언어적 차이를 고려해 학생의 개인적 사정을 감안하는 교사의 지도에 따라 아동의 학습과 성취가 이루어질 거라는 기대를 표명하는 것이다. 우리가 모든 아동에 대해 동일한 학습 목표를 설정하더라도 그 목표를 이룰 수단은 개별 아동에 따라 대단히 탄력적일 수밖에 없다.[7]

따라서 모든 아동을 위한 기준이 존재하지만 개별 아동이 받는 교육은 모두 다르다는 것이다. 원대하고 도전적인 비전이다. 가장 뛰어난 교사라면 해낼 수 있을지도 모른다. 그들은 수업에서 개별 아동마다 이를 적용할 테니 말이다. 하지만 나머지 교사들은 이렇게 하는 것이 힘겨울 수밖에 없다. 전 세계적으로 보면 상황은 한층 더 심각하다. 국민소득 상위권의 국가들은 교육비로 아동 1인당 수천 달러를 지출하지만, 다수의 하위권 국가들의 아동 1인당 연간 교육비는 겨우 50달러에 불과하다. 자원이 부족하니 규칙에서 벗어나는 것도 힘들다.[8]

창업 교육의 경우를 한번 살펴보자. 세계은행 같은 원조 기관과 각국 정부는 개발도상국의 잠재력 있는 창업자 약 400만 명을 교육하는 데 매년 10억 달러 이상을 지출한다.[9] 이 교육 프로그램의 내용은 대부분 상거래 관습과 수익에 초점을 두지만, 참가비가 비싸고 비용 대비 성과도 뚜렷하지 않다. 온라인 교육은 좋은 효과를 기대할 수는 있어도 획일적일 가능성이 있다. 모든 경우에 적용되는 정보는 대동소이하다. 여기서 중요한 한 가지 교훈은 집중적인 맞춤형 교육이 가장 효과적이라는 것이다. 문제는 많은 사람을 상대로 맞춤형 교육을 실행하는 방법이다.

경제학자 진이저우(靳毅洲)와 쑨정윈(孫正云)은 그 해결책으로 인공지능을 떠올렸다. 그들은 대형 전자 상거래 플랫폼과 함께 수십만 명의 판매자를 대상으로 창업 교육을 제공했다. 그 프로그램은 수십 가지 독립적인 교육 내용으로 이루어졌으며 웹사이트, 마케팅 전략, 고객 서비스의 구축에 초점을 맞추었다. 예를 들어, 상품 소개를 다루는 강의에서는 소비자에게 가장 효과적인 판촉 방법을 찾는 체크리스트를 제공하는 식이었다. 다른 한편으로 그 교육은 검색 엔진의 최적화와 키워드의 선택에 초점을 맞추었다.

그런데 이 교육 내용이 판매자에게 모두 필요한 것은 아니었으며, 신규 판매자는 도움이 될 만한 강의가 무엇인지 알 수도 없었다. 하지만 인공지능은 교육 내용을 개인에 따라 다양하게 제공했다. 인공지능은 판매자의 실제 영업과 상품에 대한 데이터를 수집해 교육 일정을 작성했다. 그런 다음 판매자에게 교육 내용을 추천하고, 판매자는 그걸 교육받기 시작했다. 이것이 수십만 명의 판매자에게 제공한 맞춤형 창업 교육이었다. 모든 판매자가 동일한 정보를 얻도록 만드는 규칙이 아니라 판매자들이 교육을 선택하는 결정이 가능해진 것이다.

이 프로그램은 무작위 배정 실험으로 실행했기 때문에 그 효과를 측정할 수 있었다.[10] 이 플랫폼에서 판매자 800만 명 중 200만 명에게 교육을 제공했으며, 그중 약 50만 명이 과정을 마쳤다. 이들은 교육을 받은 후 6.6퍼센트의 수익 상승을 이루었다. 한 해 동안 교육을 진행함으로써 판매자의 수익이 약 600만 달러 증가한 것이다. 1년간 기업 한 곳당 12달러에 지나지 않으니 대수롭지 않아 보일 수 있다. 그러나 이 교육을 받기 전에 기업 한 곳당 총수익은 200달러에 불과했고, 인공지능 대신 인간이 맞춤형 교육 프로그램을 진행한 경우 그 비용 대비 효과는 미미했다. 인공지능이 개인마다 적절한 강의를 추천함으로써 수십만 명의 판매자를 상대로 효과적인 교육을 제공한 것이다. 이렇게 인공지능은 규칙이 아니라 의사 결정을 가능케 함으로써 대규모 가치를 창출했다.

규칙 떼어내기

규칙이 오랫동안 존재하면 그 규칙을 둘러싸고 있는 시스템을 알아채기 어려울 수 있다. 또 규칙에 대한 신뢰가 쌓여 있기 때문에 수많은 규칙과 절차가 서로 결합되어 있을 수 있다. 그래서 그중 하나라도 바꾸려면 전체를 한꺼번에 손대야 한다.

판도라의 무료 회원일 경우 사용자들은 모두 같은 분량의 광고를 본다. 광고에 의존하는 미디어 산업에서는 일반적인 일이다. 전통적인 TV 방송국에서는 30분마다 8분짜리 광고를 송출할 수 있었는데, 이는 방송국의 수입과 직결된 규칙이었다. 이 규칙을 중심으로 여러 다양한 프로세스가 개발되었다. 프로그램을 22분이나 44분 단위로 제작했기 때문에 방송 작가들도 같은 길이의 에피소드를 만들어야 했다. 그 결과 마치 호흡을 하듯 자연스럽게 프로그램 사이에 상업 광고를 방영하고, 이 규칙은 오늘날 TV 방송국의 시스템에 고착되어 있다.

유튜브의 콘텐츠 제공 방식은 대안적 시스템 디자인의 한 가지 사례다. 유튜브의 크리에이터는 길이 제한이 없는 콘텐츠를 만들 수 있다. 그리고 유튜브의 인공지능은 어떤 시청자가 어떤 콘텐츠에 끌리는지 예측할 수 있다. 인공지능 기반 검색 엔진과 추천 엔진이 무한한 옵션의 카탈로그 속에서 시청자가 적절한 콘텐츠를 찾을 수 있도록 도와준다. 게다가 인공지능은 어떤 시청자가 어떤 광고에 가장 관심을 갖는지 역시 예측한다. 중요한 것은 **이런 예측 능력은 다양한 사용자가 다양한 콘텐츠를 시청하는 시스템에서만 큰 가치가 있다**는 점이다. 즉, TV 방송국에 비슷한 예측을 할 수 있는 인공지능이 존재하더라도 그 시스템에서는 모든 시청자가 동일한 내용을 보기 때문에 가치가 떨어질 수밖에 없다. 따라서 기껏해야 이 인공지능으로 할 수 있는 일은 시청자 대다수가 가장 이끌릴 광고를 예측하는 것뿐이다.

다시 말하지만, 이 같은 인공지능의 예측 능력은 TV 방송국이 아니라 유튜브 시스템에서만 큰 가치가 있다. 그리고 이 인공지능의 **직접적** 기능은 방대한 콘텐츠 중에서 시청자가 좋아할 만한 콘텐츠를 찾아주고 광고도 매칭하는 것이다. 아울러 이 인공지능의 **간접적** 기능은 검색·추천·광고를 위한 솔루션을 그대로 활용해 TV 방송국에서 시도할 수 없는 다양한 길이, 주제, 광고, 시의적절한 내용을 자유롭게 결합한 콘텐츠를 생성하는 것이다.

학교 시스템에서는 같은 학년에 속한 학생은 같은 내용을 배운다. 즉, **커리큘럼이 고정되어 있다**. 학생들은 연령에 따라 한 묶음처럼 교육을 받는다. 마치 학생들 사이의 가장 중요한 공통점이 출생 연도이기라도 한 것처럼 말이다.[11] 예를 들어, 온타리오주에서 2009년에 태어난 아이는 거의 2015년에 처음 학교에 입학하고 2023년에 고등학교에 진학한다. 이런 규칙들이 자리 잡은 것은 어떤 학생이 도달할 수준을 둘러싼 불확실성을 교육적·사회적 차원에서 관리하기 위해서다. 그리고 이 규칙들은 차례차례 시스템 안에서 서로 들러붙는다. 요컨대 교사에 대한 교육의 초점을 학습 욕구의 다양성을 제한하는 것에 둔다. 뒤처진 학생을 도울 추가적인 자원을 적당한 수준에서 억제한다. 그리고 고등학교 수준에서는 표준 교육 과정에 적응하지 못한 학생을 위해 대안 학교, 일·학업 병행 프로그램, 동등 학력 인정 프로세스 등 명목상의 프로그램을 마련한다.

학생마다 다른 차선의 학습 내용을 예측하는 인공지능은 맞춤형 교육을 제공할 수 있다. 어떤 주제에 숙달된 학생은 지루해하기 전에 새로운 주제로 넘어가도록 해주고, 학생들이 특정 주제에 능숙해지도록 시간·사례·연습을 늘리는 일도 가능하다. 도입 단계 솔루션에 해당하는 이런 인공지능은 기존 학교 시스템을 어느 정도 개선할 수 있다. 그러나 학생이 자기 학년의 커리큘럼을 마쳤다면 그해에 할 공부를 전부 한 셈이므로 설령 추가 학습을 하고 싶어도 불가능하다. 충분히 훈련받지 못한 교사들의 도움에도 한계가 있기 때문에 시스템 개선 효과를 크게 바랄 수 없다. 학생들 사이의 격차가 시간이 흐를수록 더욱 커져 기성 교육 시스템 안에서는 이런 문제가 학년이 높을수록 더 심각해질 것이다. 학생들을 지원하기 위해서는 더욱 다양한 주제에 대한 교수법의 향상이 필요하다.

그렇다면 학생들이 학급 단위(학생들의 신체적·사회적 성장은 생물학적 법칙을 따른다)로 생활하면서도 다양한 교사와 강사가 개별 학생의 학습 욕구에 맞춰 가르치는 시스템을 상상해보자. 교사와 강사는 학생들의 연령과 무관하지만, 대신 해당 교과에서 학생이 품은 질문의 성격과 능력에 따라 결정된다. 이러한 시스템에서 발휘되는 인공지능의 영향은 기존 시스템에서 발휘될 영향과 비교해 더 클 수밖에 없다. 개별 학생은 학습 욕구와 선호하는 학습 형태에 따른 맞춤형 교육을 받을 것이기 때문이다. 어느 교과에서는 학습이 빠르지만 다른 교과에서는 느린 학생도 물론 수용 가능하다. 특정 기술에 집중하고 싶은 학생은 그 분야의 전문 교사를 만날 수 있다. 교사는 다수를 위한 학습 방식을 선택할 필요가 없다. 읽기에 애를 먹는 학생을 돕는 데 능숙한 교사와 수학 시험에 뛰어난 성적을 보이는 학생을 이끄는 데 능숙한 교사는 자신이 가장 잘하는 분야에 시간을 쏟으면 그만이다.

22분 길이의 방송 프로그램과 연령에 따른 커리큘럼 같은 규칙은 불확실성에 대처하기 위해 마련된 것이다. 시간이 흐르면서 그 시스템의 작동을 최적화하기 위해 다양한 형태의 가림막이 등장했다. 눈에 잘 띄지 않을 수 있지만, 이런 규칙은 시스템이 하나로 뭉쳐지도록 접착제 구실을 했다. 따라서 규칙을 의사 결정으로 전환하게끔 하는 인공지능이 얼핏 매력적으로 보일 수 있다. 하지만 대체해야 할 규칙이 시스템의 다른 요소와 단단하게 얽혀 있기 때문에 그 영향은 제한적일 수밖에 없다.

차선의 학습 내용을 예측하는 인공지능을 기존 학교 시스템에 도입하더라도 그 영향이 제한적인 것은 학급마다 교사 한 명을 배정하는 연령 기반 커리큘럼 규칙이 현 교육 시스템, 특히 초등학교 시스템의 기본 토대이기 때문이다. 반면, 맞춤형 교육을 최대한 이용할 수 있는 새로운 시스템에서 동일한 인공지능을 사용하며, 이에 보조를 맞춰 교사와 강사를 유연하게 배치하고 교육자 훈련을 위해 맞춤형 토론, 그룹 프로젝트, 교사에 대한 지원을 병행하면 교육 및 학생의 성장과 발전은 더욱 큰 자극을 받을 것이다.

요약하면, 연령 기반 커리큘럼 규칙은 대부분 현대 교육 시스템을 고착시키는 접착제다. 따라서 이러한 시스템에서는 맞춤형 교육을 제공하는 인공지능의 혜택이 제한적일 게 분명하다. 맞춤형 교육의 잠재력을 해방시키기 위해서는 예측 모델을 수립하는 것보다 현재 교육 시스템 전체를 옴짝달싹 못하게 하는 연령 기반 커리큘럼이라는 규칙을 교육에서 떼어내는 일이 급선무다.

핵심 요약

- 표준운영절차와 마찬가지로 체크리스트도 규칙과 그 규칙을 따를 필요성 때문에 만들어진 것이며, 그 존재 목적은 신뢰성을 확보하고 오류를 줄이는 데 있다. 체크리스트의 대안은 전문가에게 지식에 근거한 의사 결정을 하도록 맡기는 방법이 있다. 규칙에서 의사 결정으로의 전환이 이러한 대안적 행위의 효과를 높일 수는 있겠지만, 다른 사람들에게 골칫거리나 불확실성을 안겨줄 수도 있다.
- 규칙은 시스템 안에 한데 얽혀 있다. 그 때문에 하나의 규칙을 인공지능 기반 의사 결정으로 바꾸는 일이 어려운 것이다. 따라서 매우 강력한 인공지능을 도입하더라도 그 가치가 잘 드러나지 않는 경우가 흔하다. 시스템을 이루는 많은 부분이 대개 규칙에 맞추어져 있고 변화를 거스르도록 디자인되어 있기 때문이다. 이런 규칙은 상호 의존적이다. 다시 말해, 서로 교착되어 있다.
- 차선의 학습 내용을 예측하는 인공지능이 학생에게 제공하는 맞춤형 교육은

모범적 사례다. 하지만 연령 기반 커리큘럼이라는 규칙 기반 시스템에 이러한 인공지능을 도입하면 그 장점이 억눌리고 만다. 반면, 동일한 인공지능을 (연령 기반이 아닌) 맞춤형 토론 , 그룹 프로젝트, 교사에 대한 지원을 최대한 이용하는 새로운 시스템에 도입하면 교육 전반과 학생 개인의 성장 및 발전에 대단히 큰 영향을 미칠 것이다. 맞춤형 교육의 잠재력을 해방시키기 위해서는 예측 모델을 수립하는 것보다 현재 교육 시스템 전체를 옴짝달싹 못하게 하는 연령 기반 커리큘럼이라는 규칙을 교육에서 떼어내는 일이 시급하다.

Power and Prediction

3부

시스템

07

교착된 시스템 대 유연한 시스템

인공지능은 코로나19로부터 우리를 구하지 못했지만, 충분히 주목할 만한 가능성을 보여주었다. 그런 가능성이 실현되지 못한 것은 많은 나라가 불확실성에 직면해 의사 결정을 한 게 아니라 규칙에 기반한 공공 의료 절차를 준수했기 때문이다. 이미 언급한 대로 인공지능의 예측에는 우리 행동을 규칙에서 의사 결정으로 바꾸는 잠재력이 있다. 따라서 팬데믹은 인공지능이 그러한 변화를 어떻게 쉽게 달성할 수 있는지 따져볼 중요한 무대다.

인공지능이 코로나19로부터 우리를 구하지 못했다는 것은 인공지능이 미흡했기 때문이 아니라 우리의 준비가 부족했기 때문이다. 공중 보건 당국이 확립한 오랜 규칙 때문에 급작스러운 팬데믹 와중에 경제를 보호할 의사 결정 방식을 수용하지 못했다. 그러나 일부 예외가 있었다. 우리가 다루는 한 가지 사례에서 대기업의 한 소규모 조직이 유연한 시스템에 맞는 혁신 플랫폼을 만들었다. 정보를 무시할 만큼 지나치게 규칙에 집착하는 시스템 때문에 일어날 파국을 막기 위해 불확실성 속에서 의사 결정을 시도한 것이다.

규칙의 대가는 무엇보다 크다

현재 우리는 모두 팬데믹 기간에 발생한 보건 리스크에 익숙하다. 2021년 1월에는 약 900만 명의 미국인이 코로나19에 감염되었다.[1] 이들에게는 코로나19가 심각한 건강상의 문제였다. 그러나 나머지 3억 2000만 명의 미국인 대다수에게는 코로나19가 건강상의 문제가 아니었다. 그들은 아프지 않았고, 다른 사람을 감염시키지도 않았다. 많은 사람이 직장, 학교, 일상생활에서 후유증에 크게 시달렸지만, 미국인 다수에게 코로나19는 건강상의 문제가 아니라 예측의 문제로 다가왔다. 우리에게는 바이러스 전파자를 예측할 정보가 없었다.

공중 보건 당국은 전파 가능성과 위험성이라는 측면에서 모든 사람을 동일하게 관리해야 안전하다는 입장이었다. 감염병의 경우 전파 가능성이 있는 사람을 미리 알 수 없기 때문에 타인과의 접촉은 전염 위험성을 더욱 키우는 행동이다. 이 때문에 팬데믹 기간에 사회적 거리 두기를 시행한 것이다. 이는 가장 간단한 보호 방식이었다.

이것을 의사 결정 트리를 활용해 살펴보자. 선택 가능한 행동은 스스로 고립되든지 타인과 접촉하든지 둘 중 하나다(그림 7-1처럼). 고립되면 병을 옮기지 않으나 사람들과 거리를 유지해야 하므로 개인적으로 비용을 치른다. 타인과 접촉하면 본인의 감염 여부에 따라 결과가 달라진

그림 7-1 고립 또는 접촉의 의사 결정 트리

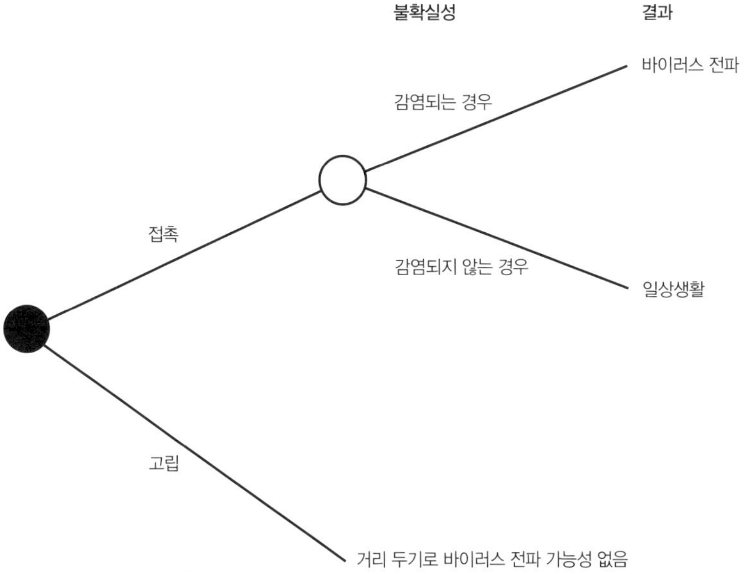

다. 즉, 감염되었다면 바이러스를 전파할 가능성이 있고, 감염되지 않았다면 전과 다름없이 생활할 수 있다.

의사 결정 트리는 사람들이 대부분 전파자가 아니기 때문에 발생하는 문제에 주목한다. 당신이 현재 코로나19에 걸렸다면 감염되지 않은 경우보다 더 위험한 상황이다. 요컨대 우리가 감염된 사람과 감염되지 않은 사람을 **구분**할 수 있다면 달리 대처할 수 있는 것이다. 감염된 사람하고는 접촉을 피하고, 감염되지 않은 사람하고는 평소처럼 함께 활동할 수 있는 것이다. 이것이 팬데믹의 핵심에 있는 가장 중요한 예측의 문제다. 즉, 감염된 사람을 알고 그들을 격리함으로써 팬데믹으로 발생할 비용을 크게 줄일 수 있다.[2] 감염자를 격리하는 동안 나머지 사람들은 안전하게 직장에 머물 수 있다. 이렇게 하면 평소의 생활을 유지하면서도 연쇄 전염을 차단해 팬데믹을 억제할 수 있다. 문제는 규칙에 기반한 사회적 거리 두기를 의사 결정에 기반한 거리 두기로 바꾸는 데 정보가 필요하다는 것이다. 불확실성을 해소할 정보가 필요하다는 것은 우리가 예측의 문제에 직면했다는 것이나 다름없다.

예측의 문제로 바라보는 코로나19

예측의 문제를 파악하는 첫 단계는 불확실성이 발생한 지점을 알아내는 것이다. 이렇게 보면 팬데믹은 불확실성으로 가득하다. 그중 가장 큰 불확실성은 팬데믹으로 발전할 수 있는 병원체가 갑자기 등장하는 시기다. 아마 이 문제는 인공지능이 해결할 수 있을 듯하다. 그러나 우리가 여기서 집중적으로 살펴볼 것은 다소 불편할 수 있는 주제, 즉 팬데믹 관리에 관한 문제다. 다시 말해, 팬데믹 직전, 혹은 팬데믹이 이미 시작된 상황에서 병원체를 재빨리 억제해야 할 때 직면하는 핵심적 불확실성은 무엇일까?

여러분은 아마 이것을 팬데믹 관리 문제를 다루는 방법치고는 이상하다고 느낄 수 있다. 사실 우리는 이를 공중 보건 문제로 인식하는 데 익숙하다. 팬데믹을 종식시킬 백신의 문제, 생명을 구할 치료법의 문제, 전염을 최소화할 방법의 문제로 생각한다. 그러나 우리가 건강이라는 차원에서뿐 아니라 경제 활동과 사회생활이라는 차원에서 인간이 치르는 모든 대가를 감안해 코로나19를 팬데믹으로 만든 것이 무엇인지 분석한다면, 감염을 막는 방법 자체가 우리의 일상생활을 앗아간다는 사실을 깨달을 수 있다.

팬데믹이 발생하고 처음 몇 달 동안 감염자를 예측하는 다양한 수단이 개발되었다. 가장 먼저 등장한 방식은 보건 당국에서 감염자와의 접촉 여부를 조사해 감염 가능성이 있는 사람과 없는 사람으로 구분하는 것이었다. 감염자와 가까이 있었다면 감염 가능성이 높다는 논리다. 이러한 동선 추적 방식은 관리 당국이 감염 가능성이 높은 사람을 예측하는 데 유용하다. 많은 나라에서 당국이 감염자에게 전화를 걸어 그동안의 동선을 묻는 방식을 사용했는데, 이는 인력이 많이 필요하고 절차도 불확실하다. 대한민국에서는 공중 보건 당국이 동선 추적 목적으로 폐쇄 회로, 신용카드 사용 내역, 휴대폰 관련 데이터를 살피는 새로운 절차를 개발했다.[3]

혁신은 동선 추적에만 그치지 않았다. 인공지능이나 IT 전문가들도 감염 예측 수단을 개발했다. 사람들로 하여금 자기 폰에 기침을 하게끔 함으로써 무증상 감염을 식별하는 수단이 개발되었고,[4] 그리스의 공항과 항구 등에서는 교통수단, 경유지, 인구학적 정보 등을 토대로 매주 업데이트되는 인공지능 도구를 이용해 무작위 검사 때보다 1.85배 많은 무증상 감염자를 찾아낼 수 있었다. 덕분에 추가 검사 없이 입국할 수 있는 관광객을 식별하는 데 도움을 주었다.[5] 인공지능과 무관한 수단 또한 개발되었다. 많은 장소에서 열화상 카메라와 체온계를 이용해 열을 측정했는데, 고열이 있다면 코로나19에 걸렸을 가능성이 더 컸기 때문이다. 태국에서는 개를 훈련시켜 사람에게서 질병 냄새를 맡도록 했다.[6]

2020년 가을이 되자 신속항원검사가 코로나19 감염 예측에서 가장 효과적인 도구임이 분명해졌다. 종합효소연쇄반응(PCR)은 매우 적은 양

의 바이러스도 검출할 수 있지만, 신속항원검사에 비해 시간이 더 걸리고 가격도 더 비쌌다.[7]

예측은 부족한 정보를 채우는 프로세스이며, 코로나19 검사는 감염 여부에 대한 정보를 채우는 데 유용했다. 다른 예측과 마찬가지로 신속항원검사도 100퍼센트 정확성을 기대할 수는 없다. 그래도 거짓 양성(false positive)이 나올 가능성은 낮다. 다시 말해, 판정이 양성이면서 감염을 시키지 않는 상태일 가능성은 낮다.[8] 그렇다면 양성 판정을 받은 뒤 집에만 머물러 있게 하면 감염병 확산을 억제할 수 있다. PCR 검사의 경우에는 사정이 좀 다른데, 전염 가능 기간을 지나 몇 주 또는 몇 달이 흘러서도 양성 판정을 받을 수 있기 때문이다. 정리하면, 2020년 가을쯤에는 대량 생산이 가능하고 비싸지 않은 코로나19 예측 수단이 등장했다. 이는 인공지능을 사용한 예측 수단은 아니고 다른 종류의 예측 도구였다.

이러한 지식을 토대로 우리는 전염병학자 로라 로셀라(Laura Rosella), 정치학자 재니스 스타인(Janice Stein), 창조적 파괴 연구소, 곧 CDL의 이사 소니아 센니크(Sonia Sennik)와 함께 일터를 안전하게 개방할 수 있도록 신속한 검사 프로그램을 디자인하고, 기업들이 이를 갖추도록 돕고자 했다.[9]

그 아이디어는 정기적으로 검사해 양성 반응을 보인 노동자는 집에서 격리하도록 하고, 최근 음성 판정을 받은 나머지 노동자들만 안전하게 출근하도록 하는 것이었다. 이런 예측 수단은 활용하기 쉽고 실행도 간단해 보였다. 이것으로 폐쇄되지 않은 필수 사업장의 안전을 강화할 수 있고, 시간이 지나면 경제도 다시 활성화될 수 있을 터였다.

그러나 우리는 곧바로 예측 수단만으로는 거의 아무것도 이룰 수 없다는 사실을 깨달았다. 시스템은 정보를 기반으로 한 의사 결정에 털끝만큼도 도움을 주지 않는 규칙의 방해를 받았다. 개인의 건강 정보를 수집하려면 개인 정보 보호 관련 규칙에 어긋나지 말아야 했다. 일터에 접근하려면 노조의 규칙, 개인 정보의 저장과 처리에 대해서는 데이터 보호 관련 규칙, 테스트 이후 용액을 버리려면 위험 폐기물 처리 규칙, 누군가 양성 판정을 받아 일을 중단해야 할 경우에는 그 비용의 부담과 관련해 노동자에 대한 보상 규칙과 어긋나지 말아야 했다. 목록은 이 정도에서 그치지 않는다.

경제가 멈출 만큼 위협적인 상황에서 정보 부재 문제를 긴급하게 해결해야 함에도 불구하고 규칙 때문에 경직되어 있는 시스템은 의사 결정 솔루션의 실행을 거의 불가능하게 했다. 시스템을 유연하게 해서 정보 수용, 구체적으로 말하면 감염 예측에 민감해지도록 만드는 방법을 찾아야 했다.

우리는 일단의 CEO를 비롯해 영국 중앙은행과 캐나다 중앙은행 총재를 역임한 마크 카니(Mark Carney), 미국 질병통제예방센터(CDC) 이사를 지낸 브렌다 피츠제럴드(Brenda Fitzgerald), 작가 마거릿 애트우드(Margaret Atwood) 같은 선도적인 이론가들과 함께 이 문제를 토의했다. 2020년 10월에는 12명의 CEO가 유연한 시스템을 위한 환경을 마련하는 데 동의했다.[10] 모두가 이 프로젝트에 바로 착수해 직속으로 자신에게 보고할 사람을 임명하고, 규칙에 기반한 장애물을 가능한 한 없애는 데 동의한 것이다. 우리 목표는 다른 기업이나 공중 보건 관료들이 규칙에 기반한 교착된 시스템의 일부라도 정보에 기반한 유연한 시스템으로 전환할 수 있도록 대단히 설득력 있는 시스템을 디자인하는 것이었다.

CDL 신속 검진 컨소시엄(CDL Rapid Screening Consortium)을 설립한 12개 대기업은 각각 제조업, 운송업, 금융업, 공익사업, 엔터테인먼트, 소매업을 대표하는 회사들이었다. 이 회사들이 고용한 노동자 수는 50만 명이 넘었다. 회사의 CEO들은 적극적으로 검사 체계를 만들고, 작업장을 개방하고, 노동자를 안전하게 보호하려 했다. 그 직후 이루어진 조사에서 노동자들은 자신과 동료들이 작업에 앞서 검사를 하면 안심이 된다고 밝혔다.[11]

컨소시엄 파트너 중 한 기업은 2021년 1월 11일 토론토 시내 모처에서 이 최초의 실험을 시작했다. 몇 달이 지나자 이 시스템은 원활하게 작동하는 것으로 판명되었다. 소수의 감염자를 파악해 이들을 작업장에서 격리하자 노동자들은 안도감을 드러냈고, 경영자들은 영업장 폐쇄를 면하고 계속 운영할 수 있었다. 당시 우리는 다른 기업 및 조직, 즉 비영리 단체, 방학 동안 특별 활동을 하는 캠프, 주간(晝間) 보호 시설, 학교에도 적용할 수 있는 교본을 만들었다. 이 교본에는 데이터를 보고하는 프로세스 확립 방법, 신속항원검사 운영, 검사실 마련 방법, 프로세스 관리 스태프에 대한 훈련, 데이터 플로(data flow) 관리, 사용한 검사 도구 폐기, 양성 판정을 받은 노동자 이동 계획, 정부에 대한 신속항원검사 도구 주문 등에 대한 지침이 포함되었다.

시간이 지나자 다른 기업들에서도 경직성이 완화되기 시작했다. 캐나다에서는 전국의 노동자들이 초기부터 작업장에서 지시에 따라 자가검사를 하고, 전문 의료진의 도움 없이도 집에 머물 수 있었다.

또한 검사 관련 기록을 유지하는 것이 필요했다. 사람들이 두려워한 것은 (병을 전염시킬 수 있는) 거짓 음성 판정을 받은 피검사자가 이를 모른 채 몇 주 동안 자신이 괜찮을 거라고 오인할지 모른다는 사실이었다.

잦은 검사로 이 리스크를 낮출 수 있었다. 그래서 우리는 검사받은 사람과 검사 시기를 기록한 데이터 시스템이 필요했다. 그러나 회사는 노동자의 개인 정보를 보호하는 데이터 시스템만 수용할 수 있었다. 우리는 개인 정보에 대한 노동자의 우려를 잠재우고, 공중 보건의 필수 통제 사항을 충족하는 데이터 추적 시스템을 개발했다.

기업들의 방침은 신속한 검사를 지지하는 방향으로 변화했다. 병가 급여와 그 밖의 다른 보호 장치가 없어 검사를 주저하는 노동자가 있었기 때문에 고용자들이 검사의 대상과 시기를 결정해야 했다. 검사에 걸리는 시간을 근무에 포함시킬지 여부, 검사 장소, 양성 판정이 나올 경우 기업의 조치에 대해서도 결정해야 했다. 또한 건강과 안전 관련 결정에 대한 권한도 부여해야 했다. 처음에는 노동자, 경영자, 전문 의료진의 권한을 정해놓은 프로세스 자체가 없었다. 기업들이 표준적인 운영 프로세스가 담긴 우리 교본을 신뢰하게 되면서 경직된 시스템이 완화하기 시작했다.

결국 캐나다에서는 2000개 넘는 조직이 신속항원검사를 실시해 양성 판정을 받은 수천 명이 작업장과 학교가 아닌 집에 머물렀다. 하지만 이것이 결코 호락호락한 일은 아니었다. 최초로 컨소시엄에 참여한 회사가 대규모 검사를 실행하기까지 6개월이 소요되었으며, 노동자 수만 명이 정기적으로 검사를 받기까지는 1년이 걸렸다. 예측 수단은 아무것도 아니었다. 그렇지만 그 수단은 코로나19의 정보 문제를 해결하는 데 유용했을 뿐 아니라 사람들이 직장과 학교로 복귀하는 데 필요한 변화의 한 요소였다.

유연한 시스템

이번 장의 교훈은 예측 기계를 효과적으로 활용하기 위해서는 규칙이 아니라 의사 결정을 할 수 있는 상태여야 한다는 것이다. 하지만 그에 앞서 작업 완수를 위한 절차로 이루어진 시스템이 그 변화를 수용할 수 있어야 한다. 시스템의 신뢰성을 유지하기 위해 규칙들이 서로 교착되어 있다면 그러한 시스템에서는 의사 결정을 하더라도 아무런 실익이 없다.

이 시점에서 우리는 2020년 봄 우리 대다수가 따랐던 규칙, 즉 집에서 머물기에 주목해야 한다. 우리는 감염자를 알 수 없었고, 따라서 바로 이 불확실성 때문에 격리가 규칙이 되어버렸다.

그다음에는 격리 규칙이 모든 종류의 어려움을 양산했다. 첫째, 사람들이 일을 하려면 외출해야 하고 소비를 하려면 집을 벗어나야 했지만 그럴 수 없었다. 식당·소매업·극장은 봉쇄 기간 동안 영업할 수 없었으며, 외출을 못해 많은 사람이 실직 상태가 되었다. 전 세계 정부들은 임금 보조금, 기업 지원, 격리 규칙이 빚어낸 문제를 보상할 값비싼 방법을 늘려갔다.

둘째, 고립은 고유한 문제를 발생시켰다. 많은 사람의 정신 건강에 영향을 미쳤을 뿐 아니라 아동의 안전과 노인에 대한 돌봄을 점검하는 게 어려워졌다. 의사의 방문 진료가 온라인 방식으로 바뀌거나 아예 취소되었다. 이런 문제는 다시 새로운 규칙을 낳았다. 가족 구성원이 서로를 보살핀 것이다. 많은 학교에서는 가정에 전화를 거는 규칙이 등장했다. 의사들은 선제적으로 환자를 살피도록 요청받았다. 일부 나라에서는 노인의 안전을 살피기 위해 집 안에 모니터를 설치하기도 했다.

팬데믹 때문에 우리가 중력처럼 규칙에 이끌렸지만, 그 규칙은 고유한 비효율성을 떨칠 수 없었다는 사실을 잊지 말아야 한다. 코로나19의 경우 감염 문제에 대응할 예측 솔루션이 없었기 때문에 우리는 대량 실업과 함께 사회생활과 교육에 파국을 부르는 경제 봉쇄를 선택할 수밖에 없었다. 예측이 가능할 뿐만 아니라 제대로 기능하는 유연한 시스템이 있었다면 의사 결정을 이용해 건강 문제를 희생시키지 않으면서도 사회 전체가 치를 비용을 최소화하는 팬데믹 관리가 가능했을 것이다. 이 문제는 6장에서 다룰 예정이다. 획일적인 규칙은 우리의 의사 결정과 우리가 창출하는 가치를 제한한다.

인공지능의 예측 덕분에 비로소 가능해진 새로운 의사 결정 체계를 추구할 때 규칙은 가장 큰 장애물이다. 팬데믹 기간 동안에는 필요한 예측을 제공하는 수단이 있었다. 예를 들어, 신속항원검사는 감염 여부에 대한 정보를 보충하는 데 도움을 주었다. 또한 병가 급여와 격리 같은 부차적 절차에서도 혁신이 있었다. 의사 결정이 상호 작용을 하면 규칙에서 의사 결정으로 전환하기 위해 유연한 협력 시스템이 반드시 필요하다. 의사 결정자는 다른 사람이 하는 일을 알아야 하고, 각각의 목표가 일맥상통하도록 만들고, 변화를 허용해야 한다. 그러나 새로운 시스템이 불러올 판도 변화가 너무 크다면 기존 조직에서 이 새로운 시스템을 수용하려 애쓸 게 아니라 새 시스템의 유기적 성장을 도울 새로운 조직에서 이 시스템을 시도할 필요가 있다.

더 넓게 보면 불확실성을 밝혀내는 것은 예측을 통한 새로운 의사 결정으로 나아가는 첫 번째 단계다. 이를 효과적으로 이루려면 부차적인 절차까지 바꾸어야 한다. 2장에서 언급한 대로 이것은 시스템 단계 솔루션의 정의에 해당한다.

핵심 요약

- 우리는 팬데믹을 관리하기 위해 사회적 거리 두기라는 규칙을 이용했고, 그 대가는 엄청났다. 교육 시스템, 의료 서비스, 세계 경제가 대부분 봉쇄되었다. 그에 따른 고립은 정신 건강에 영향을 미쳤다. 이러한 여파를 완전히 이해하는 데는 수십 년이 걸릴 것이다. 사회적 거리 두기라는 규칙을 중심으로 많은 규칙이 생겨났다. 여기에는 식당 수용 인원의 제한, 대중교통 사용 규칙, 학교 수업과 관련한 조치, 스포츠 이벤트 제한, 임금 보조금, 응급 치료 절차가 포함되었다.
- 대부분 코로나19를 건강 문제로 생각하지만 우리는 이를 정보 문제로 재해석했다.[12] 감염자의 경우 코로나19는 사실 건강의 문제다. 그러나 감염되지 않은 사람 대다수에게 코로나19는 정보 문제였다. 그 이유는 감염 여부에 대한 정보가 없어 누구든 감염된 것처럼 전제하고 규칙을 따라야 했기 때문이다. 그 결과는 경제 봉쇄였다. 우리가 충분히 정확한 예측을 할 수 있었다면, 이러한 정보 문제를 해결하고 감염 가능성이 높은 사람들만 격리했을 것이다. 인공지능의 예측으로 비로소 가능해질 새로운 의사 결정 체계를 추구할 때 규칙은 최대 장애물이 된다.
- 예측 기계를 효과적으로 활용하려면 규칙에서 의사 결정으로 전환해야 한다. 하지만 그러기 위해서는 시스템 역시 이런 변화를 수용할 수 있어야 한다. 시스템의 신뢰성을 위해 규칙이 서로 교착되어 있다면, 그러한 시스템에서는 의사 결정을 하더라도 아무런 실익이 없을 것이다. 우리가 다룬 코로나19 관련 사례에서는 12개 대기업으로 이루어진 작지만 유연한 시스템이 만들어지는 것을 볼 수 있었다. 이 회사의 CEO들은 자신의 리더십을 이용해 신속항원검사를 통한 감염 예측 정보를 기반으로 의사 결정이 이루어지도록 했다.

덕분에 규칙으로 이루어진 지배적 시스템 아래서 언제 봉쇄될지 모르던 이 기업들은 운영을 계속할 수 있었다. 이런 성공은 이후 2000개 넘는 조직이 이 유연한 시스템을 수용하고 규칙에서 의사 결정으로 전환하는 동기를 제공했다.

08

시스템 중심적 사고방식

앨런 튜링(Alan Turing)이 제2차 세계대전 중 독일군의 암호를 해독하기 위해 일했던 블레츨리파크(Bletchley Park)에서는 사람인 척하는 컴퓨터 프로그램을 상대하는 대회가 매년 열린다. 이 대회에서는 참여자들이 상대방을 볼 수 없는 상태에서 채팅 메시지로 대화를 나누는 모방 게임(지금은 튜링 테스트라고 부른다)이 펼쳐진다. 대화를 나누는 상대방은 컴퓨터 프로그램일 수도 있고 인간일 수도 있다. 각자는 상대방에게 자신이 실제 인간이라고 설득한다. 브라이언 크리스천(Brian Christian)이 짚었듯이 대회에 참여한 인간은 사실상 스스로 가장 인간에 가까운 인간처럼 행세한다.[1] 대체로 인간이 승리하지만 적지 않은 사람이 상대방에게 자신이 인간임을 설득하느라 크게 애를 먹는다.

인간과 기계 지능이 서로 맞서는 이런 박빙의 경쟁은 인공지능 연구의 주축이다. 그림 속 대상을 식별하는 능력에서 어떤 알고리즘이 더 뛰어난가? 자율 주행 자동차는 인간이 운전하는 자동차보다 사고를 낼 확률이 더 낮은가? 인공지능이 인사 부서보다 지원자를 심사하고 채용하는 데 더 뛰어난가? 컴퓨터는 바둑에서 세계 최고 기사를 이길 수 있는가?

비교를 부르는 경쟁은 기계가 인간을 대체할지 모른다는 불안의 원천이다. 흥미로운 점은 자동차가 말보다 더 빠르지만 여전히 경마 시합은 열리고 있다는 점이다. 얼마의 거리든 기계가 인간보다 빠르지만 올림픽 경기는 문제없이 이어지고 있다. 바둑에서 기계가 더 낫다고 해도 다르지 않다. 뭔가가 뛰어나더라도 반드시 대체되는 것은 아니다.

그러나 인간이 특정 업무를 맡길 대상을 찾는다면 감상적 태도는 끼어들 틈이 없다. 효율성만 보고 성과를 평가하기 위해서는, 그리고 비용이 덜 드는 쪽으로 교체하기 위해서는 측정이 필요하다. 기계가 그 일을 할 수 있고 비용이 덜 든다면 분명 기계로 교체될 것이다. 경마 시합은 여전히 열리지만 말은 더 이상 운송 수단이 아니다. 육체적 과업에서 기계가 인간을 대체하듯 인지 능력에서도 기계가 인간보다 낫다면 대체하지 않을 이유가 없다.

산업계 전체가 난데없이 사람들의 직무를 과업 단위로 살피기 시작했다. 인공지능 시대에 기계가 그 과업을 수행할 수 있는지 평가하기 위해서다. 방사선 전문의의 직무와 연관된 과업에는 30가지가 있다(그림 8-1 참조).[2] 그중 한 가지가 기계 예측과 직접적으로 연관되어 있는데, 영상 판독과 관련한 세 번째 과업이 그러하다.

이처럼 모든 직무를 분석해 인공지능에 의한 대체 가능성을 평가할 수 있다. 2013년 옥스퍼드 마틴 스쿨(Oxford Martin School)의 한 연구는 미국에서 절반 가까운 직업이 기계로 대체될 것이라고 밝혔다.[3] 이것이 인공지능에 대한 가장 큰 두려움이다. 에릭 브리뇰프슨, 톰 미첼(Tom Mitchell), 대니얼 록은 964종의 직업, 1만 8516개의 과업, 2069개의 작업 활동에 대해 머신 러닝의 적용 가능성을 측정했다. 대체 위험이 있는 직업에는 앞서 우리가 강조한 적 있는 예측을 주로 하는 직업, 즉 추천 안내와 신용 조회 등이 포함되었다. 전문 마사지사, 동물학자, 고고학자는 안전한 직업이다. 당연하게도 세계의 주요 노동경제학자와 거시경제학자들은 인공지능이 특정 과업을 독차지하면 노동자에게, 특히 소득 분포 하단에 자리한 노동자에게 아무 일자리도 남지 않을 거라고 우려했다.[4]

지난 10년간 인공지능이 발전했지만 기계에 의해 대체된 과업은 극소수다. 챗봇이 소비자 대상 서비스에서 하는 역할이 더 커지고 기계 번역이 늘고 있다. 그러나 기술 분야의 실업은 아직까지 당장 일어날 것 같지 않다. 여전히 수많은 직업을 사람들이 수행하고 있다. 인간을 능가하는 인공지능을 많이 볼 수 있지만 인간은 약점을 감안하더라도 기계보다 훨씬 싸다. 대런 애스모글루(Daron Acemoglu)나 파스쿠알 레스트레포(Pascual Restrepo) 같은 경제학자들이 자본 비용에 보조금을 지급하면 노동 비용의 수준에 이르기 때문에 기계가 인간을 대체하는 것은 시간문제일 뿐이라고 주장하지만 아직까지는 우리 모두 한숨을 돌릴 수 있다.

그런데 인공지능이 우리의 직장 생활과 생산 방식에 일으킬 변화를 바라보는 두 번째 관점이 있다. 스탠퍼드 대학의 티머시 브레스나한(Timothy Bresnahan)은 인공지능의 능력을 과업 단위로 분할하면 과거 신기술의 급진적 수용을 이끌었던 동력, 즉 시스템 차원의 변화를 외면하게 될 것이라고 말했다.

그림 8-1 방사선 전문의의 직무와 관련된 30가지 과업

1. 전자 기록, 환자와의 상담, 소견서, 관련 임상의와 소통함으로써 환자의 이력을 확보한다.
2. 포괄적인 판독 소견서를 준비한다.
3. 자기공명영상(MRI), 컴퓨터단층촬영(CT), 양전자방출단층촬영(PET), 심장핵의학 트레드밀 검사, 유방조영술, 초음파를 포함한 영상 진단 절차를 시행하거나 그 결과를 판독한다.
4. 영상 정보의 저장, 판독, 검색을 위한 통합 시스템을 이용해 영상 정보를 판독하거나 전송한다.
5. 검사 결과와 진단 정보를 의료진, 환자, 그 가족에게 알린다.
6. 방사선 검진 대상 환자에게 절차, 위험, 의료 급여 여부, 대안 치료에 대해 조언한다.
7. 방사선과 직원들에게 바람직한 촬영 기법, 환자의 바른 자세, 올바른 촬영 방향에 대해 교육한다.
8. 영상 진단에 관해 다른 전문의들과 상의한다.
9. 방사선과의 서비스를 다른 의료 행위와 협력해 조정한다.
10. 환자 관련 활동, 판독, 수행한 검사의 결과를 기록한다.
11. 환자와 의료 인력에 대한 보호 기준을 마련하거나 강제한다.
12. 영상 이미지의 품질을 적절히 유지하는 절차를 개발하거나 모니터링한다.
13. 시술 중이거나 시술 이후 혈압, 통증, 과잉 진정, 출혈 같은 합병증을 확인하거나 처치한다.
14. 의료 지식을 유지하고 개발하는 교육에 지속적으로 참여한다.
15. 의료 오류의 위험이 큰 부분에 대한 토론회 등 의료의 질 향상을 위한 활동에 참여한다.
16. 영상유도하 조직생검, 경피적 혈관성형술, 간담배액술, 콩팥창냄술 도관 삽입 같은 중재 시술을 수행한다.
17. 방사선 검진 환자를 위한 치료 계획을 진행한다.
18. 임상 시험 피험자와 연구를 위한 방사성 동위원소를 관리한다.
19. 의료진에게 임상적 조치, 한계, 평가 및 방사능 물질에 의한 진단과 치료 시 위험을 조언한다.
20. 방사성 동위원소의 선량을 계산, 측정, 대비한다.
21. 환자가 퇴원하기 전에 진단 영상의 질을 점검하고 승인한다.
22. 핵의학 시술을 다른 시술, 이를테면 컴퓨터단층촬영술, 초음파촬영술, 핵자기공명촬영술, 조영술과 비교한다.
23. 방사선사에게 필요한 선량, 기법, 환자의 자세, 촬영 방향에 대해 직접 지시한다.
24. 환자와 직원을 위한 방사선 보호 기준을 세우고 적용한다.
25. 핵의학과를 위한 계획과 절차를 마련한다.
26. 방사능 물질의 취급이 확립된 절차대로 이루어지도록 감시한다.
27. 환자에게 맞는 방사선 핵종과 선량을 정한다.
28. 사용할 방사성 동위원소와 적합한 시술 방법을 결정하기 위해 시술의 필수 요건과 환자의 병력을 검토한다.
29. 핵의학, 진단 방사선 또는 다른 전문 분야에 대해 강의한다.
30. 선량 평가 도구와 조사 측정기가 제대로 작동하는지 검사한다.

출처: O*NET, https://www.onetonline.org/link/summary/29-1224.00. From 29-1224.00Radiologists, by the National Center for O*NET Development.

브레스나한은 인공지능을 대단히 적극적으로 수용한 아마존, 구글, 페이스북, 넷플릭스에서 이미 시스템 차원의 변화를 볼 수 있다고 주장한다.

> 과업 수준에서 이루어지는 대체는 인공지능 기술의 응용에 아무런 의미가 없다. 가치 있는 인공지능의 초기 응용은 과업 수행을 노동에서 자본으로 대체하는 응용 같은 것이 아니다. 대중이 과업 수준의 대체에 주목하는 것은 그러한 대체가 일어나기 때문이 아니라, 범용 인공지능의 정의에 일반적으로 인간이 수행하는 과업이 포함되어 있기 때문이다. 아직은 실현 가능성이 낮은 범용 인공지능의 상용화가 이루어질 때까지 인공지능에 대한 분석은 현재의 인공지능 기술의 가능성과 응용을 대상으로 이뤄져야 한다. 미래에 과업 수준의 대체가 일부 일어날 수 있겠지만, 이는 인공지능 기술의 가치 제안과는 무관하다.[5]

테크 산업의 선두 기업들에 인공지능은 시범 사업이 아니다. 이미 관련 사업은 수십억 달러의 수익을 낳을 수 있는 완전한 시스템을 갖추고 있다. 이 시스템은 인공지능이 수많은 과업 중 일부를 맡는 구조가 아니다. 거대 테크 기업들은 완전히 새로운 시스템을 만들었다.

이처럼 인공지능을 성공적으로 도입할 수 있었던 것은 우리가 이 책에서 말하는 **시스템 중심적 사고방식** 덕분이다. 이 시스템 중심적 사고방식은 인공지능의 더 큰 잠재력을 이해하는 것일 뿐 아니라, 실제 가치를 창출하려면 기계 예측과 인간 예측을 둘 다 포함하는 의사 결정 시스템의 재구성과 개발이 필수적이라는 사실을 알고 있다는 측면에서 과업 중심 사고방식과는 대척점에 있다. 이렇게 의사 결정 구조를 새롭게 만드는 일은 이미 일부 분야에서 일어나고 있다. 하지만 역사적으로 보면 인공지능 예측 같은 새로운 범용 기술을 효과적으로 이용하기 위해 시스템 차원의 변화를 일으키는 일에서는 기성 기업보다 신생 기업이 더 유리할 수 있다. 자동차가 말보다 장점이 많았지만 자동차를 보편적으로 활용하려면 주유소, 적합한 도로, 완전히 새로운 법률 체계가 따라야 했듯이 말이다.

가치와 비용의 대립

경제학은 통상 비용에 주목하므로 경제학자인 우리는 누구보다 그 점에 대해 마음의 짐을 지고 있다. 우리 세 사람이 처음으로 공동 저술한 《예측 기계》의 전제는 인공지능의 발전이 예측 비용을 급격히 낮추어 예측 기계의 사용이 폭증하리라는 것이었다. 그런데 그 책에서 인공지능의 도입이 초기에는 판매 및 날씨처럼 이미 예측을 활용하고 있는 분야나 사진을 분류하는 작업, 혹은 언어 분야에서 이루어질 것이라고 언급하면서도, 우리는 예측 비용이 충분히 낮아져야 사업성이 생기는 새로운 분야에서 인공지능이 진정한 기회를 맞이할 것으로 짐작했다.

동시에 CDL, 곧 창조적 파괴 연구소에서 인공지능 스타트업과 함께 하면서 경험한 것은 이랬다. 즉, 클라이언트와의 첫 번째 프레젠테이션 자리에서 그 스타트업들이 한결같이 인공지능 시스템은 여차저차해서 인건비 절감에 도움을 주기 때문에 가치 있다는 식으로 말한다는 것이었다. 인공지능 상품의 가격에 대해서도 그들은 비용 중심 사고방식을 드러내면서 임금 및 나머지 비용의 절감을 계산하고, 이런 절감 차원에서 기계로의 대체가 갖는 값어치를 따졌다.

그럴 때마다 스타트업이 클라이언트를 설득하는 것은 쉽지 않았다. 여러분이 어느 기업에 찾아가 직무 전체를 대신할 더 뛰어난 인공지능 상품을 보여주며 그 일자리를 대체하면 연간 5만 달러의 비용을 절약할 수 있다고 말한다고 하자. 클라이언트들은 그 상품으로 직무의 여러 과업 중 하나만을 대체할 수 있을 뿐이고, 그만한 비용의 절약만으로는 잠재 고객에게 이익이 될 정도는 아니라는 식으로 대답할 것이다.

반면, 건설적인 프레젠테이션에서는 설득의 초점이 대체가 아니라 **가치**였다. 이런 자리에서는 인공지능 상품을 통해 기업이 더 많은 이익을 얻는 방안을 시연했다. 이렇게만 된다면 특정 과업의 수행에서 인간보다 인공지능의 비용이 더 낮다는 걸 구태여 보여줄 필요도 없었다. 더욱이 인공지능 수용에 대해 조직 내부의 저항이 적다면, 그것만으로 인공지능의 판매가 훨씬 수월했다. 핵심은 바로 인공지능 수용에서 가치 증대 중심적 접근이 비용 중심적 접근보다 현실적 호소력이 더 크다는 것이다.[6]

우리는 과거의 기술 혁신에서도 동일한 이분법을 보았다. 1장에서 예를 든 전기의 경우, 공장제 수공업에서 증기를 대체하는 일은 수십 년이 걸릴 만큼 느렸다. 기존 공장에서는 증기보다 비용이 싸야만 전기 도입에 실익이 있었기 때문이다. 이미 증기에 기반해 디자인한 공장의 경우, 전기 도입을 설득하는 것이 쉬운 일은 아니었다. 반면, 공장주들이 전기 덕분에 임대료가 비싼 도시를 벗어나 외곽에서 큰 단층 구조물로 엄청난 생산성 증대가 기대되는 새로운 공장을 짓는 게 가능하다는 사실을 깨닫자마자 전기는 투자자들의 이목을 모았다. 사실 전기차가 휘발유차보다 더 유망한 기술이라는 생각은 한참 전부터 있었다. 하지만 전기차가 등장하자 휘발유차는 주행 거리를 더 늘려서 결국 가장 지배적인 기술로 자리 잡았다. 적어도 21세기 초에 배터리 기술이 발전하기 전까지는 말이다. 공장 재구성의 경우에는 전기가 가치의 증대를 이루었지만, 교통수단의 경우에는 그렇지 않았던 것이다. 요컨대 가치가 있어야 승리할 수 있었다.

결정적으로, 새로운 시스템을 수용하려면 반드시 기존 시스템을 없애야 하기 때문에 비용 차원에서만 접근하면 시스템 교체를 수용할 수 없을 것이다. 시스템을 바꾸는 데는 비용이 들어간다. 그래서 시스템 변경 목적이 기존 시스템의 비용 일부를 아끼는 데 지나지 않는다면 시스템 교체의 가치를 입증하기 어려울 것이다. 대신 새로운 시스템으로 새로운 것, 즉 새로운 가치를 창출할 기회를 얻을 수 있다면 그것은 신기술의 수용을 촉진한다.

시스템 차원의 변화를 가로막는 장애

의료 분야에서 인공지능의 잠재력을 다룬 글은 많다.[7] 에릭 토폴(Eric Topol)은 자신의 책 《딥 메디신: 인공지능을 이용해 다시 한번 인간적인 의료 서비스를 구축하는 방안(Deep Medicine: How Artificial Intelligence Can Make Health-Care Human Again)》에서 인공지능의 진단 능력이 개선되면, 의사가 환자에게 쏟을 시간이 늘어나 환자의 필요를 더 잘 이해할 수 있을 거라고 설명한다. 의료 시스템에서 인공지능을 이용할 수 있는 분야에는 질병의 진단, 수술 자동화, 원격 진료, 맞춤형 치료, 후보 약물 발견, 신약 재창출 등이 있다.[8] 이러한 가능성은 "의료 서비스에서 인공지능의 어두운 측면", 즉 진단을 두고 인공지능과 의학 박사가 경쟁을 벌일 거라는 우려를 낳기도 했다.[9]

아마도 《딥 메디신》이 그처럼 큰 반향을 일으킨 이유는 토폴이 의료 시스템과 인공지능이라는 두 분야를 모두 이해할 수 있었고〔그는 심장 전문의이자 스크립스 리서치(Scripps Research)의 분자의학 교수다. 또한 인공지능 의료 서비스 관련 기술의 가능성과 한계를 이해하는 데 상당한 노력을 기울여왔다〕, 커뮤니케이션 능력과 해석에 무척 능했기 때문일 것이다〔그는 스크립스 리서치 중개연구소(Scripps Research Translational Institute)를 설립·운영하고 있다〕.[10] 그런데 여기에는 문제가 하나 있다. 토폴이 경제학자가 아니라는 것이다. 따라서 그는 행동경제학의 주제를 유인의 관점에서 다루는 글을 쓰지 않는다. 또한 그는 의사가 인간의 일차적 본능과는 거리를 둔다고 믿는지도 모르겠다. 우리 관심사는 새로운 인공지능 기술을 기존 의료 서비스 시스템에 도입하면, 의사들에게 그걸 이용할 유인이 발생할지 여부다. 이는 진료별 요금 체계든 업무량 대비 보상 체계든, 그에 따라 의사에 대한 보상이 늘어나거나 줄어드는지에 따라 달라질 것이다.

토폴은 인공지능으로 시간이 절약되면, 의사가 그렇게 확보한 시간을 환자와의 대화나 신뢰 형성에 사용할 것이라고 믿었다. 하지만 과거 의사의 생산성 증가를 돕는 수단을 도입했을 때, 의사가 환자와의 신뢰 형성에 보내는 시간이 늘었다는 뚜렷한 증거는 없다. 오히려 그 반대일 수도 있다. 인공지능으로 의사의 생산성이 증가하면 보수는 줄지 않으면서 개별 환자에게 시간을 덜 쏟을 수 있는 것이다. 토폴이 염원하는 훌륭한 목표에 도달하려면, 새로운 인공지능 기술 이외에 다른 것, 즉 **새로운 시스템**이 필요하다. 토폴의 책에서 염원하는 방식대로 기술적 수단을 이용하는 의사에게 새로운 유인 체계, 훈련, 방법론, 문화를 제공하는 시스템 말이다.

따라서 《딥 메디신》 등의 저술에서 언급했지만, 인공지능으로 많은 개선을 이룰 기회가 있었음에도 의료 분야가 인공지능의 채택에 적극적이지 않다는 사실이 놀라운 일은 아니다. 인공지능과 머신 러닝 일자리 비중에 대한 어느 산업별 연구에서는 의료 분야가 거의 바닥권을 차지했다. 2019년 의료 분야보다 인공지능 관련 일자리 비중이 낮은 산업은 건설업과 예술 그리고 엔터테인먼트뿐이었다. 심지어 숙박과 외식 서비스, 물류 및 운송 분야에서 관련 인력의 채용이 의료 분야보다 더 많이 이루어졌다.[11] 상황이 이렇게 된 한 가지 이유는 의료 서비스 시스템이 대단히 복잡하기 때문이다. 그림 8-2는 미국 의회가 2010년 오바마 케어를 설명하기 위해 만든 미국 의료 서비스 시스템이다.[12]

그림에서처럼 결정은 수많은 협력 속에서 이루어져야 하므로 도입 단계 및 응용 단계 솔루션의 가치는 다른 변화가 일어나기까지 그 실현에 제약을 받고 있다. 인공지능에 의한 맞춤형 치료를 상상하는 것은 쉬운 일이지만 그걸 실현하려면 너무나 많은 사람의 기존 업무가 바뀌어야 한다. (예를 들어, 개인 데이터의 수집을 보강해야 하고, 맞춤형 진료를 더욱 늘려야 하며, 치료 중심의 보상 체계를 확립해야 한다.) 의료 서비스에서 인공지능의 도입 단계 솔루션은 또한 누구도 사용할 수 없는 예측(가령 선택할 수 없는 치료 옵션)을 제공하는 경우가 빈번하다. 한편, 인공지능의 응용 단계 솔루션은 누구도 책임질 수 없는 조치(의료 과실 책임 관련 규정이 그 수용을 까다롭게 만들기 때문에)와 누구도 원하지 않는 조치(기존 보상 체계와 어긋나기 때문에)를 빈번히 허용한다. 이러한 장애물은 예측 수준이 만족스럽지 않다든가 관련 조치들이 무용하다든가 하는 문제가 아니라, 개별 부분들이 한데 원활하게 작동하는 게 쉽지 않다는 것이다.

그림 8-2 2010년 미국 의료 서비스 시스템의 개요

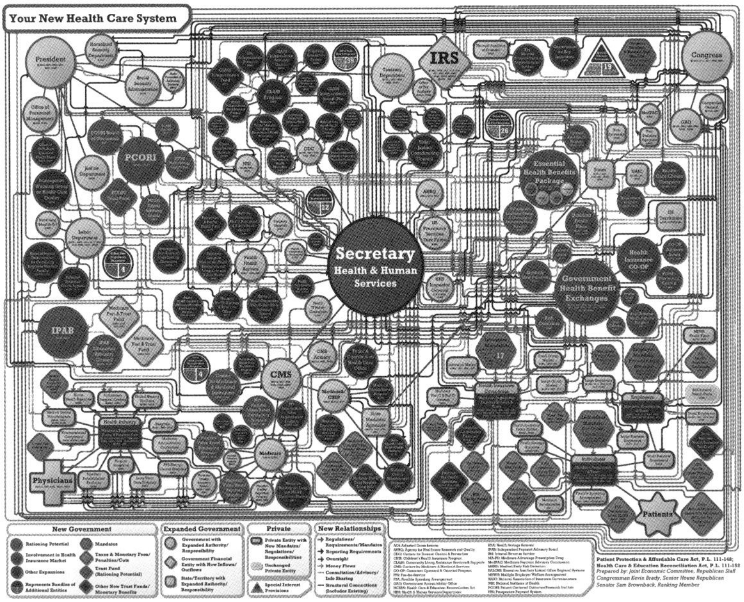

출처: Joint Economic Committee, Republican Staff, Understanding the Obamacare Chart, July 2010, https://www.jec.senate.gov/public/_cache/files/96b779aa-6d2e-4c41-a719-24e865cacf66/understanding-the-obamacare-chart.pdf.

이러한 솔루션이 가능하려면 시스템 변화가 필요하다. 새로운 인공지능 기반 보건 서비스에는 여러 비전이 있다. 인공지능이 진단을 내리는 상황에서는 보건 서비스에서 여러 역할을 정하고 있는 규칙이 바뀌어야 한다.[13] 기계가 진단을 맡으면 내과 의사의 일차적 역할은 의료 서비스에서 인간만이 할 수 있는 영역에 한정될 것이다. 그러나 이렇게 되려면 나머지 변화도 뒤따라야 한다. 의과 대학원에서는 더 이상 암기를 요구하지 않고, 시험용 생물학에 대한 이해력을 기준으로 학생을 선발하지 않을 것이다. 의학의 전문 기술 습득은 10여 년의 고등 교육 과

정으로는 불충분하므로 환자를 대면하는 의사는 학사 학위 정도만으로 가능해지도록 해야 한다. 아울러 그렇게 되면 차례차례 필요한 의료 서비스의 선택과 그에 대한 책임을 둘러싼 제도는 큰 변화를 맞이할 수밖에 없다. 아마 환자 관리가 약사의 일차적 역할이 될 수도 있다. 어쩌면 과거부터 의사의 영역이던 분야에 사회복지사가 진출할 수도 있다. 18장에서는 보건 서비스 분야에서 진행되는 인공지능의 시스템 단계 솔루션 개발 과정과 아울러 응급의학 분야에서 그러한 시스템에 담긴 한 가지 비전을 소개할 예정이다. 어쩌면 이 모든 것은 너무 많은 게 바뀌어야 하기 때문에 이루어지지 않을지도 모른다.

인공지능은 또한 전 세계 의료 시스템을 변화시킬 수 있다. 세계은행은 인공지능 관련 기술이 국가마다 의료 환경의 평준화를 제공하는 방안에 주목했다.[14] 원격 진료와 기계에 의한 진단이 결합하면 벽지의 주민도 개선된 의료 서비스를 누릴 수 있다.

카메룬의 심장병 전문의들은 도시의 병원에 있다. 그런데 국민 2500만 명 중 다수는 병원에서 먼 곳에 살고 있다. 많은 심혈관 질환자들은 진단조차 받지 못한다. 카메룬의 엔지니어 아서 장(Arthur Zang)은 이 문제를 해결하기 위해 원격으로 심박동을 체크하는 카디오패드(Cardiopad)를 개발했다. 검사를 수행하는 지역 심장 전문의가 필요 없게 된 것이다. 이 도구로 수천 명의 환자가 원격 진료를 받았지만 최종적인 판단은 심장 전문의의 몫이었다. 2020년 카디오패드를 사용한 심장 전문의는 20명뿐이지만, 이는 적지 않은 수였다. 그 나라를 통틀어 심장 전문의가 60명에 지나지 않았기 때문이다. 카디오패드로 심박동을 체크할 수 있게 되었지만, 진단을 늘려야 하는 과제는 해결하지 못했다. 진단할 기계와 그 진단을 판단할 인간 둘 다 필요했기 때문이다. 진단이 이루어지더라도 병을 치료할 인프라가 있어야 한다는 얘기다.

현시점에서 진단받아야 할 환자의 수와 치료할 의사의 수는 서로 뗄 수 없는 관계에 있다. 기존 시스템에서는 형편이 안 되면 병원에 갈 수 없어 진단마저 받지 못한다. 그 때문에 치료받을 수 있는 환자의 수에는 불확실성이 좀처럼 발생하지 않는다. 카디오패드는 새로운 시스템의 한 가지 요소다. 이 도구로 심장 전문의와 환자 사이의 거리 문제에 대처한다. 카메룬에서 심혈관 질환 치료를 대폭 개선하려면 진단과 관련한 절차의 변화가 있어야 하고, 순차적으로 이런 변화를 활용하는 치료 절차의 개선도 요구된다. 이러한 시스템 단계 솔루션이 갈 길은 여전히 멀다.[15] 그때까지 카디오패드는 카메룬의 환자 수천 명을 위한 의료 서비스 개선을 이어가겠지만, 심혈관 건강에서 국민적 수준의 개선은 카디오패드만으로는 가능하지 않을 것이다.

IBM은 카디오패드보다 훨씬 더 큰 기업이다. 왓슨(Watson)은 IBM의 기대를 크게 모은 혁신적 계획으로서 의료 서비스에 초대형 충격을 안겨줄 것이라고 평가받았다. 그러나 왓슨은 그 기대에 부응하지 못했다. 데이터의 문제와 함께 예측 오류로 인한 실질적 위험마저 있었다. IBM의 어느 파트너는 다음과 같이 말했다. "우리는 그것이 쉬울 거라고 생각했지만, 그건 너무나도 어려운 일로 밝혀졌다."[16] 인공지능의 도입 단계 솔루션과 응용 단계 솔루션에 적합한 과업을 알아내는 것은 어렵지 않다. IBM도 이를 알고 있었다. 하지만 이 솔루션을 기존 시스템 안에서 대단히 생산적인 형태로 도입하는 것은 너무나 어려운 일이었다. 그리고 새로운 시스템은 등장할 기미도 보이지 않았다.

되돌아보기

무르익는 시간 초기에는 인공지능을 수용할 기회가 종종 반향을 얻기도 한다. 어느 벤처 업체가 당신을 찾아와 조직과 관련된 무언가를 예측하는 새로운 인공지능을 소개한다고 치자. 당신은 내부 팀에 워크플로를 분석해 인공지능의 도움을 받을 만한 한 가지 이상의 과업이 있는지 알아보라고 지시할 것이다.[17] 이는 좋은 방법이지만, 단지 인공지능의 도입 단계 솔루션을 찾는 데만 어울릴 뿐이다.

지금까지 전환을 몰고 올 인공지능의 수용 기회를 살피는 일이 가치 있다는 점을 우리가 설득하는 데 성공했기를 바란다. 여기에는 시스템 전체에 대한 검토와 함께 시스템 변화를 촉진해 개선을 이루는 인공지능의 역할을 이해하는 것이 필요하다. 바로 거기에 인공지능의 가장 큰 기회가 자리하고 있다.

그런데 시스템 중심적 사고를 해야 한다고 말하기는 쉽다. 더 힘든 일은 사실 그런 사고방식을 발전시키는 것이다. 감추어진 불확실성은 정의상 발견하기가 쉽지 않다. 기존 시스템을 하나로 고착시킨 규칙은 없애기가 쉽지 않다. 첫 번째 단계는 시스템 변화의 필요성을 인정하는 것이다. 이미 경제의 한 분야에서는 그러한 인정이 이루어지고 있다. 우리는 다음 장에서 그것에 대해 다룰 참이다.

핵심 요약

- 현재 모든 경제 분야에서 인공지능 도입을 권할 때 마주하는 가장 지배적인 태도는 과업 중심적 사고다. 그 골자는 인공지능이 정확성, 속도, 비용에서 인간보다 더 나은 예측을 할 수 있다는 사실에 기대어 이를 적용할 구체적 과업을 밝히는 것이다. 기업의 리더, 경영 컨설턴트, 학계는 대체로 이러한 접근 방식을 따르고 있다.
- 과업 중심 사고가 득세하는 상황이 놀라운 이유는 인공지능으로 가장 인상적인 결과를 낸 분야가 과업 중심 사고로 인간 노동을 대체한 분야가 아니라 현재 인공지능의 예측 능력 덕분에 시스템 수준의 디자인을 새로 이룬 분야이기 때문이다(아마존, 구글, 넷플릭스, 메타, 애플). 과업 중심 사고는 흔히 노동 대체에 의한 비용 절감에 이끌리는 도입 단계 솔루션을 낳는 반면, 시스템 중심 사고는 비용 절감이 아니라 가치 창출에 이끌리는 시스템 단계 솔루션을 낳는다.
- 의료 서비스 분야에서는 인공지능을 통한 많은 응용이 이루어졌다. 질병의 진단, 수술 자동화, 원격 진료, 맞춤형 치료, 후보 약물 발견, 신약 재창출 등이 그것이다. 그러나 의료 시스템이 현재까지 인공지능을 통해 거둔 혜택은 미미하다. 제도 수용에 시간이 걸리는 게 한 가지 이유다. 하지만 가장 큰 이유는 기존 의료 서비스 시스템 안에서 도입 단계 솔루션이 자리 잡더라도 그 혜택이 미미하기 때문이다. 시스템 단계 솔루션적 접근이 가능하려면 인공지능의 능력을 효율적으로 이용할 수 있어야 한다. 우리는 백지에서 시작해 새롭게 강화된 예측 기술을 누릴 수 있도록 새로운 시스템 안에서 사람들의 건강을 최고로 보호하는 방안을 상상해야 한다. 이것은 훈련, 의료 전달 체계, 보상 체계, 프라이버시, 의료 책임의 각 분야에 대해 다시금 생각하는 것을 의미한다. 다시 말해, 시스템 중심적 사고방식을 받아들여야 하는 것이다.

09

지금껏 가장 뛰어난 시스템

"알파폴드(AlphaFold)는 지금까지 인공지능이 거둔 성과 중에서 가장 중요하다." 〈포브스〉의 어느 기사에서 알파폴드에 대해 내린 평가다. 물론 이런 표현은 과장되기 마련이다. 하지만 점잖은 학술지 〈네이처〉도 "알파폴드 때문에 모든 게 바뀔 것이다"라고 비슷하게 평가했다면 믿을 만하지 않을까?[1]

알파폴드는 단백질 구조를 예측한다. 단백질은 생명체를 구성하는 물질이며, 세포의 거의 모든 기능을 수행한다. 단백질의 구조와 기능은 3차원 배열에 의해 결정되는데, 분자생물학에서는 '구조가 곧 기능'이다.

과학자들은 단백질 구조의 기원뿐만 아니라 단백질 구성 요소의 최종적 배열 형태인 무수한 꼬임과 접힘이 어떻게 만들어지는지 오랫동안 궁금해했다. 그래서 수십 년 동안 연구소에서 실험을 통해 이런 단백질의 구조를 해명하려고 노력했다.

아미노산 서열을 보고 단백질 구조를 예측하는 알파폴드를 이용해 과학자들은 생명체 구성 물질에 대한 새로운 사실을 알아낼 수 있었다.[2] 샌프란시스코의 캘리포니아 대학 소속 연구자들이 알파폴드를 이용해서 제2형 중증급성호흡기증후군을 일으키는 코로나바이러스의 핵심 단백질에 대해 완전히 새로운 사실을 알아냄으로써 코로나19 치료법이 크게 발전했다. 콜로라도 대학 볼더(Boulder) 캠퍼스의 과학자들은 수년 동안 항생제 내성을 억누르는 특정 박테리아 단백질의 구조를 밝히려 애썼지만, 이들이 알파폴드를 이용해 그 구조를 알아내는 데에는 겨우 15분밖에 걸리지 않았다.[3] 다른 연구소에서는 어떤 단백질의 구조를 해명하려고 10여 년을 노력했지만, 알파폴드가 단 30분 만에 그걸 밝혀냈다고 보고했다.[4] 그 연구소의 책임자 안드레이 루파스(Andrei Lupas)는 다음과 같이 언급했다. "알파폴드는 의학을 바꿀 것이다. 연구를 바꾸고 생명공학마저 바꿀 것이다."

발견의 방법을 발명하다

인공지능이 경제의 혁신을 일으키는 잠재력을 가장 잘 발휘할 영역을 꼽는다면 대부분 평범한 기업 활동과는 거리가 먼 혁신 및 발견의 시스템 분야일 것이다. 다행스러운 것은 이 분야의 인공지능 관련 종사자들이 인공지능 수용에서 시스템 중심 사고방식의 필요성을 깨달은 것처럼 보인다는 것이다. 알파폴드가 의학, 연구, 생명공학을 바꾼다면 이 솔루션은 도입 단계 솔루션을 넘어설 수밖에 없다.

우리가 2017년 주최해 전미경제연구소(NBER)에서 최초로 열린 인공지능 콘퍼런스 때 이언 콕번(Iain Cockburn), 레베카 헨더슨(Rebecca Henderson), 스콧 스턴(Scott Stern)은 다음과 같이 주장했다. "인공지능에는 혁신 프로세스 자체를 변화시킬 잠재력이 있다." 데이터과학은 이미 이러한 프로세스의 일부가 되었다. 인공지능은 데이터과학의 수준, 처리 속도, 비용 면에서 개선을 이뤄낼 것이다. 새로운 타입의 예측이 등장할 테고, 이렇게 되면 연구의 새로운 길이 열리고 연구소의 생산성도 향상될 것이다.[5] 연구 수단이 특정 상품을 개선하기 위한 게 아니라 상품을 만드는 새로운 방식이 됨으로써 그 경제적 효과는 혁신 비용을 낮추는 정도에 그치지 않는다.[6] 이런 수단은 혁신의 교본마저 바꾸고 있다.

현미경 역시 새로운 발견의 방법이었다. 현미경으로 인해 질병 세균설이 탄생했다. 이 이론은 대부분의 현대 의학을 낳았고, 바이러스와 세균을 상대로 한 싸움도 가능해졌다. 이 이론은 또한 의학의 다른 분야도 변화시켰다. 외과적 수술이 의학적으로 유용해지고 출산이 더 안전해졌으며, 병원은 죽을 즈음 찾는 곳이 아니라 회복을 위해 가는 곳이 되었다.[7]

그러나 인공지능은 발견의 방법이기만 한 것은 아니다. 인공지능은 또한 범용 기술이 될 가능성도 있다. 이것이 인공지능에 시스템 변화가 필요한 이유이자 인공지능의 잠재력이 역설을 시사하는 이유다.

새로운 혁신 시스템

혁신은 시행과 오류라는 구조적 프로세스를 동반한다. 그림 9-1은 이

그림 9-1 혁신 프로세스

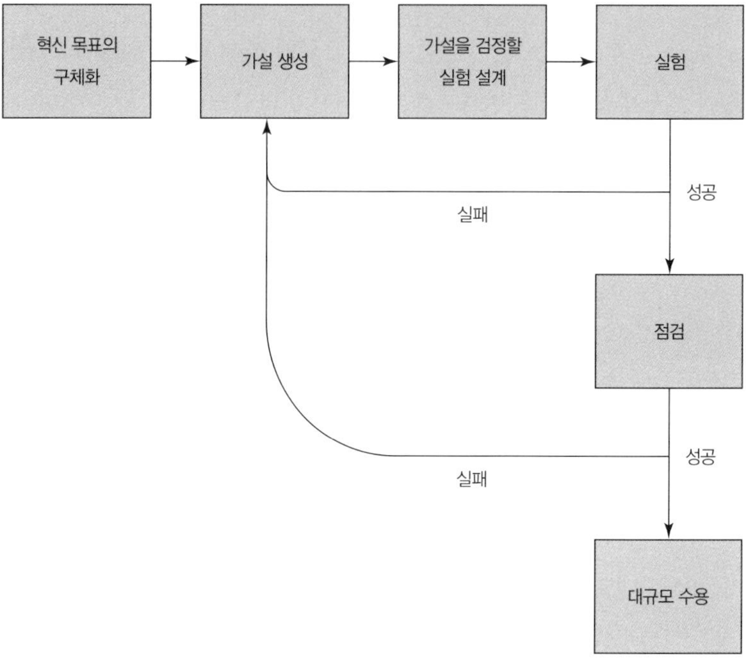

프로세스가 다양한 상황에서 작동하는 방식을 보여준다. 연구 조직은 목표를 구체화하고 가설을 설정한 후, 그 가설을 검정할 실험을 설계하고 실행한다. 번번이 그 실험에 실패해도 기대를 접지 않고 거기에서 배우며 다시 새로운 가설을 만든다. 이런 실험을 반복적으로 하다 보면 마침내 성공하는 순간을 맞이할 것이다. 그런 다음 조직은 실험에 대한 점검을 실행한다. 그 실행이 성공하면 혁신을 대규모로 수용할 수 있다.

이 프로세스는 콘텐츠 추천 엔진 같은 상대적으로 단순한 혁신 시스템과 신약 개발 같은 더 복잡한 시스템 양쪽에 모두 적용할 수 있다. 각각을 순서대로 살펴보자.

아마존이나 스포티파이의 추천 시스템에는 사용자 참여를 극대화하거나 판매를 끌어올리려는 목표가 있을 것이다. 경영대학원 교수 이도균과 카르틱 호사나가르(Kartik Hosanagar)는 어느 대형 온라인 소매업과 협업해 추천 엔진이 구체적으로 판매에 어떤 영향을 미치는 조사했다. 그들은 "취향이 비슷하면 구매하는 제품이 동일하다"는 점에서 착안한 '협업 필터링' 추천 엔진과, 키워드 문자열을 입력할 경우 적합한 제품을 찾아주는 엔진을 비교했다. 그들이 함께 작업한 회사가 내세운 가설 또는 이론은 추천 엔진이 판매 증진에 유용하다는 것이었다. 이어서 그들은 무작위로 일부 사용자에게는 추천 엔진을 제공하고 나머지 사용자에게는 오래된 키워드 검색 엔진을 제공하는 실험을 수행했다. 그랬더니 대부분의 상품 카테고리에서 새로운 추천 엔진을 사용할 경우 판매가 더 많았다. 이처럼 개입이 효과를 낳자 회사는 추천 엔진을 사용하기로 결정했다.

이 추천 엔진은 다소 새로운 현상도 일으켰다. 요컨대 상품 판매 분포도의 모양을 변화시켰다. 인기 있는 제품의 판매는 더 늘어나고 인기가 덜한 상품, 즉 판매 분포 곡선에서 꼬리 부분에 자리한 상품의 판매는 더 줄어들었다. 이처럼 판매 양상이 변한 것은 "취향이 비슷하면 구매하는 제품이 동일하다"는 점에서 착안한 추천 엔진 덕에 가장 인기 있는 제품의 판매가 늘어났기 때문이다. 당시에는 도서 분야에서 너나 없이 《다빈치 코드》를 구매하던 때라 모두가 이 책을 추천받았다. 판매 분포 곡선 전반에 걸쳐, 특히 꼬리 부분에서 이익을 증가시킬 수 있는 추가적인 개선은 회사가 받아들이기를 거부했다. 이 추천 엔진은 기존 워크플로에 들어맞는 인공지능의 도입 단계 솔루션이었다. 꼬리 부분의 판매 감소를 되돌리기 위해서는 회사의 다른 부분과의 협력이 필

그림 9-2 단순한 방식: 효과적인 검색 엔진 추천을 위한 AB 테스트

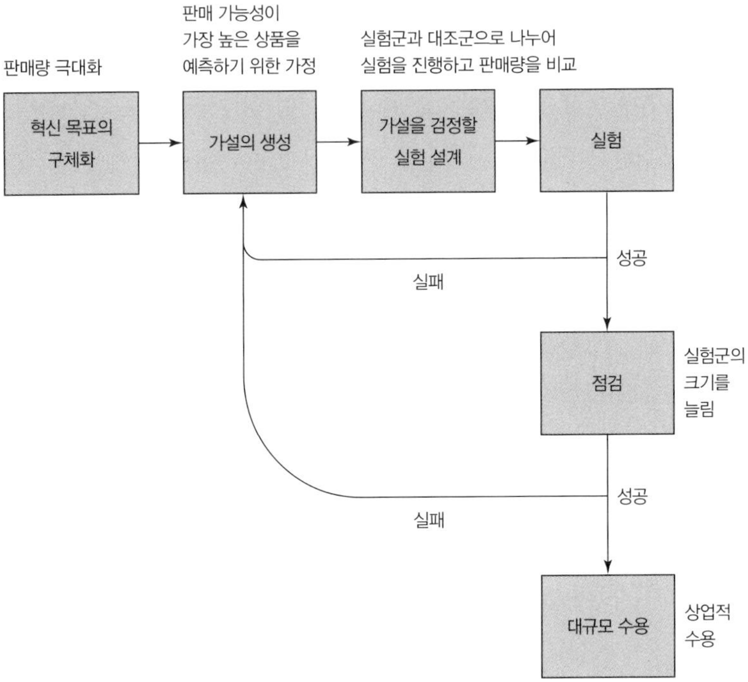

요했다. 엔지니어들은 그러한 일에 너무 많은 작업이 따른다면서, 새로운 추천 엔진이 의도치 않은 결과를 낳지 않을까 염려했다. 가장 중요한 이유는 엔지니어들이 기존 시스템을 무너뜨리고 싶어 하지 않았다는 것이다. 시스템 차원의 변화는 일정한 기대 수익이 예상되더라도 너무 큰 변화였던 것이다.[8]

혁신에 목적을 둔 인공지능은 이 프로세스를 바꿀 수 있다. 최적의 추천 엔진에 대해 가설을 세우는 대신 인공지능은 기존 데이터를 기반으로 가능성 있는 추천 엔진 수천 가지를 생성할 수 있다(그림 9-2 참조).

일단 이 가설 생성의 단계가 빨라지면 가입 해지율 같은 단기 실적이나 장기 판매 실적보다 영향력이 큰 측정치에서 혁신이 가능해질 것이다. 더 나은 가설을 세우면 총수익과 투자 수익률의 개선을 동반한 실험을 더 많이 할 수 있다. 게다가 예측이 충분히 만족스럽다면 실험이나 점검을 건너뛰는 것도 가능하다. 우리 필자 중 한 명인 어제이는 경제학자 존 맥헤일(John McHale), 알렉산더 에틀(Alexander Oettl)과 함께 신물질 발견 분야에서 이 아이디어를 기반으로 모델링을 했다.[9] 가설 개발 단계에서 예측의 개선이 완전히 새로운 시스템으로 이어질 수 있었다.

동일한 시스템 변화는 신약을 개발하는 더욱 복잡한 연구 개발 시스템에서도 일어날 수 있다. 이런 시스템의 목표는 신약을 디자인하는 것인데, 그 프로세스는 앞에서와 동일하다. 즉, 가설을 세우고, 실험하고, 점검하고, 채택한다.

물론 이러한 혁신 기회는 인공지능이 크게 발전해야 열릴 터인데, 알파폴드는 정확히 그러한 발전에 해당한다. 하지만 알파폴드의 예측 능력만으로는 의학, 연구, 생명공학이 변화를 맞이하지 못할 것이다. 예측 개선을 기대하던 연구자들은 장차 더욱 효율적으로 연구할 수 있겠지만, 이 책 앞부분에서 설명한 금융 사기 탐지 회사 베라핀과 마찬가지로 훨씬 더 나은 예측은 기존 시스템에 적용되어 좀더 효과적으로 작동하는 도입 단계 솔루션이다.

사람들이 알파폴드를 극찬하는 이유는 알파폴드를 통해 새로운 의학 연구 시스템의 미래를 볼 수 있기 때문이다. 이 시스템에서는 "시료 채취가 줄어들고 더 많은 생각이 요구된다".[10] 또한 단백질 구조 예측이 쉬워졌기 때문에 의학 연구에 대한 접근법이 달라진다. 알파폴드가 제공하는 기회를 유리하게 활용하려는 사람들은 단백질 구조를 밝히는 것이 이제 간단해졌으므로 명백히 규명되지 않은 질병의 치료법을 밝혀낼 기회가 늘어날 거라고 생각한다. 단백질 구조 해명에 특화된 연구소는 이제 더 이상 큰 역할을 할 수 없다. 반대로 미래에는 알려진 단백질 구조를 토대로 유용한 치료법을 개발하는 연구소가 더욱 늘어날 것이다.

알파폴드가 제공하는 예측은 연구 프로세스를 변화시키고 있다. 혁신 프로세스를 변화시킴으로써 알파폴드는 의학 자체를 변화시킬 것이다. 더 일반적으로, 혁신에 미치는 인공지능의 영향력은 궁극적으로 다른 인공지능 응용 프로그램의 영향력을 넘어설 것이다. 혁신이 생산성, 경제 성장, 인간의 복지에 핵심적 기여를 할 것이기 때문에 혁신에 영향을 미치는 인공지능은 증기 기관부터 인터넷에 이르는 범용 기술이 등장했을 때보다 더 큰 영향을 미칠 것이라는 얘기다.

알파폴드 덕분에 단백질 구조 분석은 더는 이론과 실험을 오가는 대단히 고된 작업이 아니다. 이 단계는 이제 당연한 과정으로 받아들여진다. 그 덕분에 혁신의 목표는 더욱 대담해질 수 있다. 단백질 약물 효능 실험은 늘어날 것이고, 인공지능은 혁신을 통해 우선순위를 개선함으로써 약물의 발견과 개발의 생산성에 영향을 줄 수 있다. 인공지능은 혁신의 기댓값을 높일 수 있으며, 혁신의 내용에 따라 후속 공정을 늘리거나 줄일 수 있다. 인공지능은 약물의 발견과 개발 도중 분명히 일어날 병목 현상으로 인한 비용을 낮출 수 있다(그림 9-3 참조).

새로운 시스템이 필요하다는 것은 누구나 인식하지만, 그러한 시스템은 참으로 많은 시간, 노력, 자원 없이는 등장할 수 없다.

그림 9-3 복잡한 방식: 신약을 위한 연구 개발

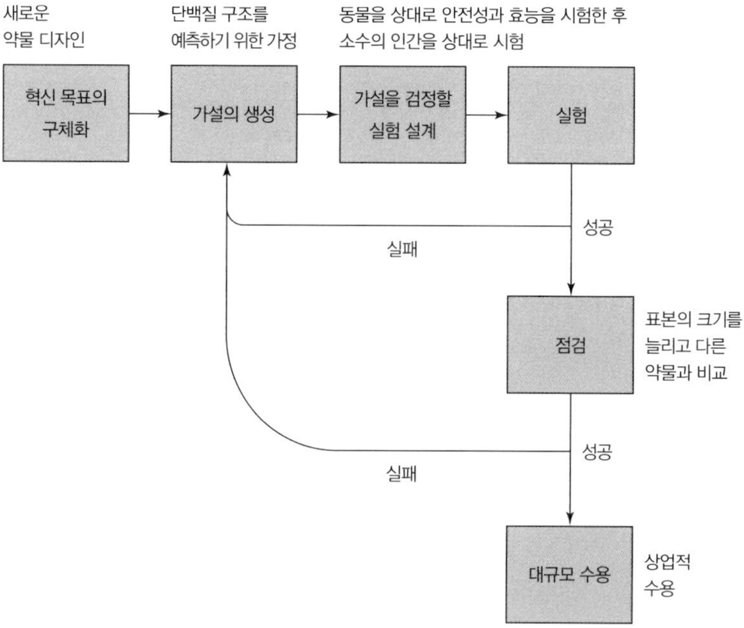

시스템 의식하기

우리 주장의 핵심은 시스템 변화의 계기를 파악하는 일조차 쉽지 않다는 것이다. 우리는 이제야 인공지능이 혁신 시스템에 미치는 영향과 관련해 진전이 이뤄지고 있음을 목도하고 있다. 몇 가지 인공지능 시스템이 혁신 프로세스에서 모습을 드러내고 있다. 예를 들어, 토론토 대학의 알란 아스푸루구직(Alán Aspuru-Guzik) 교수는 화학 분야에서 인공지능을 이용한다. 검정할 가설을 예측하는 인공지능이 시스템 단계 솔루션의 일부로 통합되어 있으며, 이 솔루션에는 인공지능이 통제하는 로봇 팔과 자동화된 실험에 필요한 모든 걸 갖춘 이동식 연구실이 포함된다. 그는 이 시스템을 "자기 충족적 화학 연구실"이라고 부른다.[11]

그러나 많은 경제 분야가 변화의 필요성을 이해하지 못하고 있다. 변화의 필요성을 인식하는 것은 떼야 할 첫걸음일 뿐이다. 올바른 방식의 변화가 일어나야 하며, 또한 거기에는 큰 투자와 약간의 행운이 따라야 한다. 대기업은 자신이 속한 산업의 작동 방식을 변화시켜야 할 필요성을 이해하지 못한다. 특히 현재의 수익성이 좋다면 더더욱 그렇다. 올바로 이해하지 못할 경우에는 부담해야 할 리스크가 너무 크다.

이것이 바로 기술 변화가 판도의 변화를 낳을 수 있는 이유다. 기술의 등장은 사업의 등장과 함께 소비자에게 이득을 줄 새로운 기회를 촉발한다. 그러나 그 실현 방안은 뚜렷하지 않다. 스타트업과 소규모 기업에는 유인이 발생하지만 대기업에는 그렇지 않을 경우, 혁신은 소규모 기업들에 의해 연명하는 소규모 시장에서 탄생해 성숙해지고, 이후 큰 시장에서 자립적인 대안으로 자리 잡을 때까지 기다려야 할 것이다. 그렇게 되면 기존 기업은 붕괴하고 새로운 사업 방식이 예상치 못한 곳에서 등장할 것이다. 우리는 다음 장에서 그러한 변화를 살펴볼 것이다.

핵심 요약

- 혁신 시스템 자체의 혁신은 다른 시스템에 지속적인 영향을 미칠 수 있다. 렌즈 가공 기술의 발전은 개인을 상대로 한 광학 시장(예를 들어, 안경)의 혁신뿐 아니라, 연구 도구 시장(예를 들어, 현미경)의 혁신을 낳음으로써 혁신 시

스템의 추가적 혁신이 가능해졌다. 현미경 덕분에 질병 세균설이 등장했고, 이를 통해 바이러스와 세균을 상대로 한 싸움이 가능해지고 의학의 다른 측면도 변화했다.

- 혁신 시스템에서 인공지능의 핵심 역할은 새로운 조합들의 결과를 예측하는 것이다. 과거에는 가설을 만들기 위해 과학적 발견이나 실행과 오류에 의지했다면, 이제는 (우리에게 모델을 향상시킬 충분한 데이터가 있다면) 인공지능의 예측을 이용해 만들 수 있다.
- 자동화된 가설 생성은 혁신의 생산성을 크게 향상시킬 수 있다. 그러나 이 기술의 혜택을 완전히 누리기 위해서는 가설 생성 단계에 머물지 않고 혁신 시스템 전체를 재고해야 한다. 예를 들어, 가설 생성이 더욱 빨라지더라도 다음 단계인 가설 검정이 변화하지 않는다면, 연구 시스템에 거의 영향을 미치지 못하고 그저 병목 현상만 빚어질 것이다.

4부

지배력

10

판도 변화와 지배력

잠시 지금까지 말한 것을 간단히 정리해보자. 인공지능은 잠재적으로 전환을 가져올 기술이다. 역사적으로 이러한 전환은 쉽게 이루어지지 않았다. 신기술은 초기에 도입 단계 솔루션과 응용 단계 솔루션을 낳지만, 진정한 수용과 혁신은 신기술이 이끄는 새로운 시스템이 나타나야만 이루어진다. 인공지능은 예측을 제공하며, 결과적으로 개선된 의사 결정은 가치를 창출한다. 도입 단계 솔루션에서는 예측이 기존 결정을 개선하고, 응용 단계 솔루션에서는 새로운 의사 결정의 가능성이 드러날 수 있다. 이 새로운 의사 결정은 느닷없이 등장하는 게 아니라 규칙을 밀어내고서 나타난다. 규칙은 오류의 불가피함을 인정하면서 그 오류가 미칠 영향을 줄이기 위해 자신의 주위에 가림막(예를 들어, 공항 터미널)을 치면서 규칙이 없었더라면 인공지능 예측의 대상이 되었을 불확실성을 감춘다. 이처럼 규칙을 바탕으로 확립된 시스템은 무척 견고할 수 있다. 우리는 이를 교착된 상태라고 부른다. 새로운 시스템은 이런 규칙을 의사 결정으로 바꾸는 것이며, 시스템 중심적 사고방식을 받아들이지 않으면서 인공지능을 이용한다면 아무런 실익이 없을 것이다.

인공지능이 잠재력을 발휘할 수 있도록 시스템 수준의 혁신을 이루기 위해서는 시간과 노력을 들여야 한다. 이 책의 나머지 부분에서는 많은 조직이 직면할 이러한 시도와 그 장애물에 대해 설명할 예정이다. 가장 주목해야 할 점은 이 과정에서 판도 변화가 초래된다는 것이다.

판도 변화. 현재로서는 실체가 모호한 말이다. 경제학자인 우리는 유행어 사용을 피하려 하지만, 아마도 기술 분야에서 **판도 변화**만큼 인구에 회자된 말도 없을 것이다. 그러나 시스템 차원의 변화라는 맥락에서 인공지능 수용을 고민할 때 이 말이 적절해 보이는 이유는 다음 세 가지 때문이다. 첫째, 앞에서 살펴보았듯 인공지능을 응용할 기회가 눈에 잘 띄지 않을 수 있으며, 따라서 기성 기업들은 이 약점에 노출되어 있다. 둘째, 기존 시스템을 해체하고 새로운 시스템을 건설하는 데 있어 저항과 갈등은 혁신적 기술 변화를 동반하는 창조적 파괴 과정에서 불가피하다. 마지막으로, 옛 시스템이 새로운 시스템에 밀려나면서 지배력, 구체적으로 말하면 경제적 지배력의 이동이 불가피하게 일어난다. 이러한 이동은 지배력 증대를 시스템 혁신의 보상으로 안겨주고, 판도를 바꿀 잠재력을 두려움이나 저항의 대상으로 만든다. 이 세 가지는 **판도 변화**라는 폭넓은 개념으로 설명할 수 있는 것과 연관이 있다. 따라서 이 책에서 이 용어를 사용하는 것은 타당하다.

예측이 판도 변화를 낳을 수 있다

이 책의 나머지 부분은 인공지능 예측과 그 수용이 어떻게 판도 변화를 낳을 수 있는지 다룬다. 이런 현상이 아직 일어나지 않았으므로 우리는 부득이하게 그 과정을 추측해볼 수밖에 없다. 그러한 추측은 인공지능 예측과 기술경제학에 대한 우리의 지식, 즉 과거 우리가 데이터 수집과 전산화에 힘입어 예측 능력에서 거둔 발전을 바탕으로 한 것이다.

1990년대까지 발전(發電) 산업에 대한 규제 수준은 무척 높았다. 대부분의 국가에서 발전과 송전 프로세스는 모두 수직적 통합의 형태로 조직되어 있었다. 그 한 가지 이유는 전기의 발전 비용이 높고 사실상 저장이 불가능하기 때문이다. 전기 수요가 어느 정도일지 알면 필요한 만큼만 생산하면 될 텐데, 매 순간 전기는 수많은 단위에서 개별적으로 사용 결정이 이루어지므로 정확한 수요 예측이 사실상 불가능하다. 하지만 그 수요가 충족되지 않으면 전체 전력망이 멈출 위험이 있다.

실제로 전기를 필요한 만큼 생산할 수는 있겠지만, 여기엔 고려해야 할 여러 가지 요소가 있다. 첫째, 여러 지역마다 배전망의 용량을 넘어서지 말아야 한다. 가동하지 않는 발전 설비도 고려해야 하며, 무엇보다 발전소 연료의 가격 변동도 감당해야 한다. 그 최종 결과는 만일의 사태를 위해 어느 때고 엄격한 통제와 과잉 공급을 유지하는 것이다. 발전에 관해서는 항상 만일에 대비한 조심성이 지배한다.

그러나 시간이 흘러 예측, 즉 날씨 예측, 엔지니어링 예측, 발전소 휴지 시간 예측이 더욱 개선되었다. 누적된 경험뿐 아니라 전산화도 도움을 주었다. 운영 수준에서는 전력 회사들의 조심성이 다소 느슨해졌다. 그러나 이러한 계획 시스템은 연료비 절감이라는 측면에서는 별반 성과가 없었다. 저출력 가스 발전소를 켜고 끄는 것보다 대형 석탄 발전소나 핵 발전소를 가동하는 게 더 편했던 것이다.

사실상 이러한 예측 개선으로 전력 산업의 조직 구조 변화가 가능해졌다. 즉, 부분 독립성이 늘어나고 중앙 집중적 협력이 줄었다. 전력 회사가 엄격한 통제 아래 계획을 따르는 게 아니라 전기 수요와 배분에 대한 예측이 개선됨으로써 개별 발전소의 지역 도매 시장이 가능해진 것이다. 1980년대 말이 되면 경제학자와 전력 전문가들은 그러한 도매 시장이 전기의 품질 저하 없이 가격을 낮출 수 있다는 사실을 깨달았다.

하지만 전기 공급량이 항상 수요량을 넘어서야 한다는 핵심 문제는 여전히 남아 있었다. 지역 내 전기 수요 예측을 더 정밀하게 계산하면 개별 발전소의 전기 생산량 결정은 중앙 집중적 차원에서 이루어질 필요가 없다. 거래 하루 전에 입찰 시장이 열리면 대체로 가격 폭등 위험 없이 공급량과 수요량을 일치시킬 수 있었다. 물론 가격이 일시적으로 폭등하기도 하고 발전 설비 소유자들이 내심 이를 반기기도 했다. 하지만 시스템 전체로 보면 예측 개선은 중앙 집중적 계획의 축소와 경쟁의 확대로 이어졌다. 전반적으로 전기 가격은 급락했다.[1] 오늘날 거의 모든 선진국에 과거엔 생각지도 못한 전기 도소매 시장이 들어섰다는 것은 놀랄 일이 아니다. 이는 예측 개선 덕분이다.

예측은 전력 산업의 새로운 운영 방식, 즉 발전이 중앙 집중적 차원에서 결정되지 않는 방식을 예고했다. 예측이 개선된다는 것은 현실에서 전기의 실제 수요가 예상 수요에서 크게 벗어나는 일이 한층 줄어든다는 의미다. 따라서 예측 정보가 여러 발전 사업자, 송전망 운영자, 배전 사업자에게 적어도 하루 전에 배포되면 그들 각자는 자신의 공급 계획안을 중앙의 시스템 운영자와 공유할 수 있었다. 이는 발전 사업자들의 재량권이 더욱 커졌음을 의미하며, 이것으로 다양한 발전 시설에 대한 투자와 효율성을 증가시키는 조치를 도입할 기회가 확대되었다. 모든 것을 관리하는 중앙 계획의 필요성이 없어진 것이다.

이처럼 전력 산업이 맞이한 전환은 중앙 집중적 방식에서 탈중앙적 방식으로의 이동을 동반했다. 그러나 특히 기억할 것은 경제적 지배력을 가진 자와 관련해 그 이동이 갖는 함의다.

경제적 지배력이 있다는 것은 시장에서 가치 있는 동시에 희소한 걸 소유하거나 통제할 수 있다는 의미다. 자기 배우자를 그린 피카소의 그림을 소유하는 것과 자기 엄마를 그린 다섯 살 아이의 그림을 소유하는 것이 다른 이유가 바로 이것이다. 두 그림 다 독특하고, 따라서 희소하며 사람 모습을 보이는 대로 묘사하지 않는다. 그러나 피카소가 그린 그림의 가치가 더 크다. 또한 피카소가 그린 원본을 소유하는 것과 그 사본을 소유하는 것이 다른 이유도 마찬가지다. 둘 다 미학적 가치는 동일해도 하나는 희소하고 다른 하나는 그렇지 않다.

경제적 지배력의 기저에 있는 희소성은 경쟁에 의해 완화되는 성질이 있다. 따라서 경제학자들은 경제적 지배력과 독점적 지배력을 동일시하곤 한다. 희소했던 것이 경쟁에 노출되면 지배력에 변화가 생긴다.

전력 산업의 변화는 경쟁에서 보호받기 위해 수직적 통합 구조에 몸을 숨겼던 생산자를 큰 곤란에 빠트렸다. 사실 특히 발전소의 경우 경쟁은 수익성이 낮아지는 걸 의미했다. 장기 계약이나 다른 방식에 의지하는 대신 이제는 입찰에 부쳐야 했다. 이와 비슷하게 배전 사업자가 지역 전력망을 상호 연결해 더 큰 지역 시장을 만들 기회가 있었지만, 미국 본토에서 여러 주에 걸쳐 있는 지역 시장은 10곳뿐이었다.

우리는 흔히 이러한 상황을 판도 변화라는 개념을 통해 이해한다. 전통적인 공급자가 경제적 지배력을 누리던 산업이 경쟁의 영향을 받으면 그 지배력이 감소한다. 그러나 지배력은 사라져버리는 게 아니라 자리바꿈을 하는 것이다. 전기의 경우 지배력이 수직적 통합 구조의 공급자로부터 다른 이들에게 이전되었는데, 그중 가장 주목할 만한 대상은 전기 소비자였다.

전기가 아닌 다른 분야에서 경쟁 형태의 판도 변화는 전통적 공급자로부터 새로운 공급자로 지배력을 이전시키는 것이었다. 즉, 독점적 지배력은 유지되고 독점 기업의 이름만 바뀔 뿐이다. 따라서 경제적 지배력은 혁신 자체에 의해 위협받지 않으며 혁신의 결실일 뿐이다. 앞으로 살펴보겠지만 판도 변화가 시스템 혁신을 두고 일어난다면 강력한 주자들 사이에서 선두가 바뀌는 일이 벌어진다. 그런데 새로운 시스템의 열매를 수확하기에 가장 좋은 위치에 있는 것은 기존 시스템의 성패에 별다른 이해관계가 없는 주자인 경우가 흔하다.

판도를 바꾸는 위협

특히 시스템 혁신에서 비롯되는 판도 변화가 기존 기업의 경제적 지배력에 위협이 되는 이유는 무엇이며, 결국 판도 변화가 새로운 진입자에게 지배력을 획득할 기회를 주는 이유는 무엇인가?

판도 변화(disruption)라는 용어는 클레이턴 크리스텐슨(Clayton Christensen)의 책에 처음 등장했다.[2] 크리스텐슨은 기존 기업들이 신기술 자체의 가치와 그 신기술이 소비자에게 소구하는 가치에 "무심코 회의적인 태도"를 취할 수 있다고 언급했다. 따라서 이 기업들은 자신의 고객에게 아무런 이익이 없는 기술을 피하려 한다. 반면, 바로 그 기술이 시장의 기존 리더가 외면한 고객들의 주목을 받기도 한다. 예를 들어, 기존 하드디스크 제조업체가 성능과 저장 능력을 강조한 반면, 일부 소비자는 더 작은 크기와 전력 효율을 중시했다고 하자. 새로운 시장 진입자는 이러한 기회에 편승해서 관련 기술이 향상되면 그 산업에서 강력한 경쟁자로 부상할 수 있다.[3]

급진적 기술 변화가 기성 산업의 전통적 성과 지표에서는 미미해 보이지만, 그 산업이 별반 중시하지 않는 지표에서 성과를 보이는 경우에는 대단히 큰 판도 변화가 일어난다. 이 때문에 기성 기업의 약점이 드러날 수 있다. 역사학자 질 레포레(Jill Lepore)는 그 이론을 다음과 같이 설명한다.

> 〔크리스텐슨은〕 1997년에 출간한 책 《혁신가의 딜레마(The Innovator's Dilemma)》에서 경영진이 그릇된 결정을 내린 게 문제가 아니라 올바른 결정, 즉 회사가 수십 년 동안 성공을 구가하도록 만든 올바른 결정을 내린 것이 문제라고 주장했다. ("혁신가의 딜레마"는 "올바른 일을 하는 것이 잘못된 일"이라는 뜻이다.) 크리스텐슨이 눈치챘듯 이 문제는 역사의 속도 때문에 불거진 것이다. 그리고 이는 문제라기보다 비행기를 놓치는 것과 같은 기회 상실에 가까웠다. 기회 상실과 한 가지 차이가 있기는 하다. 그들은 비행기가 있는지조차 몰랐고 활주로를 풀밭인 양 쏘다녔는데, 비행기는 이륙하면서 그들의 머리 위를 휙 지나쳤다.[4]

이미 언급했지만 인공지능을 두고도 눈이 멀고 마는 이유에는 규칙과 감추어진 불확실성이 있다. 이러한 맹점이 드러날 때 판도 변화에 대한 대처는 다른 소비자군을 겨냥하는 것으로는 어림없고 기업의 조직과 우선적인 과제를 재구성해야 한다. 당연하게도 판도 변화에서 밀려나는 지름길은 기술이 조직의 변화를 요구한다는 사실을 망각하는 것이다.

이 경우에 딱 들어맞는 사례로 제1차 세계대전 말 영국 육군이 도입한 탱크가 있다. 탱크는 상대적으로 신속하게 이동해 적군에게 혼란을 안겨줄 수 있다. 적어도 당시 기갑부대 장교 풀러(J. F. C. Fuller)는 이러한 인식을 갖고 있었다. 그러나 양차 대전 사이에 영국은 풀러의 계획을 무시하고 탱크를 기병대에 배치했다. 독일이 재무장을 시작하자 "영국 육군 원수 아치볼드 몽고메리매싱버드(Archibald Montgomery-Massingberd) 경은 말의 사료를 10배 이상 늘리고, 기병 장교에게는 말 두 필, 탱크 장교에게는 말 한 필을 제공하는 것으로 대응했다".[5] 반면, 군 조직이 심각하게 와해되어 있던 독일군은 새로운 군사 기술을 기존 조직에 도입하지 않았다. 그들은 새로운 기술엔 새로운 조직과 전략이 필요하다는 것을 이해했고, 그 전략을 '전격전'이라 부르면서 풀러를 초청해 시범을 보이기까지 했다.

영국군은 독일군의 변화를 군사적 속임수라고 주장하며 이를 오만한 짓이나 무지한 짓으로 치부하는 게 속이 편했겠지만, 비슷한 이야기들은 기업사에서도 반복해서 등장한다. 이것이 학계의 눈에 띄지 않을 리 없었다. 클레이턴 크리스텐슨이 1990년 하버드 대학에서 판도 변화 이론을 구상하고 있을 때, 그 복도 안쪽에서 레베카 헨더슨과 킴 클라크(Kim Clark)도 동일한 현상을 연구하고 있었다.[6] 크리스텐슨이 수요 측면에 집중한 반면(예를 들어, 소비자 가치의 하락), 헨더슨과 클라크는 공급 측면에 집중했다(예를 들어, 조직 적합성의 부재 같은). 그들은 기술 변화가 구조적 문제이므로 조직의 우선순위가 바뀌어야 하는 상황에서 기존 조직은 경직성 때문에 애를 먹지만, 처음부터 시작하는 신생 조직은 기회를 얻는 다양한 상황을 찾아보았다.[7]

좀더 최근의 사례로는 아이폰이 있다. 2007년 모바일 폰 산업은 블랙베리라는 통신 디바이스를 개발한 캐나다 기업 리서치 인 모션(Research In Motion, RIM)이 지배하고 있었다. 블랙베리는 모바일 폰이었지만, 더 중요하게는 키보드를 내장한 이메일과 텍스트 전송 기계였다. 사업가들은 블랙베리를 손에서 놓을 줄 몰랐다. 어느 국무장관은 블랙베리를 너무나 사랑한 나머지 출근해서 사용할 수 있도록 개인용 서버를 구축했다. 그런 일이 가능했던 것은 키보드 하드웨어가 나무랄 데 없이 설계되었으며, 메시지를 전송하는 하드웨어 네트워크가 효율적이고 보안 또한 훌륭한 데다 충격에도 끄떡없을 정도로 튼튼했기 때문이다.

반면, 아이폰은 부서지기 쉬웠다. 블랙베리 사용자가 아끼는 키보드도 없고, 더 느린 인터넷 이동통신 인프라를 이용했다. 배터리 수명도 엉망이었다. 한마디로 끔찍했다. RIM, 노키아, 마이크로소프트를 포함해 산업계 전체가 아이폰을 무시했다. 그들은 애플이 이 산업에 어울리지 않으며 차라리 전문가에게 맡기는 것이 어떻겠느냐고 충고하기까지 했다.

다시 한번 이것을 오만하다고 생각하기 쉽다. 그러나 이 기업들의 비판은 하나같이 맞는 말이었다. 그들이 이해하지 못한 것은 애플이 스마트폰을 위한 새로운 구조를 선택했다는 점이다. 애플은 하드웨어와 소프트웨어를 통합했다. 근본적으로 다른 통합 구조를 지닌 디바이스를 구현하기 위해 애플은 모든 부분에서 성능을 희생시켜야 했다. 아이폰의 각 부분을 따로 떼어놓고 보면 죄다 엉망이었다. 그러나 그 시스템을 이해하면 그림은 사뭇 달랐다. 아이폰이 기회라는 걸 이해한 테크 회사는 구글 하나뿐이었다. 전통적인 개발 업체는 하나도 없었다.

구조적 변화 또는 우리가 표현하는 식으로 '시스템 차원의 변화'에 대처하기 위해 마주해야 할 도전이 바로 이것이다. 첫째, 이러한 변화를 수용하는 상품은 초기에 경쟁력이 없어 보인다. 소비자들이 마음을 쓰는 것처럼 보이는 부분에서 성능을 희생시키는 선택을 해야 하기 때문이다. 둘째, 그 결과 지금까지의 성과를 중시하는 기존 조직은 신기술이 빚어낼 득과 실을 종합적으로 이해할 준비가 되어 있지 않다. 즉, 숲을 보지 못한다. 마지막으로, 이러한 오류를 범하더라도 바로 피드백이 이루어지는 게 아니다. 아이폰이 기존 휴대전화 시장을 장악하는 데는 4년이 걸렸다. 블랙베리는 2007년 후반기에 역대 최고의 판매량을 달성했다. 애플과 구글이 단말기를 출시한 이후에야 새로운 폰 디자인이 인기를 얻었다. 기존 기업들이 재조직에 나서서 따라잡기에는 너무 늦어버린 때였다.

시스템 변화의 딜레마

인공지능이 주도하는 의사 결정을 시스템의 일부로 삼으려면 반드시 그 인공지능을 받아들일 조직의 재구성이 필요하다. 앞서 논의했지만 새로운 시스템의 창출에서 기존 조직이 직면하는 어려움 중 하나는 그들이 기존 기술에서 높은 성과를 내도록 최적화되어 있다는 것이다. 인공지능을 받아들이기 위해 관점의 변화가 필요한 마당에 말이다. 인공지능이 조직의 부분적 독립성을 유도하는 경우도 있고, 각 조직 사이의 협력을 강화하는 경우도 있다. 여기서 극복해야 할 과제는 바로 지금까지 중요하게 생각해온 것이 문제라는 점과 광범위한 변화의 필요성을 인정하는 것이다.

핵심 결정이 이루어지는 한 가지 이상의 분야에 인공지능 예측을 통합하고 수용하기 위해 조직의 재구성이 필요하다는 것을 최고 경영진이 이해하더라도 또 다른 난제가 존재한다. 그 이유는 조직을 새롭게 구성할 때에는 예외 없이 가치 변화가 동반되어 조직 내부의 다양한 자원을 둘러싸고 지배력의 변화가 뒤따르기 때문이다. 지배력을 재배치하는 가운데 그걸 상실할 사람은 변화에 저항할 것이다. 조직은 CEO가 지시하는 대로 곧바로 변화가 일어나는, 교과서 안의 독재 정부처럼 기능하지 않는다. 오히려 지배력 상실이 예상되면 저항이 일어난다. 그 과정에서 그들은 잘해야 변화 수용의 번거로움을 덜어주는 행동을 할 수 있을 뿐이며, 최악의 경우 조직의 재구성을 크게 축소하거나 거스를 수 있다.[8]

혁신 기술의 수용에 저항한 사례는 많다. 가령 블록버스터 비디오의 사례를 들 수 있다. 블록버스터는 1990년대와 2000년대에 비디오테이프 렌털 시장의 리더였다. 블록버스터의 종말에 대한 가장 흔한 설명은 이 회사가 넷플릭스 때문에 나락으로 떨어졌으며, 21세기의 처음 10여 년이 지난 후 주문형 비디오가 등장했기 때문이라는 것이다. 그러나 사실 블록버스터는 새로운 방식에 마냥 무릎을 꿇은 게 아니다. 다가올 상황을 이해했지만 결국 적응에 실패한 것이다.

넷플릭스는 등장하면서부터 과거의 비디오테이프보다 작고 물리적으로 견고한 새로운 DVD 기술을 활용했다. 실험을 거쳐 결국 소비자 구독 모델을 사업 수단으로 삼았으며, 이 모델에서 소비자는 DVD를 동시에 3개까지 빌릴 수 있고 보유 기간에 아무런 제한이 없었다. 소비자가 DVD를 온라인으로 주문하면 우편으로 배달해주었다. 이 모델에는 두 가지 장점이 있었다. 첫째, 소비자가 DVD를 빌리거나 반납하기 위해 대여점을 방문할 필요가 없었다. 둘째, 연체료가 없었다. 블록버스터 대여점의 경우 연체료가 수입의 40퍼센트를 상회할 정도였다. 단점은 넷플릭스에 최신 출시 목록이 없다는 것과 소비자 스스로 볼 만한 작품을 정해야 하므로 충동적으로 렌트하는 경우가 드물다는 것이었다.

블록버스터는 넷플릭스에 소비자를 빼앗기고 제한적이나마 수익에 영향을 받을 수 있다는 사실도 알고 있었다. 그래서 2000년 초 넷플릭스 모델의 단점을 파악하고 주문형 비디오 서비스를 실험했다. 블록버스터가 최초로 주문형 비디오 서비스를 개시했던 것이다! 그러나 인터넷 속도가 오늘날의 수준에 이르지 못했기 때문에 그 실험은 성공을 거두지 못했다. 하지만 블록버스터는 넷플릭스와 유사한 DVD 대여 모델을 구축할 수 있다는 사실을 깨달았다. 차이가 있다면 우편이 아니라 대여점에서 DVD를 대여하고 반납한다는 게 다를 뿐이었다.

문제는 이러한 방식의 구독 서비스가 대여점이 누리던 연체료 수익을 감소시켰다는 것이다. 게다가 이 소비자들이 다른 상품, 즉 팝콘이나 캔디를 사겠다고 대여점을 방문할 리는 만무했다. 따라서 블록버스터가 넷플릭스 모델을 추종해 이익을 얻기는 했지만 대여점들은 손해를 입었다. 그러자 대여점들의 저항이 일어났다. 특히 새로운 모델이 거둔 성공 때문에 더욱 그러했다. 결국 블록버스터 이사회는 최고 경영진을 교체하고 대여점을 지원하던 과거의 모델로 회귀했다. 넷플릭스에 맞서기 위해 대여점에 비디오 대여 이외에 다른 서비스도 강화했다. 하

지만 결국 전혀 먹히지 않았고, 몇 년 지나지 않아 블록버스터는 업계에서 사라져버렸다.[9]

물론 블록버스터 사례는 신기술의 등장에 맞서 내부 세력이 변화를 막아선 극단적인 경우다. 그러나 이는 신기술의 혜택을 입는 사람과 입지 못하는 사람 간 갈등의 냉혹함을 드러내면서 정확히 앞일을 예고한 사례라고 할 수 있다. 새로운 세계에서 대여점이 설 자리는 없었지만, 가맹 점주들의 힘은 기업의 적응을 막기에 충분했다. 최고 경영진이 새로운 조직의 필요성을 이해했더라도 말이다.

이후의 장에서 설명하겠지만 넓게 보면 인공지능에 수반되는 조직 변화는 지배력의 분산이나 집중에 영향을 미칠 수 있다. 어느 쪽이든 변화로 인해 손해를 보는 쪽은 분명하게 드러난다. 현재의 조직 시스템에 기반해 지배력을 누리기 때문에 그걸 유지하는 데 이해관계를 갖고 있을 테니 말이다.

판도 변화와 기회

시스템 수준의 변화는 어려운 일이지만 그 성과는 거대할 수 있다. 인공지능과 관련해 계속 등장하는 한 가지 궁금증은 바로 이것이다. 즉, 인공지능 예측을 구현하는 기계가 물리적 로봇이든 소프트웨어의 알고리즘이든 지배력을 가질 수 있는가? 인공지능의 실체를 안다면 기계의 지배에 대한 염려는 번지수가 틀린 것이다. 이러한 주장이 그치지 않기 때문에 다음 장에서는 이에 대해 다룰 것이다.

핵심 요약

- 기존 기업이 도입 단계 솔루션을 쉽사리 수용할 수 있는 것은 이와 관련된 특정한 결정이나 과업을 변화시킬 필요 없이 그 결정이나 과업에서 개선을 이룰 수 있기 때문이다. 그러나 시스템 단계 솔루션의 수용이 갈등을 부르는 것은 지금까지 조직이 투자해 최적화시킨 과업마저 바꾸려 하기 때문이다. 게다가 시스템 단계 솔루션은 일부 과업에서, 특히 단기적으로 별다른 성과를 거두지 못할 수 있다. 이 때문에 판도 변화의 단계에 접어든다.
- 우리는 지배력을 '경제적 지배력'으로 정의한다. 소유하거나 통제하고 있는 게 수요에 비해 희소하다면 지배력이 있는 것이다. 경제적 지배력의 기저에 있는 희소성은 경쟁에 의해 완화되는 성질을 가지고 있다. 이 때문에 경제학자들은 경제적 지배력과 독점적 지배력를 동일시하곤 한다. 희소했던 것이 경쟁에 노출되면 지배력의 변화가 뒤따른다.
- 때때로 시스템 단계 솔루션은 인공지능에서 최대한의 이익을 얻는 데 필수적이다. 시스템 재구성은 산업 수준에서(예를 들어, 인공지능이 더욱 확산되면 데이터를 많이 축적한 산업의 지배력이 더 강해진다), 기업 수준에서(여기에 대해서는 12장에서 다룰 예정이다), 직무 수준에서(예를 들어, 블록버스터의 대여점은 온라인 렌털 서비스와 DVD 우편배달로 전환이 일어나자 지배력을 상실했다) 지배력의 이동을 낳을 수 있다. 변화에 저항하는 사람은 보통 현재 지배력을 누리고 있으며(그 때문에 저항하는 것이다), 따라서 시스템 수준의 변화를 가로막는 데 상당한 힘을 발휘한다. 이것이 판도 변화의 맥락을 창출한다.

11

기계가 지배한다고?

신문들이 일제히 다음과 같은 헤드라인으로 기사를 실은 적이 있다. "'생산성'을 빌미로 물류 창고 노동자를 자동으로 감시하고 해고하는 아마존의 실태" "아마존에서 생산성 낮은 노동자 해고를 인공지능에 맡기다" "여러분이라면 로봇이 해고하도록 두겠습니까?" "아마존에서는 봇(Bot)이 해고한다. 이 기계에 맞설 자는 바로 당신 자신" "저임금 노동자를 지배할 로봇 군주가 왕림하다". 이 중 마지막은 2019년 5월의 〈월스트리트 저널〉 기사 제목이다. 이 기사에서 그레그 입(Greg Ip)은 주요 시사점을 이렇게 요약했다. "로봇이 우리 일자리를 빼앗지 않을까 염려할 때가 아니라, 로봇이 신규 취업자를 결정하지 않을까 걱정해야 할 처지가 되었다."

이 기사는 많은 이들의 주목을 모으기에 충분했다. 그리고 다음과 같은 원초적 두려움을 자극했다. "과연 기계는 인간을 지배할 것인가?"

이 기사를 읽고 나면 노동자가 주간 근무를 마치고 작은 방에 들어간 후 벌어지는 장면이 떠오를 수도 있다. 인공지능이 노동자를 스캔하면서 '내일 출근해주세요'라는 밝은 초록빛 전등이 켜지거나, 자동 출력된 해고 통지서와 함께 '해고'라는 붉은 전등이 켜지는 상황 말이다

하지만 현실은 사람들의 그런 예상과 사뭇 달랐다. 아마존이 인공지능을 이용해 노동자의 성과를 예측한 것은 사실이다. 물론 이 때문에 기사가 쏟아져 나왔을 것이다. 그리고 기사 내용대로 어떤 노동자가 해고당했을 수도 있다. 그런데 어떤 노동자도 빈방으로 불려가 해고를 통보받지는 않았다. 그 대신 아마존은 노동자의 성과를 측정한 후 인공지능이 그 성과가 걱정할 만한 수준인지 여부를 평가하고 나서 인간 관리자가 이에 대처하도록 했다. 만일 인간 관리자가 맹목적으로 인공지능의 예측을 따르기만 한다면, 분명 인공지능이 의사 결정을 장악하고 인간 관리자가 메트릭스(metrics: 업무 수행 결과를 보여주는 계량적 분석—옮긴이) 너머에 숨어 있는 것처럼 보일 수 있다. 앞서 말했듯 이 인공지능은 통상적인 성과 측정 제도와 다르지 않다. 그리고 우리가 해결해야 할 더 주관적인 일부 측정 제도와 비교해 인공지능의 측정이 더 나쁘다는 주장도 사실과는 거리가 멀다.

그런데 신문의 헤드라인이 전부 사실이고, 여러분이 인간의 개입 없이 평가받고 해고당할 수 있다면 어떻게 될까? 기계가 인간의 채용을 결정할까? 이제 기계는 프롤레타리아에 맞서는 부르주아지인가?

이 장에서 살펴보겠지만 절대 그렇지 않다. 로봇과 기계는 일반적으로 아무것도 결정하지 못한다. 따라서 누구도 지배하지 못한다. 의사 결정의 바탕이 될 판단을 하는 것은 한 인간 또는 인간들이다. 물론 자동화를 통해 마치 기계가 기꺼이 손을 더럽히는 것처럼 보일 수는 있

다. 그러나 이는 어디까지나 착각일 뿐이다. 현재의 인공지능 수준에서는 누군가가 실질적인 결정을 내린다.

어떤 철학적 주장을 할 요량으로 이렇게 말하는 것이 아니다. 그런 논의는 우리 몫이 아니다. 인공지능이 불러올 판도 변화의 잠재력을 제대로 파악하려면, 기계가 결정하지 않는다는 걸 인정하는 것이 중요하다. **인공지능이 의사 결정을 기계에 맡기지는 못하지만, 의사 결정을 하는 사람이 교체되도록 할 수는 있다.** 기계는 지배하지 못하지만 효과적으로 사용하면 지배하는 사람을 바꿀 수 있다는 얘기다.

기계가 인공지능 사용 환경에 더 적합한 사람으로 의사 결정자를 바꾸면 그 토대인 시스템도 바뀌어야 한다. 이런 기계를 설계하는 엔지니어는 자신이 만든 제품에 내재해 있는 판단, 즉 지금까지 의사 결정을 하던 사람을 한순간에 불필요하게 만들 판단이 미칠 영향을 이해해야 한다.

기계가 결정하지 못한다는 생각이 새삼스러운 것은 아니다. 1842년 최초로 컴퓨터 프로그램을 작성한 에이다 러브레이스(Ada Lovelace)는 그 한계를 이해하고 있었다.

> 에이다는 컴퓨터 사용자가 사실이 아닌 정보를 입력할 때 그에 대처할 수 없는 컴퓨터의 무능에 대해 경고했다. 오늘날 이 개념은 '입력값이 엉터리이면 출력값도 엉터리(Garbage in, Garbage out)'라고 불린다. 에이다는 그 점에 대해 이렇게 말한다. "해석 엔진은 결코 무엇인가를 만든다고 뽐내지 못한다. 할 수 있는 것은 명령받은 대로 실행하는 것뿐이다. 분석대로 할 수는 있다. 그러나 분석적 관계나 진리를 예견할 능력은 없다."[1]

기계는 외부에서 올 수밖에 없는 명령을 따라야 한다.

아마존에 해고 알고리즘이 있다고 가정해보자. 거기서는 인간이 배제된 채 알고리즘에 따라 직원의 성과를 측정하고 해고할 것이다. 그런데 이 알고리즘이 판단을 실행할 때 사용하는 기준은 누군가 정해준 것이다. 적정 임금, 대체 노동자 확보 가능성, 자격 요건, 근로 관행에 대한 법적 규제 따위의 요건뿐만 아니라 새로 고용할 사람의 기술 수준, 능력, 조직 문화 적응을 확률적으로 측정하는 방법 역시 정해져 있어야 한다. 그래서 이러한 자동화 시스템이 효율적으로 작동하려면 알고리즘을 만들기 전에 그 알고리즘에 적용할 판단 기준을 토의해 결정하는 프로세스가 있어야 할 것이다. 의사 결정의 새로운 시스템이 필요한 것이다.

결정을 몽땅 기계한테 맡길 수 있다는 생각이 들 법도 하다. 그러나 결정의 실행을 완전히 자동화할 수 있더라도 예측에 이은 적합한 행동은 여전히 한 사람 또는 복수의 사람들이 결정해야 한다.

자동화의 확산

기계가 결정하는 것처럼 보인다면, 이는 인공지능의 자동화 과정 때문이다. 예측 기계를 사용함으로써 판단마저 코드로 작성해 자동 처리하는 방식의 의사 결정이 이루어진다면, 사람은 그때그때 직접 의사 결정을 해야 하는 상황에서 벗어날 수 있다.

자동화에는 판단을 코드로 작성하는 과정이 반드시 필요하다. 인간이 판단 기준을 명시해야 예측 기계를 효율적으로 사용할 수 있기 때문이다. 예측을 그저 받아들이기만 할 게 아니라면 말이다. 다시 말해, 수많은 의사 결정에는 판단이 필요할 수밖에 없으며, 이 판단은 코드로 작성할 수 있도록 구성해야 한다. 결코 쉽지 않은 일이다.

토론토의 스타트업 에이다가 고객 서비스를 자동화하기 위해 사용한 프로세스를 살펴볼 가치가 있다.[2] 에이다 설립자들은 이 프로세스를 회사와 고객 사이의 상호 작용을 촉진하는 자동화 단계라고 설명한다.

에이다는 2020년 상반기 동안 코로나19 발병을 전후로 줌의 일일 사용자가 1000만 명에서 3억 명으로 늘어났을 때, 그 고객 지원 서비스의 자동화를 담당했다.[3] 문의 전화의 70퍼센트, 무료 사용자에 대한 고객 지원 서비스의 98퍼센트, 유료 사용자에 대한 고객 지원 서비스의 85퍼센트가 자동화되었다. 주로 비밀번호를 재설정하거나 카메라가 작동하지 않는 경우, 사용자는 에이다의 자동 상담 봇에게 도움을 요청한다.

판단을 구축하는 프로세스가 핵심이었다. 줌의 고객 서비스가 개시되면 에이다의 프로세스는 고객의 **의도를 예측하는 것**부터 시작한다. 그 의도는 비밀번호 변경, 신용카드 정보 갱신, 지원 서비스 업그레이드 신청일 수 있다. 에이다는 가령 비밀번호 변경 하나만을 예측하면서 시작할 수도 있다.

그런 다음 에이다는 워크플로와 판단으로 넘어간다. 워크플로는 고객의 비밀번호 변경을 돕는 에이다와 고객 사이의 일련의 상호 작용이다. 만약 기계가 비밀번호 변경이라고 확신하면, 에이다는 비밀번호 변경과 관련한 워크플로를 개시한다. 비밀번호 변경이 아니라면, 자동 워크플로의 개시를 인간에게 맡긴다.

이제 판단이 등장할 순간이다. 일련의 자동화 과정을 개시하려면 에이다는 얼마만큼 확신해야 할까? 그때그때 다르다. 무료 사용자에 대한 고객 지원 서비스는 98퍼센트가 자동화한 반면, 유료 사용자에 대한 고객 지원 서비스는 85퍼센트만이 자동화한 데에는 이유가 있다. 무료 사용자의 요청이 더 간단하기 때문만은 아니다. 에이다는 유료 사용자의 요청을 처리하는 과정에서 오류가 발생하는 게 더 큰 문제라고 생각한다. 부담이 더 크기 때문에 자동화의 문턱이 더 높다.

에이다는 사용자의 요청과 의도에 대한 데이터를 수집함으로써 더 많은 자동 워크플로를 생성한다. 비밀번호 외에도 신용카드 갱신과 다양한 기술적 문제를 추가할 수 있다. 에이다는 유료 서비스에 가입하거나 더 좋은 서비스로 업그레이드하려는 전화도 구별할 수 있다.

이제 판단이 특히 중요하다. 유료 서비스 구매 전화에서 오류가 생기는 것은 비밀번호 수정 요청 전화에서 오류가 생기는 것보다 그 여파가 더 크다. 효과적인 대처를 위해 에이다는 사용자의 요청마다 자동화 여부를 결정하는 의사 결정 프로세스와 데이터가 필요하다. 그래서 의사 결정에 따르는 지배력의 일부가 고객 서비스 부문에서 회사 경영진과 에이다의 엔지니어들에게로 옮겨간다. 소비자 의도에 대한 예측이 개선되면 자동화 여지가 커진다. 그러나 그 자동화의 가치는 그 편익과 오류 발생의 비용을 따져보는 인간의 판단에 달려 있다. 이 모든 것을 제대로 해내려면 데이터 수집, 의사 결정, 책임 분배에서 시스템 차원의 변화가 꼭 필요하다.

이제 운이 따를 것 같아?

기계의 지배와 관련한 두 번째 두려움은 쇼핑에서 투표를 위한 선택에 이르기까지 종합적 이해와 의사 결정을 위해 우리가 참조하는 정보를 이제 예측 기계가 빈번하게 다룬다는 것이다. 인간에게 정보를 제공하는 예측 기계가 늘어나면 인간은 점차 힘을 잃을까? 이번 장에서 살펴보겠지만, 예측 기계와 인간은 일방적인 관계가 아니다. 물론 예측 기계는 정보를 제공하고 우리에게 영향을 미친다. 그러나 인간 역시 기계의 예측을 개선하는 데 필요한 정보를 가지고 있다. 즉, 경제적 관점에서 보면 기계(그리고 기계 소유자)가 더 우월한 지위에 있는 게 아니다. 기계 예측의 질을 유지하기 위해서는 인간이 필요하다. 따라서 인간 스스로 통제력이 없다고 느낄지라도 실상은 그보다 더 많은 통제력을 갖고 있다.

오늘날 슈퍼 인공지능에 가장 가까운 구글 검색을 살펴보자. 구글 검색은 예측 기계다. 여기에 질문을 하거나 더 알고 싶은 용어 몇 개를 입력하면, 구글 검색은 웹사이트를 뒤져 구글이 보기에 사용자가 가장 바랄 법한 사이트(때로는 수만 개에 달한다)를 순서대로 보여준다. 과거에는 이러한 순위를 정하는 데 페이지랭크(PageRank)를 사용했다. 페이지랭크는 래리 페이지(Larry Page)가 개발한 것으로 사이트마다 가중치 조정이 이루어지도록 하는 알고리즘이다. 현재 순위를 정하는 구글의 방식은 수천조 번의 검색과 클릭을 바탕으로 한 딥 러닝 기반 예측이다. 구글의 순위는 수많은 사용자가 지금까지 해온 검색을 참조할 뿐 아니라, 사용자마다 맞춤형 순위를 제공하기 위해 해당 사용자 정보를 계속해서 갱신 및 활용하고 있다. 바로 사용자 한 사람을 위해서 말이다. 참으로 운도 좋다!

그러나 알고 보면 운이 좋다고 할 수도 없을 것 같다. 2개의 버튼만 보일 뿐 구글 검색의 결과가 홈페이지(www.google.com)에 다 나타나

그림 11-1 구글 홈페이지(2021)

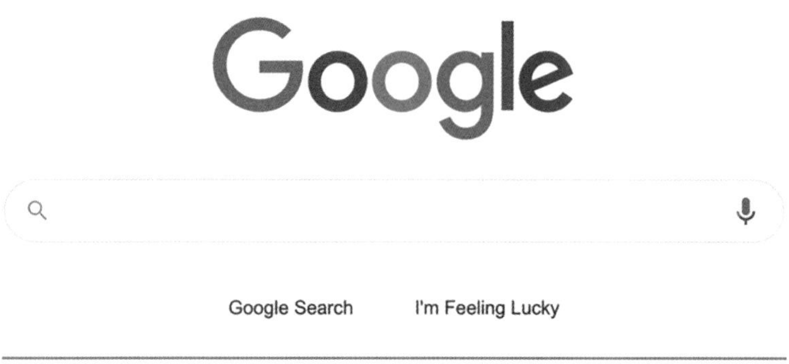

출처: Google and the Google logo are trademarks of Google LLC.

는 것은 아니기 때문에 사용자는 그 운을 알아채지 못할 수도 있다(그림 11-1 참조). 사용자가 검색어를 입력하고 '구글 검색'을 클릭하면, 광고와 함께 사이트들의 익숙한 순위 리스트가 나온다. 그런데 구글 검색 버튼 옆에 버튼이 하나 더 있는데, "이제 운이 따를 것 같아(I'm Feeling Lucky)"라고 쓰여 있다. 이 버튼을 클릭하면 가장 순위가 높은 웹사이트가 바로 뜬다. 그런데 이 버튼이 거의 사용되지 않는 걸 보면 자기한테 운이 따른다고 생각하는 사람이 얼마 안 되는 듯하다. 그리고 이 버튼의 검색 결과도 별반 신통치 않다.

그 버튼이 새로 생긴 것은 아니다. 초창기 구글 홈페이지에서도 볼 수 있다(그림 11-2 참조). 구글은 자사 홈페이지를 최대한 미니멀한 공간으로 유지하려 하면서도 이 버튼은 여전히 남겨두고 있다. "이제 운이 따를 것 같아"라는 버튼은 원래 구글의 공동 창립자 세르게이 브린(Sergey Brin)이 만든 것인데, 그는 구글을 출시하면서 구글 검색의 우수성을 알릴 방법으로 이것을 떠올렸다. 2007년 브린이 구글 사용자의 1퍼센트

그림 11-2 구글 홈페이지(1998)

출처: Google and the Google logo are trademarks of Google LLC.

에게만 운이 따른다고 말한 것은 이 버튼의 활용 비율을 언급한 것이다. 어느 추정에 따르면, 이 버튼을 유지함으로써 구글은 1억 달러의 광고 수입을 포기한 셈이다. 구글은 순전히 브랜딩 차원에서 사이트를 돋보이게끔 할 목적으로 (그렇지 않다면 인위적인 배치에 불과할) 이 버튼을 유지하는 것이다.[4]

사용자들은 얼마나 운이 따를 것 같지 않길래 이 버튼을 누르지 않는 것일까? 간단히 말해, 첫 번째 검색 결과가 대체로 만족스럽지 않기 때문이다. 사용자는 검색 결과의 첫 번째 페이지를 살펴보고 그중 하나를 고르고 싶지만 마땅한 게 없다고 생각할 것이다. 그러면 다시 돌아가 두 번째 링크를 고른다. 구글 입장에서는 이런 상황에 대처 방법이 달리 없을 수 있다. 누군가 구글 검색창에 예측 기계를 입력하고 운마저 따른다면, 그 사용자는 우리 필자들이 처음으로 공동 저술한 책의 웹사이트(predictionmachines.ai)를 찾을 수 있을 것이다. 그러나 사용자가 아마존에서 그 책을 구입할 생각이라면 어떻게 될까? 그런 경우에는 이 버튼이 구매 정보를 얻는 가장 효과적인 방법은 아닐 것이다. 또 책이 아니라 요약된 글을 원하는 경우라면 어떨까? 알다시피 구글이 사용자가 무엇을 하려는지 알 방도는 없다. 그걸 알 수 없다면, 구글은 최고의 예측을 사용자에게 제공하고 사용자가 그걸 판단해 프로세스를 마칠 수밖에 없다. 구글은 결정 기계가 되고 싶은 강한 열망이 있겠지만, 판단 없이는 그럴 수 없다. 따라서 구글은 예측 역할을 맡고 나머지는 사용자에게 맡기는 방도밖에 없다. 물론 사용자가 광고를 클릭하는 경우에도 이는 마찬가지다.

구글 검색 사례는 의사 결정의 자동화가 얼마나 어려운 것인지를 보여준다. 하지만 어려운 일이기는 해도 불가능한 것은 아니다. 이 글을 쓸 당시 구글은 사실 운이 따랐다. 음성 검색을 지원하자 사용자들이 검색 엔진에 완전한 구문 형식을 갖춘 요청을 더 많이 하고 있다. 구글은 이러한 요청에 확률적으로 더 확실한 응답을 할 수 있다. 따라서 빈번한 요청 또는 사용자의 의도가 뚜렷이 드러나는 요청에 대해 대부분 음성 검색과 그 밖의 검색에서 분명한 응답을 제공하므로 사용자는 추가 정보를 구하기 위해 사이트를 더 방문할 필요가 없다. 그렇지 않은 경우에는 음성 검색을 활용할 때 인간인 사용자에게 결정을 맡기는 화면을 보여준다. 아마존 알렉사(Alexa)나 애플 시리(Siri)의 음성 검색도 똑같이 작동한다. 이 프로세스는 에이다의 프로세스와 유사하다. 상황이 이렇게 되면 구글의 예측 기계는 인간의 선택을 살펴보고 나서 그 정보를 이용해 기계의 예측을 개선한다. **인간이 그 시스템에서 핵심인 것이다.**

예측이 만족스럽고 그에 따라 취해야 할 판단과 조치가 뻔한 경우라면 자동화는 가능하다. 하지만 그런 상황이 아니면 인간에게 판단이 맡겨질 텐데, 이런 프로세스를 '예외 판단'이라고 부른다. 저술가 저넬 세인(Janelle Shane)이 언급한 대로 인공지능은 상황과 목적에 제약 조건이 많을수록 더 잘 작동한다.[5] 인공지능 솔루션에서는 통상적으로 새로운 상황이 발생하면 이에 맞는 판단을 내리도록 되어 있다. 하지만 솔루션에서 예상하는 상황의 집합마저도 충분히 복잡하기 때문에 예상치 못한 새로운 상황에서 인공지능이 하는 추천에는 언제나 문제가 있을 수밖에 없다.

이로부터 우리가 내릴 수 있는 결론은 상대적으로 흔히 일어나는 상황의 경우에는 이에 맞는 판단을 코드로 작성할 수 있다는 것이다. 판단을 코드로 작성해 자동화 프로세스에 삽입하면 만족스러운 결과를 얻을 수 있을 것이다. 하지만 그렇지 않다면, 즉 상대적으로 흔하지 않은 경우라면 판단을 코딩하는 게 불가능하다. 이처럼 코딩이 불가능한 상황도 있다는 사실을 안다면, 모든 상황에 대응할 수 있는 자동화 기계를 기대하기보다는 경우에 따라 인공지능과 인간이 번갈아 판단하는 하이브리드 솔루션이 더 적합할 것이다. 핵심은 코드화한 판단에서 벗어나는 상황이 발생하면 이를 인간에게 알려 인간이 결정하게끔 하는 것이다.

되새겨보면 인공지능의 예측은 불완전하다. 오류의 위험을 관리하기 위해서는 두 단계의 대처가 필요하다. 첫째, 사전적으로는 일어날 법한 상황에 대처하기 위해 각각의 상황에 따라 기계가 할 일을 정해둔다. 둘째, 사후적으로는 모든 상황을 감당할 수 없다는 사실을 인정하고 인간이 개입해 판단하는 것에 의지한다. 인공지능 예측의 개선과 함께 우리는 인간의 능력을 이러한 판단에 더욱 쏟아야 할 것이다. 결국은 예외적 상황이 발생할 수 있기 때문에 인간과 기계의 협력을 전제하는 시스템 디자인이 반드시 필요하다.

대규모 처리를 위한 판단에 따르는 책임

때때로 미리 판단을 명시해 의사 결정 프로세스를 완전히 자동화하는 것이 가능하다. 신용카드를 사용하면 그 거래의 승인 여부를 결정하는 알고리즘이 작동한다. 어떤 거래를 승인할지 여부는 신용카드를 사용하기 전에 이미 결정되어 있다.

인공지능은 결코 이러한 판단을 할 수 없고, 또 이러한 판단은 중앙집중적인 방식이 아니면 실행할 수도 없다. 오히려 판단은 수많은 승인 결정에 앞서 미리 정해져 있으며, 대규모 처리를 위해 코드로 작성되어 있다. 기계는 의사 결정을 하지 못하며, 의사 결정자가 바뀌도록 할 수 있을 뿐이다. 의사 결정이 필요한 순간에 결정을 내리는 개인이 구체적인 결정에 적용할 우선순위를 판단하는 개인으로 바뀌는 것이다.

이는 노동자를 해고하는 기계에 대한 관념이 큰 파장을 낳는 이유를 다시금 떠올리게 한다. 기계는 사람을 해고할 수도, 채용할 수도 없다. 대신에 기계가 예측을 이용해 선택할 때 그 기준을 정하는 판단은 인간(또는 일부 인간들)이 한다. 더 일반적으로 말해서 인간은 기계 때문에 일자리를 잃는 게 아니라 기계가 그렇게 하도록 누군가 기준을 정해 프로그래밍했기 때문에 일자리를 잃는 것이다.

결국 인간의 행동에 따른 결과임에도 어째서 기계만 그저 비난하는 상황에 이르게 된 것인가? 역설적이게도 프리드리히 폰 하이에크(Friedrich von Hayek)가 주목한 자본주의의 주요 특징 중 하나는 자본주의의 작동이 개별 의사 결정자에게 맡겨져 있다는, 우리 표현으로는 개별적 판단이 선택의 기준이 된다는 것이다. 역사학자 루이스 멈포드(Lewis Mumford)가 지적했듯 자본주의의 일부 특징 때문에 중립적 중개자일 뿐인 기계가 인간 생활에 개의치 않을뿐더러 인간의 사정에 무심하다는 이유로 종종 사회악 취급을 받는다. 기계가 자본주의의 죗값을 대신 치르고 있는 것이다.[6] 정말로 **자본주의**라는 이 대단한 개념은 힘을 가진 기계를 떠올리게 한다. 실제로는 **그만한 힘을 가진 기계가 그런 판단을 하도록 프로그래밍하는 것은 바로 인간**인데 말이다. 이 인간들에게 책임이 있고, 이를 인정하는 법률적·제도적 시스템이 필요하다.

기계 자동화의 문제점은 의사 결정에 궁극적으로 책임 있는 인간이 잘 드러나지 않는다는 것이다. 판단을 코드로 작성한다는 것은 개인의 의사 결정이 어마어마한 파장을 낳을 수 있음을 의미한다. 여러 가지 이유로 우리는 의사 결정의 책임자를 알고 싶어 한다. 결국 져야 할 의무도 없고 누군지도 모른다면 무슨 수로 의사 결정의 책임을 물을 수 있단 말인가? 의사 결정을 해야 하는 일이 닥쳐야 판단을 하는 상황에서 의사 결정에 앞서 판단을 코드로 작성하는 상황으로 옮겨갈 가능성이 보일 때, 새로운 시스템 디자인의 필요성이 뚜렷해진다. 이에 대해서는 13장에서 상세히 분석할 것이다.

기계가 지배한다는 주장의 실체를 밝힌 후 우리는 기계 통제에 대한 두려움에 동반되는 인공지능의 또 다른 측면, 즉 피드백을 다룰 것이다. 예측 기계는 학습 기계다. 일부 환경에서는 예측 기계가 스스로 학습하고 업데이트하도록 프로그램할 수 있다. 이는 예측 기계의 핵심 가치다. 예측 기계는 상황 변화에 맞추어 진화할 수 있다. 그러나 동시에 지배력에 관한 한 선두에 선 기계는 꾸준히 그 자리에 머물 수 있다. 그 결과 후발 주자들의 추월이 더욱 어렵다. 인공지능을 수용한 조직에 지배력이 집중될 가능성에 대해서는 다음 장에서 살펴볼 것이다.

핵심 요약

- 기계는 의사 결정을 할 수 없다. 그러나 사람들은 기계가 의사 결정을 한다고 착각할 수 있다. 판단을 프로그래밍화한 덕분에 마치 기계가 결정하는 것처럼 보이는 것이다. 인공지능은 예측을 하며, 의사 결정의 자동 실행을 위해서는 코드로 작성한 인간의 판단이 필요하다.
- 인공지능의 예측은 불완전하다. 오류 위험을 관리하기 위해서는 두 단계의 대처가 필요하다. 첫째, 인공지능을 사용하기 전에는 일어날 법한 상황에 대처하기 위해 각각의 상황에 따라 기계가 할 일을 정해둔다. 둘째, 인공지능을 사용하면서부터는 인공지능의 예측이 신뢰도가 낮거나 그 판단을 코드화할 수 없는 경우 인간의 개입에 의지한다.
- 기계는 지배할 수 없지만 의사 결정을 대규모로 처리해 지배력을 만들 수 있으며, 그럴 경우 의사 결정을 위한 판단의 주체와 실행 방식이 바뀌는 지배력의 이동이 불가피해진다. 인공지능에 기반한 시스템에서는 판단이 의사 결정에서 분리되어 독립적으로 이루어질 수 있다. 의사 결정을 하기 위해 판단이 개별적으로 이루어지는 상황에서 그러한 판단을 코드로 작성해 소프트웨어에 삽입하면 다음의 결과에 이를 수 있다. (1) 대규모 처리가 진행되며, 결국 시장 점유율의 변동이 일어나면서 지배력의 이동이 발생한다. (2) 의사 결정자가 바뀌며, 결국 판단을 내리던 기존 의사 결정자로부터 자동 처리를 위해 판단하는 사람 또는 판단의 자동 실행이 가능한 시스템 소유자에게로 지배력이 옮겨간다.

12

누적되는 지배력

시스템 수준의 혁신은 힘든 일이다. 그럼에도 당신의 경쟁자가 혁신 해결책을 모색하며 고난과 대가를 남김없이 치르는 걸 지켜보다가 그들이 해결책을 찾으면 재빨리 그걸 모방하지 않는 이유는 무엇인가? 그것은 인공지능이 선점한 자에게 우위를 부여하기 때문이다. 인공지능은 더 빨리 배치될수록 더 빨리 학습을 시작할 수 있다. 인공지능이 더 많이 학습할수록 예측 정확성은 더욱 높아지며, 정확성이 개선될수록 새로운 시스템의 효율성도 더 높아진다. 누적 효과가 발현되기 시작하는 것이다. 이 플라이휠(flywheel) 효과 때문에 일부 벤처 캐피털이 유아기에 머무는 듯 보이는 인공지능 프로젝트에 공격적으로 투자하는 것이다. 학습은 데이터를 통해 이루어지며 선점자의 이익은 데이터의 피드백 구조에서 얻어진다.

벤치사이(BenchSci)는 의학 분야에서 인공지능을 활용하는 회사다. 사업 목표는 신약 개발 기간을 단축하는 것인데, 구체적으로는 과학자들이 방대한 연구 문헌과 제약 회사의 내부 데이터베이스에 담긴 특정 정보, 즉 건초 더미 속에서 바늘을 찾도록 돕는 것이다. 임상 시험에 앞서 신약 후보 물질을 확인하기 위해 과학자들은 실험을 해야 하는데, 벤치사이는 과거의 방대한 실험들을 효과적으로 통찰하면 실험 횟수를 줄이면서 성공률은 높일 수 있다는 걸 깨달았다.

읽고, 분류하고, 통찰을 제시하는 머신 러닝을 이용하여 벤치사이는 전(前) 임상 시험 단계에서 통상 요구되는 신약 실험 횟수를 절반 수준으로 줄일 수 있었다. 적절한 수단(이 경우에는 단백질 발현 시스템에서 필수 도구인 생물학적 시약)을 아무런 준비 없이 다시 찾기보다 공개된 문헌에서 찾아내 신약 후보의 생산 기간을 대폭 단축할 수 있었던 것이다. 벤치사이는 그 덕분에 잠재적 비용을 모두 합해 연간 170억 달러를 절약했다. 연구 개발에서 거두는 수익이 갈수록 줄어들어 미미한 수준에 머무는 산업에서는 이만한 액수로도 시장 판도를 바꿀 수 있다. 게다가 신약을 시장에 더 빨리 출시해 많은 생명을 구할 수도 있다.

여기서 가장 놀라운 것은 벤치사이가 하는 일이 구글이 하는 일이기도 하다는 것이다. 검색이 바로 그것이다. 다만 벤치사이의 검색은 특정 분야에서만 이루어진다. 머신 러닝이 없었다면 벤치사이는 출간된 생물의학 연구 논문을 처리할 수 없었을 것이며, 고객에게 비용 절감을 안겨줄 연구 방법을 제공할 수도 없었을 것이다. 여러분이 구글의 도움으로 식기세척기를 고치기 위해 도서관을 전전하지 않고 그 방법을 알아내듯 벤치사이는 과학자들이 일련의 실험을 하지 않고서도 적당한 시약을 발견하도록 돕는다. 벤치사이가 등장하기 전까지 과학자들은 흔히 구글이나 펍메드(PubMed)의 검색 엔진을 이용해 문헌을 뒤지고(며칠이 걸린다), 그것들을 읽고(며칠이 걸린다), 시약을 하나 선택하기 위해 3~6개의 시약을 주문하고 실험한다(몇 주가 걸린다). 하지만 이제는 벤치사이를 검색하고(몇 분이 걸린다), 시약 선택에 앞서 1~3개의 시약을 주문하고 실험한다(실험 횟수와 기간이 줄어든다).

벤치사이이는 구글과의 경쟁을 염려해야 할까? 그런 걱정은 사업을 보호할 방어막을 구축하는 능력에 달린 문제이지만, 결국은 인공지능을 바탕으로 하는 데이터의 성격에 좌우된다.[1]

데이터와 예측 사업

인공지능을 가지고 경쟁에 뛰어들 만한 능력이 있는지 파악하려면 우선 개선되고 더 낮은 비용으로 예측을 제공할 능력이 있는지부터 따져 보아야 한다. 요술 지팡이를 휘둘러 인공지능을 얻을 수는 없다. 필요한 일은 예측을 구성하는 요소들 및 그 요소들의 연관성에 필수적인 데이터를 찾아내고 이용하는 것이다.

따라서 예측 사업은 필요한 데이터와 효율 그리고 비용에서 앞선 알고리즘을 획득하는 일이다. 그런데 이런 데이터와 알고리즘을 어디에서 얻을 수 있을까? 알고리즘의 경우를 생각해보자. 예측 알고리즘을 구축하기 위해서는 이 모델을 입력 데이터(예를 들어, 그림)와 출력 데이터(예를 들어, 그림 속 대상에 대한 텍스트 설명)로 훈련시켜야 한다. 이를 위해서는 학습용 데이터가 필요한데, 학습용 데이터의 질이 좋을수록 단번에 예측 알고리즘의 효과도 높아진다. 많은 기업이 직면하는 핵심 문제는 필요한 학습용 데이터를 만들든(가령 분류 문제 전문가를 고용함으로써) 다른 곳에서 입수하든 그걸 얻어야 한다는 것이다(가령 건강 기록에서).

학습용 데이터는 이야기의 시작일 뿐이다. 인공지능이 다른 도구와 구별되는 점은 학습할 수 있다는 것이며, 많이 학습할수록 그 효과는 더욱 커진다. 인공지능은 피드백 데이터로 학습을 하는데, 이 데이터마저 흡수해서 예측을 한다. 그런 다음 인공지능은 예측이 실현되었는지 지켜본다. 실현되었다면 인공지능 알고리즘은 신뢰를 얻는다. 예측이 기대에 어긋났다면 인공지능은 앞으로 예측을 개선할 방안을 학습한다.

인공지능 모델은 빈번하게 최신 데이터를 바탕으로 재학습해야 한다. 그 배경인 환경이 변하기 때문이다. 내비게이션 앱의 경우 도로가 달라지거나 어느 지역에서 인구 이동이 일어났을 때를 생각해보면 이를 쉽게 이해할 수 있다. 소비자 습관의 변화에 따라 달라지는 타깃 광고의 경우도 마찬가지다. 따라서 인공지능 모델은 시간이 지나면 구식이 되어버리고 예측이 형편없어진다.

환경이 변할 때마다 그에 맞는 새로운 데이터를 목적에 맞게 수집함으로써 이 문제를 해결하는 제한적인 방법이 있지만, 끊임없이 변하는 환경 속에서 예측의 정확성을 유지하는 경쟁력 있는 가장 유의미한 방법은 우리가 말하는 **피드백 데이터**를 써서 모델을 지속적으로 업데이트하는 것이다. 피드백 데이터는 예측의 성과를 계속 측정함으로써 만들 수 있다. 예측의 정확성과 관련된 정보를 독립적으로 수집해 이 정보를 예측을 낳은 입력 데이터와 비교함으로써 예측의 성과 측정이 이루어진다. 이런 방법으로 알고리즘을 업데이트하는 데 이용할 피드백 데이터를 얻는 것이다.

예를 들어, 보안용으로 폰에서 사용자의 얼굴 이미지를 사용하려면 우선 사용자를 인식하도록 폰을 학습시켜야 한다. 그런데 그 후에는 얼굴이 변하더라도 반드시 사용자 인식을 다시 해야 하는 것은 아니다. 안경을 쓰거나, 수염이 자라거나, 화장을 하는 상황이 발생해 사용자를 알아보는 예측 능력의 신뢰성이 낮아질 수 있지만, 폰은 잠금 해제가 이루어질 때마다 확인되는 얼굴 이미지를 활용해 알고리즘을 업데이트한다. 학습 데이터가 모두 한 사람의 사용자와 관련한 것이기 때문에 폰에서는 이런 방식이 가능하다. 다른 상황이라면 학습 데이터를 입력 데이터 및 많은 사용자로부터 얻은 예측 결과와 함께 업데이트해야 한다. 그런 경우 불가피하게 개인 프라이버시 문제가 발생할 수 있고, 다양한 원천의 정보를 결합시켜야 하는 문제도 등장한다.

요약하면, 예측 수준을 유지하기 위해서는 쓸 만한 알고리즘과 함께 입력 데이터에 대한 접근성을 갖추어야 한다. 그런데 많은 경우 피드백 데이터에 대한 접근성도 요구된다. 당연하게도 데이터 전략이 경쟁력의 지속 가능성을 결정할 것이다. 어떤 경우 선점자의 우위가 상당히 클 수 있는 이유는 고품질의 예측이 더 많은 사용자를 끌어모으고, 그 결과 더 많은 피드백 데이터를 제공하며, 이것이 다시 예측을 개선하고 한층 더 많은 사용자를 끌어모으기 때문이다. 이렇게 되면 피드백 데이터를 수집해 모델에 반영하지 못하는 경쟁자는 선점자를 결코 따라잡을 수 없다. 이처럼 피드백 구조 덕분에 선점자가 우위를 누릴 수 있는 것이다.

최소 가능 예측

이러한 선점자 우위는 시장에 진입하기 위해 갖추어야 하는 예측의 질에 달려 있다. 제조업 경제에서 공장은 흔히 시장 진입에 충분한 만큼의 원가 경쟁력을 갖출 수 있는 최소 규모로 건설된다. 그 이유는 공장 크기와 마찬가지로 제조업에서 단위당 평균 비용이 특정 생산량에 이를 때까지 감소하기 때문이다. 그 생산량을 '최소 효율 규모'라고 부른다.

인공지능에도 역시 최소 효율 규모가 있다. 그러나 이 규모는 공장에서처럼 생산 능력에 달린 문제가 아니라 학습용 데이터에 달린 문제이며, 그 규모의 측정은 단위 비용을 두고 이루어지는 것이 아니라 예측의 정확도를 두고 이루어진다. 시장에서 인공지능의 성공은 예측의 정확성에 달려 있기 때문이다. 예측이 유용하려면 상업적 실행 가능성이 있을 만큼의 질을 갖추어야 한다. 최소 예측 정확도에 영향을 주는 요소로는 규정(예를 들어, 진단을 목적으로 인공지능에 기반해 의학적 결정을 하는 경우 필수적인 최소 예측 정확성), 편리성(예를 들어, 이메일 자동 응답 서비스에서 가상 부동산의 보증에 이르기까지 그에 필요한 최소 예측 정확성), 경쟁〔예를 들어, 검색 시장에 진입해 구글 및 빙(Bing)과 경쟁하기 위해 필수적인 최소 예측 정확성〕 등이 있다.

정확한 인공지능 프로그램을 작성하는 데에는 물리적 자산에 대한 큰 투자가 필요하지 않다. 소프트웨어는 자본 집약적 사업이 아니다. 큰 장애물은 데이터다. 인공지능이 정확해지려면 충분한 데이터가 필요하다. 이러한 최소 효율 규모에 이를 만큼 데이터를 수집하기 위해서는 시간과 노력이 든다. 선점자의 이익은 상업적으로 유용한 예측을 얻는 데 쏟아야 하는 노력의 정도에 달려 있다.

때때로 최소 효율 규모에 이를 만큼 데이터를 수집하는 데 큰 노력이 필요하지 않을 수 있다. 인터넷 검색 초창기에 사용자들은 검색 엔진의 오류에 관대했다. 검색 엔진이 복수의 링크를 제시하면 사용자가 이를 살펴보고 가장 나은 링크를 선택할 수 있었다. 검색 엔진이 무관한 링크를 보여주어도 그 때문에 손해를 보는 일은 없었던 것이다. 상업적 인터넷 도입 초기에는 이러한 점 때문에 검색 엔진이 난립하기도 했다. 각각의 엔진은 최상의 검색 결과를 찾는 고유한 방법을 갖추었다고 주장하며 치열한 경쟁을 펼쳤다.

반면, 자율 주행 자동차의 경우 오류에 대한 사용자의 허용치는 낮다. 사람의 목숨이 걸려 있으므로 인공지능이 사람보다 더 나아야만 하는 것이다. 그래서 이러한 인공지능을 먼저 구축한 기업은 초기에 경쟁을 거의 겪지 않는다. 인공지능 구축에 필요한 데이터의 규모 때문에 그렇다. 인공지능이 최소 효율 규모에 빨리 도달할수록 예측에서 수익을 더 빨리 창출할 수 있기 때문에 시급함의 문제는 있다.

그렇지만 최소 효율 규모에 먼저 도달해 이익을 얻더라도 시장이 빠르게 성장하면 그 이익은 오래가지 못한다. 다른 기업 역시 예측 모델을 구축하기 위한 데이터의 규모가 그 수준을 넘기만 하면 된다. 최소 효율 규모에 먼저 도달하는 게 지속적으로 이익을 누리는 데 충분한 조건은 아닌 것이다.

그 이유는 기술적으로 데이터에 수확 체감의 법칙이 작용하기 때문이다. 10번째 관찰에서 얻는 정보가 100번째 관찰에서 얻는 정보보다 더 많은 법이다. 관찰을 늘릴수록 새로운 관찰이 예측의 질에 미치는 영향은 갈수록 줄어든다.

데이터에서 장기적 이익을 얻으려면 선점자는 피드백 데이터 같은 더 중요한 경제적 요인을 자신에게 유리하도록 활용해야 한다. 현장에서의 운영을 통해 자신의 예측을 직접적으로 개선할 피드백 데이터를 수집함으로써 경쟁자를 더욱 뒤처지게 할 수 있다. 이익은 선점 자체에 달린 것이 아니다. 선점으로 피드백 데이터의 수집이 가능하기 때문에 이익을 얻는 것이다.

선점은 또한 데이터를 최대한 이용하는 데 필요한 하드웨어와 인력에 대한 투자에 동기를 부여한다. 초기 시장 진입자들 사이의 경쟁은 하드웨어와 인력에 대한 투자를 가속화하며 질을 개선하고 후발 주자들로 하여금 끼어들 엄두를 못 내게 만든다. 기술 집약적 산업에서는 초창기 리더가 산업을 지배한다. 먼저 자리 잡은 기업이 계속해서 상품을 개선하기 때문에 후발 기업은 경쟁에 필요한 학습과 연구 개발 투자는 엄두도 내지 못한다. 예를 들어, 한때 상업용 항공기 제작사가 많이 있었는데, 오늘날에는 보잉 및 에어버스와 성능, 안전성, 비용의 효율성 차원에서 경쟁 가능한 항공기 제작사를 설립하려면 수천억 달러는 족히 들 것이다.

런던 정치경제대학 교수 존 서턴(John Sutton)은 자신의 책 《기술 및 시장의 구조(Technology and Market Structure)》에서 제약부터 반도체, 액상 크로마토그래피(chromatography)에 이르는 사례 수십 가지를 보여주었다. 기술이 꾸준하게 발전하면 사실상 시간의 흐름에 따라 최소 효율 규모도 커진다. 이 증가분(서턴은 이를 '내생적 매몰 비용'이라고 부른다)이 장기적인 시장 지배력으로 이어질 수 있으며, 따라서 선점자에게 매우 큰 이점이 된다.

온라인 광고와 검색 시장에서도 같은 일이 벌어졌다. 광고가 실린 전화번호부나 신문과 비교해 구글은 누가 언제 무엇을 원하는지 뛰어난 예측을 하고, 이 덕분에 타깃 광고가 가능하다. 광고와 구매를 연결시킴으로써 구글은 피드백 구조로부터 혜택을 입을 수 있으며, 이 시스템은 예측의 정확성 여부를 학습해(이후 그 모델을 업데이트한다) 그 어떤 신흥 주자의 추격도 어렵게 만든다. 1990년대 검색 엔진 시장에서 상대적으로 낮은 최소 효율 규모가 요구되었음에도 구글의 지속적인 개선(하드웨어, 인력, 데이터에 대한 투자)은 결국 오늘날 새로운 검색 엔진의 시장 진입을 대단히 어렵게 만들었다.

신속한 피드백 구조

시장에 인공지능을 먼저 선보일 수 있다면, 그 인공지능은 고객으로부터 데이터를 수집할 수 있다. 이 데이터는 인공지능의 예측을 더욱 개선하고 선순환 구조를 이루면서 잠재적 경쟁자에 대한 진입 장벽을 만들어낸다. 이러한 피드백 구조가 충분히 신속하게 작동하면 시장 선도를 가속화할 수 있으며, 이 데이터는 예측의 개선을 지속적으로 달성한다.

이런 식으로 예측 기계는 지금까지 인간만이 누리던 장점, 즉 결과에서 배우는 법을 추가한다. 인공지능이 학습을 통해 우위를 유지하는 것의 한계는 피드백의 지연과 관련이 있다. 생명보험의 사망률 예측에 대한 피드백은 수십 년 동안 지연될 수 있다. 이러한 경우 느린 피드백 구조 아래서 시장 선도 기업의 예측 능력은 선두를 유지하는 능력의 차원에서 보면 한계를 맞이할 것이다. 그러나 예측 이후에 피드백 데이터를 빨리 생성할 수 있다면 시장 선도는 시간이 지남에 따라 한층 강화되고, 따라서 경쟁 우위 또한 지속될 것이다.

마이크로소프트가 2009년 검색 엔진 '빙'을 출시하면서 회사 차원의 지원을 퍼부으며 수십억 달러를 투자했다. 그런데 10년이 더 지난 오늘날 빙의 시장 점유율은 구글에 비할 바가 못 된다. 검색량뿐 아니라 광고 수입도 마찬가지다. 빙의 추격이 그토록 힘겨운 이유 중 하나는 피드백 구조였다.[2] 검색에서 예측(검색창 문의에 대해 복수의 관련 링크가 담긴 페이지 보여주기)과 피드백(사용자가 그중 링크 하나를 클릭하는 것) 사이에 걸리는 시간은 무척 짧다. 대개 몇 초도 걸리지 않는다. 그런 상황에서는 피드백 구조가 강력한 힘을 발휘한다. 구글은 인공지능 기반 검색 엔진을 오랫동안 운영하면서 날마다 어마어마한 사용자와 검색량을 처리했다. 그 결과 더 많은 데이터를 수집하고 각각의 선호를 더 빨리 학습했다. 새로운 내용이 온라인에 지속적으로 업로드됨으로써 검색 공간 또한 지속적으로 팽창했다. 사용자가 검색창에서 문의할 때마다 구글이 상위 10개의 링크에 대한 예측을 보여주면 사용자는 그중 가장 나은 것을 선택했다. 이것으로 구글은 예측 모델을 업데이트할 수 있었다. 검색 공간이 지속적으로 팽창하는 가운데 학습이 계속 이루어지도록 함으로써 말이다. 넘치는 사용자와 넘치는 학습 데이터 덕분에 구글에서는 새로운 사건이나 트렌드를 빙보다 더 빨리 검색할 수 있었다. 결국 이런 신속한 피드백 구조를 바탕으로 대규모 데이터 처리 시설 같은 보조적인 자산에 투자를 지속하면서 구글은 시장 우위를 유지했고, 빙은 결코 구글을 넘어설 수 없었다. 이것은 또한 한때 구글 및 빙과 경쟁했던 다른 검색 엔진들이 명함도 내밀지 못할 상황에 처했다는 걸 의미했다. 오늘날에는 개인 정보 수집을 포기한 덕덕고(DuckDuckGo) 같은 검색 엔진만이 틈새시장에서 미미한 역할을 하는 정도다.

신속한 피드백 구조는 만일 경쟁자가 이미 그러한 피드백 구조에서 이득을 얻고 있다면 그 예측이 빠르게 개선되고 있다는 의미이기 때문에 마치 경주와 같은 상황을 빚어낸다. 신속한 피드백 구조는 서턴이 말한 내생적 매몰 비용의 크기를 키운다. 뒤처지면 따라잡을 수 없게 되는 것이다. 뉴욕시를 안전하게 다닐 수 있는 차량의 인공지능을 생각해보자. 일단 이 인공지능이 규제 당국의 승인을 얻으면 계속해서 데이터를 수집하고 개선에 개선을 거듭할 것이다. 이어 또 다른 인공지능이 승인을 받았다고 해보자. 이 인공지능은 양과 질에서 동일한 데이터를 얻지 못할 것이다. 앞의 제품만큼 좋을 가능성은 더 낮다. 실제로 비용 우위도 없고 예측 품질도 낮다면, 소비자는 후발 인공지능을 외면할 게 자명하다.

따라서 신속한 피드백 구조에서는 경주가 벌어진다. 선점자에게 큰 이익이 따를 수 있으므로 기업들이 플라이휠 효과를 누리기 위해 경쟁적으로 투자하는 것이다. 이런 관점에서 보면, 아직 설익어 보이는 인공지능에 대규모로 투자하는 것이 더욱 이해된다. 제너럴 모터스는 자율 주행 스타트업 크루즈(Cruise)를 인수하는 데 10억 달러를 투자했다고 한다. 얻은 것이라곤 프로토타입과 직원 수십 명뿐인데 말이다.[3] 제너럴 모터스가 이런 거액을 투자한 이유는 무엇이겠는가? 신속한 피드백 구조와 내생적 매몰 비용이 자리 잡은 곳에서 플라이휠 효과가 발동되기 시작하면 후발 주자는 누구도 따라잡기 어렵기 때문이다.

차별화된 예측

경쟁하는 상품은 대개 차별화되어 있다. 일반적으로는 주 고객층인 소비자 그룹이 다르다. 예를 들어, 코카콜라와 펩시코(PepsiCo)는 둘 다 콜라를 팔지만 맛도 다르고 브랜드 이미지도 다르다. 이와 비슷하게 BMW와 메르세데스-벤츠는 경쟁 상품인 고급 승용차를 팔지만 스타일과 특징이 다르다. 즉, 브랜드 이미지와 특징이 각기 다른 대상에게 어필한다. 이런 상황에서는 '더 좋은 것'을 정의하는 게 쉽지 않다. 코카콜라가 펩시보다 본질적으로 더 좋은 것은 아니며, 그냥 어느 정도 서로 다를 뿐이다. 상품이 차별화되면 유일한 지배적 공급자가 존재하지 않고 경쟁자들에게도 여지가 생긴다. 코카콜라와 펩시가 등장한 지 100년이 더 지났지만 새로운 소프트드링크, 레드 불(Red Bull), 어니스트티(Honest Tea) 같은 상품도 틈새시장을 찾아 번성할 수 있었다.

이와 비슷하게 일부 인공지능 역시 매력을 느끼는 그룹이 다를 것이다. 콜센터를 챗봇으로 바꾸려는 기업을 생각해보자. 일단 챗봇이 사용하기 적합하다고 여긴다면 가장 좋은 챗봇을 정의하는 방식에는 여러 가지가 있다. 기업이 다르면 니즈도 다르다. 어떤 기업은 챗봇에 신속한 응답 효율성을 바랄 수 있다. 어떤 기업은 문의가 오면 수익 창출로 이어지도록 판매에 초점을 둘 수 있다. 또 어떤 기업은 챗봇이 사람들을 진정시키고 분을 삭이도록 만드는 데 관심이 있을 수 있다. 아마도 더 좋은 챗봇을 어떻게 정의하는가에 따라 수십 개의 챗봇 기업이 존재할 것이며, 여기에는 기존 시장과 구별되면서 잠재적으로 이익을 기대할 수 있는 틈새시장의 소규모 주자들 역시 포함될 것이다.

이와 연관된 사례로 흑색종 검사가 있다.[4] 유럽에서 개발된 인공지능이 사용하는 데이터에는 다른 인종에 비해 밝은색 피부를 가진 사람들에게서 얻은 데이터가 압도적으로 많이 포함되어 있다. 반면, 아시아에서 개발된 인공지능은 아시아인 환자의 데이터베이스를 이용한다. 이처럼 인공지능은 차별화된다. 유럽의 인공지능은 코카서스인에게 더 좋고, 아시아의 인공지능은 아시아인에게 더 좋다. 대개 '더 좋은' 것은 '더 정확한' 걸 의미하지만, 어떤 환경에서 정확하더라도 다른 환경에서는 그렇지 못할 수 있기 때문에 인공지능은 차별화되어 있다.

소프트드링크, 챗봇, 흑색종 검사와 달리 대부분의 인공지능은 오직 질을 기준으로 차별화된다. 더 좋은 예측이라고 말하려면 명백히 측정할 수 있어야 한다. 다른 산업에서처럼 예측의 질을 잘 정의할 수 있다면 최고 품질의 상품은 상대적으로 더 큰 수요가 있을 것이다. 그러나 인공지능 분야가 다른 산업과 구별되는 것은 품질과 비용의 관계 때문이다. 저품질 신발 판매자는 살아남기 위해 가격을 낮추어야 한다. 하지만 인공지능에서는 이것이 어렵다. 인공지능의 바탕은 소프트웨어다. 일단 인공지능 모델이 구축되면, 고품질의 예측 한 단위를 생산하는 비용이 저품질의 예측 한 단위를 생산하는 비용과 동일하다. 고품질 예측과 저품질 예측 사이에 비용 차이가 없다면, 소비자 입장에서는 저품질 예측을 구매할 이유가 전혀 없다.

앞서 말한 대로 구글은 누구보다 많은 데이터를 보유하고 신속한 피드백 구조를 갖춤으로써 이익을 얻는다. 하지만 이것만으로는 우위를 달성하기에 충분하지 않다. 구글이 더 좋은 검색 서비스라는 것을 소비자에게 분명히 보여주어야 한다. 구글과 빙은 흔한 검색어의 경우 비슷한 결과를 보여준다. **날씨**라는 검색어를 구글과 빙에 입력하면 그 결과가 대동소이하다. 빙의 약점이 드러나는 대목은 흔치 않은 검색어를 입력하는 경우다. 가령 **판도 변화**(disruption)라는 말을 입력해보자. 이 글을 쓰는 지금도 빙의 첫 페이지는 오직 사전적 정의만을 보여줄 뿐이다. 반면, 구글은 그 정의와 함께 와해성 기술 연구에 대한 링크를 보여준다. 빙이 일부 분야에서는 따라잡았지만 나머지 분야에서는 그렇지 않다. 그리고 빙이 구글에 비해 일반적으로 우월하다고 평가받는 카테고리는 하나도 없다. 검색에서 '더 좋다'는 의미는 사용자가 클릭하고 머무를 가능성이 더 높은 링크를 찾아낸다는 뜻이다. 이는 모든 사용자에게 해당하는 것이다. 사용자마다 최고의 링크가 다를 수는 있을지라도 말이다. 빙은 예측을 명확히 이해하고 신속한 피드백 구조를 가졌으면서도 시장 점유율을 제법 차지할 만큼 차별화되지 못했다.

피드백 시스템

피드백 구조의 구축은 신중해야 한다. 피드백의 가치를 아는 인공지능은 반드시 결과 데이터를 수집한다. 6장에서 우리는 특정한 날에 개별 학생한테 맞는 최고의 학습 내용을 예측하는 인공지능의 시스템 단계 솔루션을 다루었다. 이는 맞춤형 교육으로서 학생들이 자신에게 맞는 속도로 진도를 나가며 누구나 더 많이 배울 수 있도록 하는 시스템이다. 우리는 교사의 배치와 사회적 성장이라는 견지에서 시스템 차원의 장애물을 논의했다. 피드백 구조를 갖추려면 시스템 차원의 추가적 변화가 필요하다. 인공지능은 그 학습 내용 덕택에 학생의 성과가 향상했는지를 알 수 있는 데이터가 필요하다. 이러한 데이터를 빨리 얻을수록 인공지능은 더욱 개선된다. 남는 문제는 학생의 개념 이해가 깊어지도록 보장할 수 있는 커리큘럼을 구조화하는 방법이며, 인공지능을 개선할 수 있을 정도로 충분히 신속한 피드백 구조를 유지하는 것이다. 여기에는 개인 프라이버시 보호에서 기술적 진보를 거두는 것과 더불어 학생 관련 데이터에 대한 접근을 막는 규제를 극복하는 것이 필요하다. 맞춤형 교육을 위한 인공지능 시스템 단계 솔루션에서는 피드백 부분이 갖추어져 있지 않다.

도입 단계 솔루션만으로도 예측이 가능하지만, 산업 차원에서 인공지능의 선점에 따른 지배력은 피드백의 결과다. 인공지능은 학습을 위해 결과 데이터에 접근할 수 있어야 하는데, 자율 주행 인공지능 시스템 역시 자동차 사고 데이터에 대한 접근이 필요하다. 모든 자율 주행 시스템에서는 이러한 피드백이 보장되어야 한다. 요컨대 이 시스템에서는 다행히 사고가 드물기는 해도 효과적인 작동을 위해 사고가 날 뻔한 상황의 데이터에 접근할 수 있어야 한다. 자율 주행 인공지능은 사고가 날 뻔한 상황의 데이터가 많을수록 더 빨리 학습할 것이다. 다시 말해, 사고가 날 뻔한 상황을 식별하고, 그러한 상황을 앞으로 방지할 학습 프로세스가 구축되어 있는 시스템이 필요하다. 하지만 이것이 전부는 아니다. 탑승자의 편의 또한 중요하다. 따라서 선점자에게 우위를 제공하는 시스템 단계 인공지능 솔루션은 또한 편의를 측정하는 방법으로도 이익을 얻을 수 있다. 그러므로 인공지능의 디자인에서 필수적 고려 사항은 다양한 결괏값에 대한 학습과 비교다.

승자 다식 구도

예측 기계의 잠재력은 엄청나다. 피드백 구조를 갖추면 선점자들은 실제 우위를 누린다. 선점은 더 많은 데이터를 얻는다는 뜻이고, 더 많은 데이터는 예측의 개선을 의미한다. 개선된 예측은 더 많은 고객을 의미하며, 이것은 결국 다시 더 많은 데이터를 안겨준다. 피드백 구조는 이렇게 인공지능에 대한 대중의 선택을 둘러싸고 경주 상황을 만든다.

그러나 기억할 것은 예측이 특정 목적과 상황에 어울리도록 정밀하게 설계된 상품에 가깝다는 점이다. 그 상황과 목적에 맞게 차별화된 기업은 그 차이가 작을지라도 자신을 방어할 여지를 얻을 수 있다. 인공지능 시스템에서 데이터를 수집하고 이용하는 세부 방식에 따라 기업은 악마나 천사, 둘 중 하나를 만날 것이다.

핵심 요약

- 인공지능의 시스템 수준 혁신은 그 장애물에도 불구하고 서둘러 시작해야 할 충분한 이유가 있다. 다시 말해, 인공지능은 학습을 하기 때문에 선점자에게 이익을 안겨준다. 인공지능은 더 빨리 배치될수록 더 빨리 학습을 시작할 수 있다. 인공지능이 더 많이 학습할수록 예측의 정확성은 더욱 높아진다. 그리고 정확성이 더 개선될수록 새로운 시스템의 효율성은 더 높아진다.
- 인공지능은 소프트웨어다. 일단 인공지능 모델이 구축되면 예측 한 단위를 더 생성하는 한계 비용은 0에 가깝다. 따라서 어느 인공지능이 나머지 인공지능보다 약간이나마 앞서 있더라도 더 많은 사용자가 이 인공지능을 갖춘 시스템으로 몰려들 것이다. 더 많은 사용자가 몰리면 인공지능은 더 많은 피드백 데이터에서 이익을 얻으며, 더 많은 피드백 데이터로 예측을 더욱 개선하고 한층 더 많은 사용자를 끌어모으는 식이다. 그리고 일단 플라이휠 효과가 발동되기 시작하면, 초기엔 적은 우위만을 누리던 인공지능이 시간이 지남에 따라 더 큰 우위를 누릴 수 있다. 선점자가 누리는 우위가 너무나 크기 때문에 경주가 벌어진다. 기업들은 언뜻 보아 합리적인 수준보다 더욱 공격적으로 투자할 것이다. 선점의 이득이 너무나 크기 때문이다.

• 피드백 구조는 시스템 디자인에 중대한 영향을 미칠 수 있다. 인공지능이 학습하기 위해서는 결과 데이터에 접근할 수 있어야 한다. 예를 들어, 학생에게 제공할 차선의 학습 내용을 예측하는 교육 인공지능 시스템은 가능한 한 신속하게 피드백을 수집할 수 있도록 디자인해야 한다. 학생이 그 주제를 이해했는지 여부를 확인하고, 그 학습 참여 수준을 평가하기 위해서 말이다. 그렇다면 이는 차선의 학습 내용에 대한 예측(도입 단계 솔루션)을 기존 교육 시스템에 밀어 넣는 것이 아니다. 교육 시스템을 재설계해야 학기 단위가 아니라 분 단위로 나타나는 막대한 피드백 데이터를 만들어내고 수집할 수 있을 것이다.

Power and Prediction

5부

인공지능이 불러올 판도 변화의 양상

13

대분리

질문: 인공지능을 도입하면 고객에게 어떤 도움이 될까요?

대답: 고객에게 통찰력을 제시하겠지요.

CDL에서 스타트업 설립자들이 멘토들에게 저 대답을 할 때마다 우리가 1달러씩 받았다면 아마 부자가 되었을 것이다.

통찰력이라는 말을 들으면 신경이 거슬린다. 통찰력은 바로 인공지능의 발전을 이용한 가치 창조 방법을 조금도 생각하지 않는 태도이기 때문이다. 통찰력이라는 암호를 해독하면 그 내용은 "우리는 인공지능의 예측으로 무엇을 해야 할지 모르겠다"는 것이다.

올바른 대답은 인공지능의 예측으로 기존 의사 결정을 어떻게 개선할지 대강이라도 제시하는 것이다. 인공지능은 의사 결정을 개선할 수 있는 경우에만 가치가 있다. 그리고 이것은 인공지능으로 가치를 창조할 새로운 기회는 전부 의사 결정을 개선하는 방안이라는 걸 의미한다.[1]

희소식은 의사 결정을 내려야 하는 상황이 제법 많다는 것이다. 인공지능이 범용 기술로서 자리 잡는다면 그것은 인공지능이 지닌 일반적 성격, 즉 의사 결정에 대한 기여 때문이다. 그리고 현명한 의사 결정에 대한 필요성이 늘어나고 있다. 어느 추정치에 따르면 1960년대에는 5퍼센트의 직업에서만 의사 결정 능력이 필요했지만, 2015년에는 그 수치가 30퍼센트를 넘어섰다고 한다. 이러한 직업들은 보수도 높고 교육 수준, 기술 수준, 경험 수준에서 더 엄격한 채용 조건을 내세울 것이다.

인공지능의 예측에는 의사 결정 기법, 즉 막연히 통찰력이라 부르던 것을 더 나은 의사 결정으로 만드는 잠재력이 있다. 그런데 이번 장에서 살펴보겠지만, 가장 중요한 것은 의사 결정을 위한 새로운 기회를 잡는 가능성이 아니라 그 기회를 누가 잡을 것인가 하는 점이다.

의사 결정에서 핵심은 판단이다

"당신이 심한 두통을 앓고 있고, 내가 약병을 하나 당신에게 준다고 쳐요. 그런데 그중 아홉 알이 두통을 낫게 하고 나머지 한 알은 목숨을 앗아간다면, 그 약병에서 한 알의 약을 꺼내 삼킬 수 있겠습니까?"[2]

시카고 불스의 소유주 제리 라인스도프(Jerry Reinsdorf)가 레전드 농구 선수 마이클 조던(Michael Jordan)에게 던진 질문이다. 사람들은 보통 이런 제안을 거부할 것이다. 이런 질문을 받을 당시 조던은 부상에서 회복되지 않은 상태에서 경기에 복귀해야 할지 여부를 놓고 결정을 내려야 하는 상황이었다. NBA에서 두 번째 시즌을 보내고 있던 조던은 코트로 돌아가고 싶어 했다. 그러나 의사는 그가 경기에 나서면 커리어를 끝낼 정도의 부상 재발 확률이 10퍼센트라고 말했다.[3] 조던은 별 탈 없을 확률이 90퍼센트라면 거기에 걸어볼 만하다고 주장했다. 그렇다면 두통약으로 돌아가 보자.

라인스도프의 질문에 대한 조던의 응답은 다음과 같았다. "두통이 얼마나 지독하냐에 따라 다르겠죠."[4]

조던의 이러한 응답에는 확률, 즉 예측만이 전부는 아니라는 주장이 담겨 있다. '보수' 역시 중요하다. 여기서 보수란 어느 개인이 앓는 두통의 세기를 그 고통이 해소된 상태나 사망 상태와 비교해 상대적으로 평가한 것이다. 보수는 이 책에서 '판단'에 해당한다.

조던이 했던 대로 예측과 판단을 구체적으로 구분하기 위해 그림 13-1에서는 약 복용에 대한 결정을 의사 결정 트리로 나타냈다. 이 나무의 뿌리에는 가지 둘이 이어져 있는데, 하나는 조던이 약을 복용하는 경우이고, 나머지는 복용하지 않는 경우다. 조던이 약을 복용하면 가지가 다시 둘로 나뉘는데, 각각의 가지는 불확실한 결과, 즉 두통이 해소된 상태와 사망에 이르는 결과를 보여준다. 이 가지들 끝에는 만족과 사망이라는 두 가지 결과가 자리한다. 반면, 조던이 약을 복용하지 않으면 사실상 불확실성도 없다. 사망하거나 만족할 여지는 없고, 확실히 두통만 앓을 뿐이다.

결과를 순서대로 줄 세우는 것은 쉽다. 만족이 두통을 앓는 것보다 나으며, 두통을 앓는 것이 사망하는 것보다 낫다. 그런데 10퍼센트의 사망 확률은 만족의 상태를 생각조차 못하게 할 만한 정도인가? 상태만 나타내는 결과로는 알 수 없다. 조던처럼 두통약을 복용함으로써 얻을 두 결과를 비교하려면 측정할 수 있어야 한다. 두 결과의 중요성을 알리는 수치를 결정하는 능력이 판단이다.

그림 13-1 알약을 둘러싼 조던의 의사 결정 트리

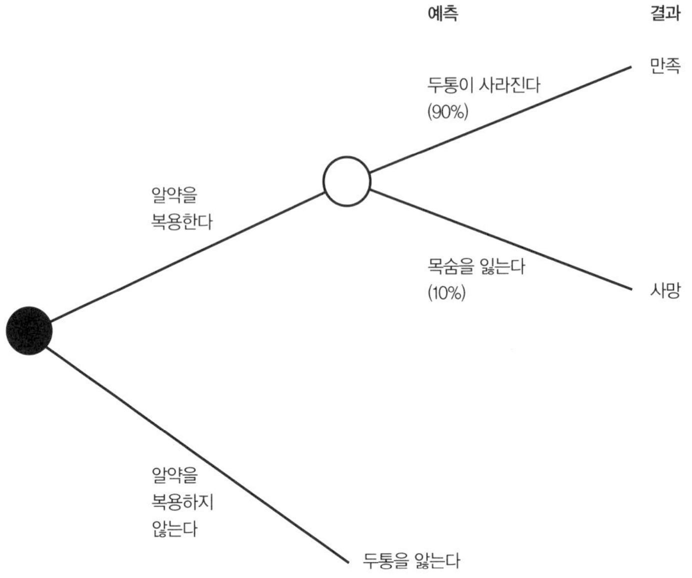

사실 죽을 확률이 10퍼센트나 되는 두통을 상상하기는 어렵지만, 라인스도프는 의사 결정을 극명하게 대비하기 위해 이런 가상의 질문을 던진 것이다. 이제 조던과 라인스도프의 현실 속 결정을 살펴보자(그림 13-2 참조). 이 그림에서는 특정 결과마다 그 중요성을 나타내기 위해 수치를 정했다. 즉, 판단에 해당하는 수치를 포함시켰다. 이 수치만 제외하면 그림 13-2와 13-1의 의사 결정 트리는 서로 동일해 보인다. 그러나 판단에서 비롯한 수치를 포함하면 이제 결정을 할 수 있는 충분한 정보가 생긴다. 조던이 경기에 나서지 않으면 그 값은 영락없이 −10이다. 경기에 나서면 90퍼센트 확률로 100이거나 10퍼센트 확률로 −2000이다. 따라서 (0.9×100)+(0.1×−2000), 즉 −110이 경기에 나

그림 13-2 조던의 경기 출전과 휴식을 둘러싼 의사 결정 트리

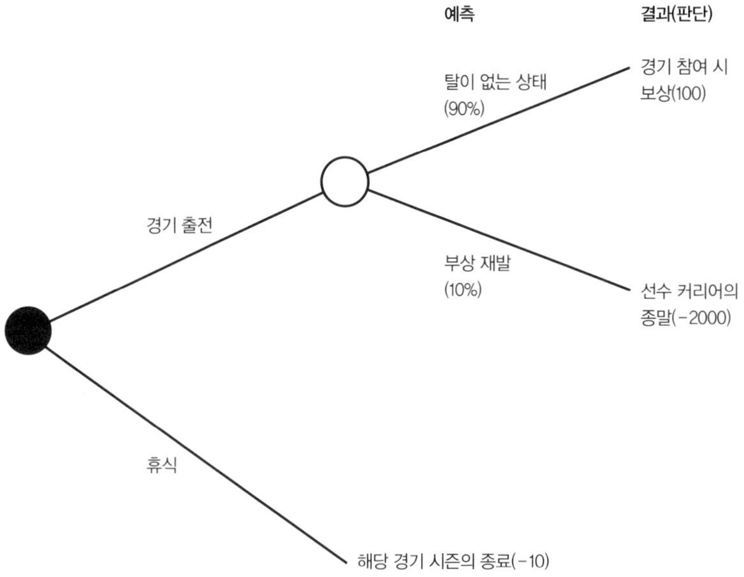

서는 경우의 기댓값이자 기대 보수다. −10이 −110보다 나으므로 조던은 경기에 출전하지 말아야 한다.

그러나 조던과 라인스도프는 판단을 두고 생각이 달랐다. 조던은 스스로 경기에 나서야 한다고 생각하면서 경기 도중 탈이 없다면 자신과 팀은 200, 커리어가 끝날 만한 부상을 다시 입으면 그 손해는 −1000으로 평가해야 한다고 주장했다. 이것이 옳은 판단이라면 경기에 나서는 경우 그 기대 보수는 (0.9×200)+(0.1×−1000), 즉 80이 될 것이다. 이 두 사람 사이의 불일치는 예측을 둘러싼 것이 아니다. 이런 예측은 이미 의료 전문가에 의해 이루어졌다. 둘이 일치하지 않은 것은 판단이다.

결국 조던은 약을 복용하고 농구 코트에 복귀했다. 라인스도프가 조던의 출전 시간에 큰 제약을 두기는 했지만 말이다. 시카고 불스는 조던이 경기에 출전하지 못하는 바람에 시즌 초 패배하는 경기가 많았지만, 그해에 결국 플레이오프에 진출했다. 시카고 불스는 플레이오프 진출 팀들 중에서 역사상 두 번째로 나쁜 리그 성적(30승 52패)을 거두었다. 플레이오프에서 만난 적수는 래리 버드(Larry Bird)가 이끄는, 그해의 NBA 우승 팀 보스턴 셀틱스였다. 하지만 동부 콘퍼런스 1라운드 2차전에서 조던이 올린 63점은 이 글을 쓰는 지금까지도 NBA 플레이오프 단일 경기 사상 최고 개인 득점이다.

인공지능 예측은 판단을 눈에 보이게끔 만든다

조던과 라인스도프 사이에 의견 다툼이 일어난 것은 그들이 의료 전문가로부터 진단, 즉 사실상 예측을 이미 얻었기 때문이다. 두 사람 다 의사가 아니므로 이러한 진단에 이의를 제기할 생각은 없었을 것이다. 그런데 얼마나 많은 의사 결정이 명시적 예측이 없는 상태에서 이루어지는지 생각해보자. 어떤 상황이 벌어질까? 소방관이 둘 중 한 사람을 구할 수밖에 없는 긴급한 상황에서는 구출의 상대적 가능성을 고려해야 할 뿐 아니라 누구부터 먼저 구출해야 하는지, 가령 아이인지 노인인지 또한 고려해야 한다. 소방관은 결국 의사 결정을 하겠지만, 그가 여러 결과에 부여하는 가중치가 정확히 얼마인지는 소방관의 내심에 있기 때문에 겉으로 드러나지 않는다. 이런 상황에서 소방관의 결정에 따른 효과를 평가하려면 다양한 요인을 따지는 수밖에 없다.

그런데 인공지능의 예측은 의사 결정자가 하던 예측을 떠맡는다. 예

그림 13-3 인공지능의 예측이 분리를 낳는다

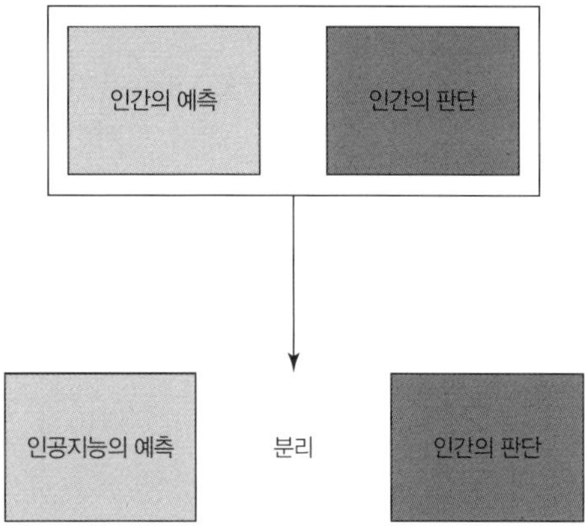

측이 분리를 낳는 것이다(그림 13-3 참조).

예측과 판단의 분리는 강의실에서만 통용되는 가설이 아니지만 현실 세계에서 자리 잡은 것도 아니다. 보험의 미래에 관한, 최근의 매킨지(McKinsey) 보고서는 예측과 판단의 이러한 분리를 강조한다.[5] 보고서는 2030년 자동차 보험 산업의 미래를 제시한다. 예컨대 고객이 자동차에 탑승하면 개인 정보 단말기가 여러 이동 경로를 보여주는데, 인공지능이 사고 가능성을 예측하면 고객은 경로를 결정하기 위해 판단한다.

가령 이런 식이다. 당신이 밴쿠버에 업무차 들러 차량을 렌트한다고 해보자. 당신은 시내의 버러드 스트리트(Burrard Street)에 있는 서턴 호텔(Sutton Hotel)에 여장을 풀고 브리티시컬럼비아 대학에서 미팅을 할 계획이다. 해변을 따라 경치 좋은 길을 지날 수도 있고, 웨스트 4번가를 따라 지루한 길을 지날 수도 있다. 경치 좋은 길로 가면 킷실라노비치, 예리코파크, 스페니시뱅크스를 지난다. 아름다운 곳이다. 이 길은 시간이 좀 걸릴 수 있지만 교통 체증이 아주 심한 편은 아니다. 어느 길이 되었든 제 시간에 도착할 것이다.

문제는 경치 좋은 길을 지나는 경우, 그 경치를 보려고 몰려드는 사람이 많다는 것이다. 다들 정신이 없을 테니 경미한 접촉 사고가 일어날 가능성은 더 높다. 렌트한 차량에 인공지능이 탑재되어 있어 경치 좋은 길을 지나는 경우, 사고 가능성을 정확히 알 수 있다고 해보자. 그러면 당신은 판단을 시작하면서 그 가능성을 감수할 만한 경치인지 따져본다. 의사 결정 트리를 구성하고 각각의 결과마다 보수를 정한다. 앞서 마이클 조던이 했던 대로 말이다. 기대 보수 계산을 마치고 나서, 당신은 경치 좋은 길을 지나겠다고 결정한다.

누가 이렇게까지 하겠는가? 번거롭기 짝이 없다. 의사 결정이 의도와 다르게 학술적인 것이 되어버린다. 이론은 그럴듯하지만 실전에서는 별로 쓸모가 없는 것이다.

하지만 반드시 이래야만 하는 것은 아니다. 의사 결정을 익숙하고 늘 하는 방식으로 재구성할 수도 있다. 인공지능 단말기가 사고 확률을 예측하고 나서 이를 가격으로 표시하는 것이다. 예컨대 이처럼 경치 좋은 길을 선택하면 보험료가 1달러 할증될 것이라고 알려주는 식이다.

사소해 보이지만 운전자는 그 가격을 보고 나서 경로를 결정할 수 있다. 가격은 고객이 알기 힘든 사고 가능성과 수리 비용에 따라 정해진다. 인공지능이 사고 확률을 계산하고 비용을 반영하면, 고객은 그 가격을 보기만 하면 되는 것이다.

기계가 예측을 하고, 고객은 판단을 한다. 고객이 할 일은 풍경을 감상하는 편익과 가격을 비교해 판단하는 것뿐이다. 간단하다.

이 모든 것은 이미 이뤄지고 있는 일이다. 보험사는 고객이 운전하면서 매 순간 하는 결정을 바탕으로 보험료를 책정한다. 차량용 통신 서비스 앱을 폰에 설치하는 고객이라면 안전 운전 가능성이 높다고 보아 이들에게 할인을 해주고 있다. 테슬라는 예를 들어, 폰 데이터에 의지할 필요가 없다. 차량 자체에 급브레이크를 밟거나 안전거리를 준수하지 않는 등 여러 요인에 기반해 안전 수치를 측정한 데이터가 있어 이를 이용한다.[6] 보험사가 운전자의 습관을 토대로 보험료를 책정하면 고객의 보험료가 낮아질 수 있으므로 도로는 한층 안전해질 것이다.[7]

예측과 판단은 한 사람이 해야 하는 게 아니다. 보험 회사는 리스크가 따르는 행위에 가격을 매기고, 고객은 그 행위가 할 만한 일인지 판단한다.

보험 사례에서 알 수 있는 것은 판단과 예측이 서로 분리 가능하다는 사실과, 우리 인간이 판단에 익숙하다는 사실이다. 이것이 경제학자들이 말하는 현시 선호(revealed preference)의 핵심이다. 우리는 누군가의 선호를 그가 한 결정에서 읽어낼 수 있다. 마케터들이 수십 년 동안 해온 일이다.

폴 그린(Paul Green)과 비탈라 라오(Vithala Rao)는 1971년에 발표한 논문 〈판단 관련 데이터를 수량화하기 위한 속성 병합 측정(Conjoint Measurement for Quantifying Judgmental Data)〉에서 소비자의 의사 결정에 영향을 미치는 요소를 평가할 새로운 도구를 소개했다. 논문은 이렇게 시작한다. "경영진 또는 소비자의 판단을 수량화하는 것은 시장 분석가들이 오랫동안 매달려온 문제다."[8] 그리고 저자들은 이렇게 강조한다. "소비자의 의사 결정을 다루는 연구에서는 소비자가 구매 결정을 하면서 상품에 대한 여러 기준이 서로 상충하는 경우 이를 정렬하는 방식을 찾아내는 것이 필요하다." 여기서 소비자는 여러 선택을 차례로 줄 세운다.

가상의 선택이지만 간단하게 이 일을 할 수 있는 것은 소비자가 선택하는 일에 익숙하기 때문이다.

그린과 라오는 할인 카드를 사례로 들었다. 첫 번째 카드로는 10개 상점에서 5퍼센트 할인을 받고 그 비용은 14달러다. 두 번째 카드로는 5개 상점에서 10퍼센트 할인을 받고 그 비용은 7달러다. 세 번째 카드로는 10개 상점에서 15퍼센트 할인을 받고 그 비용은 21달러다. 소비자로 하여금 이에 대한 선호를 순서대로 밝히게 함으로써 통계학자는 소비자가 카드마다 부여한 가치를 계산할 수 있다. 관찰 가능한 선택이 내적 판단을 밖으로 드러낸 것이다.

시간이 흘러 이 방법은 개선되었고, 페퍼로니 피자와 하와이안 피자, 포드 트럭과 도요타 승용차, 심지어 미국 대학에서 박사과정을 밟고 있는 중국인 학생이 미국에 머물 것인지 중국으로 돌아갈 것인지를 두고 선호의 가치를 평가하는 데 이용되었다. 특히 중국인 학생에게 보스턴에서 7만 달러를 받고 민간 부분 연구자로 남을 것인지, 아니면 베이징에서 5만 달러를 받고 국가 부분 관리직에 머물 것인지를 두고 선호를 밝히게 함으로써 연구자들은 미국이나 중국에서 보낼 삶의 상대적 가치에 대한 그 학생의 판단을 알 수 있었다.[9]

이와 동일한 현시 선호에 의한 설명이 경제학계에서도 연구 흐름을 이루었는데, 이는 1970년대 초 노벨상을 수상한 대니얼 맥퍼든(Daniel McFadden)의 저작에서 시작되었다. 식료품점의 스캐너 데이터와 온라인 방문 웹사이트 기록을 이용해 수요를 측정하는 지금의 도구는 이때부터 그 기초가 형성됐다.

아마 이 분야의 선구적 경제학자는 15년 전의 패트릭 바자리(Patrick Bajari)일 것이다. 현재 아마존 인공지능 팀의 부책임자이자 수석 경제학자로 있는 그는 아마존에 몸담기 전 하버드, 스탠퍼드, 듀크, 미네소타 대학에서 교수를 역임했다. 세계계량경제학회 회원이자 〈소비자 이질성과 관찰되지 않은 상품 특징을 고려한 수요 추정: 헤도닉 기법(Demand Estimation with Heterogeneous Consumers and Unobserved Product Characteristics: A Hedonic Approach)〉과 〈확률 계수 분포의 단순 추정량(A Simple Estimator for the Distribution of Random Coefficients)〉(말처럼 단순하지는 않다) 같은, 제목이 모호한 논문의 저자이기도 하다. 바자리는 자신의 세대에서 선도적인 계량경제학자인데, 그의 논문은 추상적이고 기호와 방정식으로 가득하다. 우리는 그가 아마존을 세계에서 가장 많은 박사 학위 소지 경제학자를 고용한 조직으로 키울 줄은 생각지도 못했다.

그렇지만 이런 상황은 그가 의도한 것이기도 하다. 이는 바자리가 멘토이자 리더로서 갖춘 역량과 관련이 크다.[10] 또한 그의 논문들과도 연관이 있다. 수요 추정은 아마존의 사업에서 핵심인데, 아마존은 소비자가 가치를 부여하는 대상과 소비자의 최대 지불 의사를 알아야 한다. 상품 가치에 대한 소비자의 판단을 알 수 있다면, 아마존은 소비자에게 적절한 상품을 적시에 알맞은 가격에 제공할 수 있을 것이다. 그런데 소비자의 판단을 측정하는 수단은 시장 연구와 계량경제학에 존재하고 있다. 그래서 바자리가 이끄는 아마존의 경제학자 그룹은 그러한 판단을 대규모로 처리하는 방법을 고안할 수 있었던 것이다.

일단 판단과 예측이 분리될 수 있다는 걸 인식하면, 우리 인간이 명백히 판단을 한순간도 멈춘 적이 없다는 사실도 이해할 수 있다. 우리는 판단하는 데 능숙하다. 판단이 예측과 분리되는 경우가 익숙하지 않을 뿐이다.

판단으로 등장할 기회

예측과 판단이 분리되면 기회가 생긴다. 다시 말해, 의사 결정의 주체가 될 사람은 분리되지 않은 예측과 판단에 능숙한 사람이 아니라, 인공지능의 예측을 활용하는 판단에 능숙한 사람이다.

인공지능의 예측이 가능해지면 이를 활용해 가장 뛰어난 판단을 하는 사람이 주목받을 수 있다. 앞서 언급한 대로 이론적으로 그리고 수많은 실행을 통해 인공지능은 대다수 방사선 전문의보다 더 정확하게 진단 예측을 할 수 있다. 정확성은 질병에 따라 다르다. 하지만 사실상 인공지능의 학습 훈련은 방사선 전문의들의 예측을 토대로 이루어지는 게 아니라, 병리학에서 악성 종양을 판단하듯 영상의학 이미지를 신뢰할 만한 관찰 결과와 매칭해 이루어진다. 따라서 인공지능의 예측이 인간의 예측을 능가할 가능성이 크다. 기술 선도자이자 인공지능 분야의 저명한 투자자 비노드 코슬라(Vinod Khosla)가 주장하듯 미래에는 방사선 전문의가 인공지능의 예측을 이용하지 않을 경우 그 자체로 의료 과실이 될 수도 있다.

그런데 여기에는 한 가지 논란이 될 만한 사항이 존재한다. 인공지능의 예측을 활용하면, 방사선 전문의의 판단은 유용성을 잃을까? 적어도 미국 방사선 전문의의 역할을 감안할 때, 이들에게는 대체로 환자에 대한 추가적인 정보가 제한적이다. 따라서 어느 환자의 종양이 악성일 확률이 30퍼센트라고 인공지능이 예측한다면, 진단과 치료가 필요하다는 방사선 전문의의 판단과 불필요하다는 방사선 전문의의 판단이 대립할 때 이에 대처할 의료 시스템 환경은 어떤 모습일까? 상상하기 어렵지만 조심스럽게 예상해보면 이렇다. 즉, 의료 전문가로 이루어진 위원회에서 기계 예측에 앞서 진단 기준을 신중하게 마련하고, 궁극적으로 이 위원회의 판단을 다양한 상황에 적용할 것이다. 요컨대 방사선 전문의의 의사 결정이 기계의 예측과 위원회의 판단으로 분리되어버린다.

일단 인공지능이 예측을 제공하면 더 정확하고, 더 빠르고, 더 저렴한 예측과 더 적절한 판단의 이점을 가진 **새로운 시스템**이 등장할 가능성이 커진다. 《예측 기계》에서 필자들은 아마존이 고객의 주문에 앞서 상품을 미리 배송하는 사업 모델을 고려한 적이 있다고 강조했다. 그런데 이 모델이 실제로 등장했다. 스티치 픽스(Stitch Fix)가 의류 사업에서 이렇게 하고 있는 것이다.[11] 스티치 픽스의 CEO 카트리나 레이크(Katrina Lake)는 이렇게 말한다. "우리는 데이터와 머신 러닝을 전문가의 판단과 결합시킴으로써 개인의 개성에 맞춰 미리 보낼 의류를 선택한다." 이 정도에서 멈추지 않을 것이다. 의류 산업에서는 재고 유지에 많은 비용이 든다. 그 회사의 데이터과학 팀은 미래의 수요 예측이 이후의 재고 상품에 대한 재구매를 반영하는 알고리즘을 개발했다.

11장에서 우리는 기계가 지배할 수 없는 이유는 의사 결정에 이르는 판단의 주체가 항상 인간이기 때문이며, 이는 어쩔 수 없이 기계에 의사 결정을 맡기더라도 다를 게 없다는 걸 보여주었다. 14장에서는 판단을 예측과 분리하는 기법에 대해 논의한다. 이 기법을 이해해야 앞으로 예측과 판단이 분리되면 누가 의사 결정에 적합한지 알 수 있다. 이러한 분리는 인공지능을 도입할 새로운 기회를 창출한다. 인공지능의 도입 목적을 판단 기법을 개선하는 데 둔다면 말이다.

핵심 요약

- 예측과 판단은 의사 결정을 이루는 두 가지 핵심 요소다. 의사 결정 트리에서 예측은 트리의 가지에 있는 각각의 사건이 일어날 확률을 나타낸다. 판단은 가지 끝에 있는 결과들의 보수를 보여준다. 대체로 의사 결정자는 자기 마음속에서 예측과 판단이 동시에 이루어지기 때문에, 둘이 서로 별개 요소라는 것을 모른 채 의사 결정을 한다. 인공지능을 도입하면 예측은 인간의 몫에서 기계의 몫으로 옮겨가고, 따라서 예측은 판단과 분리된다. 판단을 내려야 하는 사람이 바뀌는 상황을 맞이하는 것이다.
- 우리는 항상 의사 결정을 하면서도 예측과 판단을 별개로 고려하지 않는다. 그저 결정만 할 뿐이다. 의사 결정을 하면서 명확하게 예측과 판단을 의식하지 않더라도, 의사 결정이 이루어진 후 분석적 기법을 이용해 판단을 통계적으로 추론하는 것은 가능하다. (우리는 이를 현시 선호라고 부른다.) 경제학자와 마케터들은 이루어진 선택을 보고 판단을 측정하는 통계적 기법을 오랫동안 사용해왔다.
- 의사 결정은 시스템을 이루는 핵심적 기본 단위다. 인공지능이 등장하기 전까지 예측과 판단의 구분은 시스템 디자인의 관점에서 전혀 고려된 적이 없었다. 이 두 가지는 한 사람의 마음속에서 일어나는 작용이기 때문이다. 그러나 인공지능의 등장과 함께 상황이 바뀌었다. 예측을 기계에 맡기면 시스템 디자인을 재고해볼 여지가 생긴다. 인공지능으로 더 빠르고 더 저렴한 예측이 가능하다면, 예측을 자주 하지 말아야 할 이유가 없지 않은가? 시시한 의사 결정이라도 예측을 이용하지 않을 이유가 없지 않은가? 판단을 코딩으로 설계해 의사 결정을 자동화하고 이러한 자동화를 확대하지 않을 이유가 없지 않은가? 판단을 예측과 함께 한 사람에게 맡기던 이전 시스템과 달리, 훨씬

뛰어난 사람이나 그룹에 맡기지 않을 이유가 없지 않은가? 새로운 시스템 디자인이 등장할 기회가 이처럼 무궁무진한 것은 인공지능이 가장 기초적인 의사 결정을 예측과 판단으로 분리함으로써 새로운 기회를 창출하기 때문이다.

14

확률로 표현되는 사고방식

2018년 우버의 자율 주행 차량이 애리조나주 템피(Tempe)에서 보행자를 치어 사망에 이르게 했다. 자율 주행 차량이 일으킨 최초의 사망 사고였다. 알려지기로는 그 차량이 보행자를 보았지만 멈추지 않았다고 한다. 뉴스는 프린스턴 대학 교수의 말을 다음과 같이 인용해 보도했다. "이 사고로 자율 주행 차량을 시험하는 회사는 모두 경각심을 가져야 한다. 차량 시스템을 점검해 필요한 경우 차량이 스스로 확실히 멈출 수 있도록 해야 한다."[1] 하지만 사고 당시 템피 경찰국장의 설명은 사뭇 달랐다. "보행자가 어두운 곳에서 불쑥 나타나는 바람에 차량과의 충돌이 불가피했던 것으로 보인다."[2]

우버는 실제로 사람 목숨은 안중에도 없이 차량을 프로그래밍했을까? 물론 그렇지 않다. 그러나 차량이 보행자를 보지 못했다는 것 역시 사실과 맞지 않는다. 차량은 6초 후에 미상의 물체와 충돌할 것을 예측했다. 하지만 그 물체가 사람일 확률이 높다고 예측한 순간에는 비상 브레이크를 작동해 사고를 회피하기에 이미 늦었던 것이다.[3]

달리 보면 뉴스와 경찰국장의 해석 모두 결정론적 설명이기 때문에 틀렸다. 그 차량이 물체를 발견하는 순간에는 그게 사람일 확률이 낮았던 것이다. 더 일찍 물체가 사람일 수 있다고 예측했더라면 브레이크를 작동해 비극을 피할 수 있었을 것이다. 관련 보도를 살펴보면, 그 차량은 사람 감지 확률을 0은 아니더라도 너무 낮게 설정해놓았던 것 같다. 게다가 물체가 사람일 가능성이 높지 않으면 멈추지 않도록 프로그래밍되어 있었다. 하지만 그 확률이 0.01퍼센트일 수 있고 0.0001퍼센트일 수도 있지만 0으로 설정되었을 리는 없다. 그런 설정은 기계의 확률적 방식과 거리가 멀기 때문이다.

이 사건은 끔찍한 결과를 낳았다. 자율 주행 차량은 보행자를 식별해 브레이크를 작동할 확률이 충분히 높지 않았다. 이것이 나쁜 결정에 해당한다는 걸 이해하려면 살펴볼 사항이 더 있다. 이 사고 후 우버는 자율 주행 계획을 중단했다. 2018년 12월에 이 프로그램을 다시 시작했지만 그 내용은 크게 달랐다. 차량 속도를 시속 25마일 이하로 제한하고 만일을 위해 2명의 세이프티 드라이버(safety driver: 자율 주행 차량에서 돌발 상황에 대비하기 위해 탑승하는 운전자—옮긴이)가 항상 동승했다. 그 외에 동승 운전자에 의한 모니터링을 비롯해 여러 가지 자동 제동 방식을 갖추었다. 한 가지 기준에만 의지하는 결정 방식으로는 어림도 없었던 것이다.

베팅의 사고방식

나쁜 결정과 나쁜 결과를 구별할 줄 아는 것이 중요하다. 때로는 좋은 결정이 나쁜 결과를 낳기도 한다. 이는 포커 선수 애니 듀크(Annie Duke)가 자신의 책 《베팅의 자세(Thinking in Bets)》에서 제기한 주요 주장 중 하나다. 필자들이 이 글을 쓰는 순간까지 듀크는 NBC 방송국이 방영하는 토너먼트 방식의 전국 포커 대회에서 우승한 유일한 여성이다. 포커는 운과 기술이 필요한 게임이다. 완벽하게 경기를 운영하더라도 게임에 질 수 있고, 불리한 때에 크게 걸었는데 운이 따를 수도 있다.

일이 좀처럼 풀리지 않으면 듀크는 그 상황이 나쁜 결정 탓인지 운이 나쁜 탓인지 되돌아보는 것이 중요하다고 말한다. 불운 때문이라면 나쁜 결과를 받아들이고 넘어가면 된다. 나쁜 결정 때문이라면 교훈을 얻고 앞으로 더 잘하면 된다.

대다수 아마추어 포커 선수들은 결과가 나쁘다는 것만으로 포커 전략을 수정한다. 한몫 잡을 심산으로 크게 베팅해서 이겨본 사람들도 마찬가지다. 이들은 과거의 결과에 비추어 미래의 결정을 내린다. 애니가 결과에만 휘둘리는 거라고 말하는 이러한 습관을 지니면 포커 선수는 시간이 지날수록 성적이 더 나빠질 것이다. 결과에 운이 얼마만큼 작용하는지 알아보지 못하면 불확실성에서 교훈을 얻기 힘들다.

마이클 조던은 1985~1986 정규 시즌을 마칠 때까지 경기에 나섰지만 부상을 입지 않았다. 다행히 결과도 좋았다. 아니, 최고의 결과였다. 커리어가 끝날 수도 있는 부상 위험과 그런 부상에서 회복하기 위해 시즌 내내 쉬는 것, 이 둘의 기대 보수와 확률에도 아랑곳없이 거둔 결과이니 말이다. 그 시즌 이후 조던은 여섯 번이나 우승컵을 들어 올렸고,

다섯 번이나 MVP에 선정되었으며, 운동선수로서 26억 달러라는 최고의 수익을 올렸다. 부상 위험을 무릅쓴 게 마치 좋은 결정인 것처럼 보일 지경이다. 더 일찍 팀에 합류했더라면 좋았을 텐데 하는 생각마저 들 법하다. 하지만 조던이 부상을 입지 않았다고 해서 그가 좋은 결정을 내렸다고 오해해서는 안 된다.

베팅의 사고방식은 예측에 불확실성이 따른다는 걸 인식하는 것과, 결과는 어느 정도 운에 맡겨져 있다는 걸 이해하는 것 모두 요구한다. 그런데 이게 간단치 않다. 자율 주행 차량 이전까지 운전에서 예측과 판단은 운전자의 몫이었다. 사람 운전자가 보행자를 치는 경우, 운전자가 예측에서 오류를 범했는지(운전자가 사람과 부딪힐 가능성이 사실상 없다고 생각해서 브레이크를 밟지 않았다), 아니면 판단에서 오류를 범했는지(운전자가 다급한 상황 때문에 사고가 날 걱정보다 목적지에 빨리 도착하는 것에만 신경을 썼다) 알 수 없었다. 운전자가 사고를 내면 우리는 그의 판단을 문제 삼지 않고, 그가 충돌 예측에서 기계 조작 실수를 범했다고 가정해버린다. 현재 이런 태도는 사회적으로 용인되는 분위기다.

자율 주행 차량의 디자인에서는 예측 오류의 측정이 가능하다. 그런 다음 판단을 수량적으로 표시해야 하는데, 여기에는 목숨의 비용을 계산하고 이를 자율 주행 차량을 탄 승객의 경험(주의 사항이 너무 많아 차량이 자주 멈추면 승객의 편의성이 떨어진다)과 비교하는 유쾌할 수 없는 작업이 포함된다. 사람들은 이 두 가지를 내심 비교하더라도 공개적으로 드러내도록 요청받는 경우에는 머뭇거리기 마련이다. 이것은 또한 엔지니어나 자율 주행 차량 관련 의무 사항을 정하는 윤리 팀에도 곤혹스러운 일이다.

불확실성의 반영

베팅의 사고방식에는 불확실성이 따라다닌다. 불확실한 예측을 기반으로 행동을 선택한다. 다시 말해, 우리가 말하는 의사 결정은 예측을 전제로 하는 조건부 함수다. 예측이 매우 정확하면 의사 결정에서 걱정할 게 없다. 부상 재발 위험을 감수하고 경기에 나선 조던의 결정을 상기해보자. 의사가 부상 재발 가능성이 0이라고 말했다면 조던과 라인스도프 둘 다 주저할 게 없었을 것이다. 결정이 어려울 수밖에 없었던 것은 부상 예측이 불확실했기 때문이다. 조던은 부상당하지 않을 확률이 90퍼센트라면 경기에 나서기 충분하다고 판단한 반면, 라인스도프는 그렇지 않았다.

확신이 쌓여 어느 수준에 이르면 의사 결정의 토대가 된다는 사고방식은 그럴듯해 보인다. 예를 들어, 난민의 체류 자격을 심사하는 절차를 생각해보자. 이 자격을 허용하는 결정은 불확실성으로 가득하다. 난민 심사 기관은 난민 체류 자격 신청자의 진술을 바탕으로 그의 주장이 믿을 만한 것인지 판단해야 하며 유엔난민협약에서 금지하는 경우에 해당하는지, 즉 기관의 거부로 난민이 본국으로 송환되면 해를 입을 가능성이 있는지 역시 판단해야 한다. 게다가 유용한 자료가 거의 없다시피 하고, 심사 기관은 지금까지 해온 심사 결정의 타당성에 대해 피드백을 받은 적도 없다.

현재 난민 심사 기관은 최선을 다해 관련 증거를 상세히 검토해서 결정한다. 심사관은 대체로 지금까지 결정의 타당성에 대해 확신하는 분위기다. 어느 학자가 이를 다음과 같이 지적했다. "일부 심사관은 자신의 직감을 진실의 유일한 기준으로 삼아 거짓말을 한다는 직감이 든다는 것만으로 난민 신청자의 진술을 거짓으로 여긴다."[4]

확신은 쌓여도 기댈 만한 것이 못 된다. 더욱 신중한 결정을 내리기 위해서는 난민 자격 신청자 진술의 거짓 가능성을 확률적으로 평가하는 예측 모델이 있어야 한다. 이 모델의 목적은 난민 자격 신청의 인용률을 높이는 것이 아니라 심사 결정의 결과를 개선하는 데 있다.

현재는 신청을 인용하든 기각하든 그게 타당한 결과인지 판단할 데이터가 없다. 이 데이터를 수집할 수 있다면 앞으로 신청자 주장의 진실 여부를 따져볼 예측 기계를 만드는 것도 가능하다. 이 기계를 이용하면 증거에 기반한 판단이 이루어져 신뢰성은 더 높아질 것이다. 캐나다 사례에서는 독일에서 온 어느 난민 자격 신청자가 아들이 다니는 학교 당국으로부터 자신이 박해를 받았으며, 독일 경찰이 자신을 보호하지 않았다고 주장한 사건이 있었다. 독일 경찰이 범죄 신고에 어떻게 대응하는지 판단할 데이터는 풍부하며, 난민 자격을 인정할 만큼 독일 경찰의 방기가 있었는지 확신할 만한 예측을 할 수도 있다. 또한 심사 기관은 예측 기계에 기반한 증거를 갖고 예멘 출신 성소수자 활동가나 수단에서 박해받는 소수 민족 출신 난민의 주장이 올바른지 확신할 수 있다.

그러나 의심스러운 경우도 여전히 많다. 공권력이 가정 폭력 피해자의 호소에 적극적으로 대응하는지, 또는 난민 신청자가 해당 정부의 경계 인물인지 가려낼 정보는 대개 부족하다. 이런 경우 데이터가 없다는 것은 불확실성을 의미한다. 불확실성을 관찰 가능하게 만들어야 누적된 확신에 크게 기대는 일을 줄일 수 있다.

현재 난민 심사 기관은 불확실한 사항을 비교해서, 즉 "승인했어야 하는 난민 신청을 거부하는 것과 거부했어야 하는 난민 신청을 승인하는 것 중에서 어떤 오류가 더 나쁜가?"를 평가해서 판단에 적용해야 하는 상황이다.[5] 얼핏 간단해 보일 수 있지만 잘못하면 잃을 것이 너무 많다. 체류 자격이 있음에도 기각한다면 신청자는 고문을 받거나 사망할 위험성이 있다. 체류 자격이 없지만 인용한다면 국가의 관용을 기만하도록 방치하는 것이다. 유엔난민협약에서는 자격이 없음에도 인용하는 것을 더 큰 오류라고 본다. 그러나 자격이 있음에도 기각하는 것 역시 피해야 할 오류임이 분명하다.

인공지능 때문에 예측과 판단이 분리될 수밖에 없으며, 심지어 최고의 인공지능을 동원해도 체류 자격에 대한 예측에서 불확실성이 불가피하다는 걸 이해해야 인공지능이 더 나은 프로세스로 자리 잡을 수 있다. 결국 예측 기계가 예측에 불가피한 불확실성을 반영하면 더 많은 난민 자격 신청을 인용할 수 있다. 기각에 따른 사망 등의 비용이 너무 크다고 할 것이기 때문이다.

현재의 시스템은 이러한 방식과는 거리가 멀다. 심사 기관은 불확실성을 감안하는 예측 기계가 있어도 그걸 이용하지 못한다. 통계적 불확실성을 해석하도록 훈련받은 적도 없으며, 법률은 반드시 피해야 할 오류로 인한 폐해에 모호한 태도를 보인다. 심사관들이 훈련을 받더라도 기존 시스템에서는 예측 기계의 도입이 어려울 수 있다. 불확실한 체류 자격 신청을 모두 인용한다면 난민 수용을 반대하는 정치적 압력이 형성될 것이다. 또한 체류 자격과 관련한 정보를 날조하려는 유인도 생길 수 있다. 난민 체류 자격 신청과 관련한 인공지능은 심사 절차의 공정성을 더욱 높이는 잠재력이 있더라도 시스템에 변화가 없는 한 실행이 불가능하다. 새로운 시스템은 피해야 할 오류의 상대적 위험을 측정하는 방법과 판단을 눈에 보이도록 만드는 데에서부터 출발해야 할 것이다.

판단을 구별해낼 수 없다면 인공지능이 가로막힌다

판단에는 의도가 따른다. 그러나 상황이 바뀌거나 지금까지 다루던 것과 다른 새로운 정보를 얻게 되더라도 의도는 변함없다고 항상 말할 수 있겠는가? 난민 체류 자격 신청자의 진술을 듣는 심사관은 타당할 확률이 40퍼센트인 진술을 어떻게 해석해야 할까? 지금까지 심사관은 예측과 판단을 한데 합쳐 결정했다. 인공지능을 이용하는 새로운 애플리케이션이 많이 등장했지만, 예측과 분리된 판단은 아직 볼 수 없다. 예측이 갖추어지지 않았기 때문에 예측을 전제로 한 행동이 있을 수 없으며, 그 행동에 따르는 보수를 알아야 할 이유도 없다.

다시 말해, 예측과 판단은 사실상 서로를 전제하는 관계다. 둘 중 하나만 없어도 예측 기계의 수용과 새로운 인공지능 시스템의 구축에 걸림돌이 된다. 더 나은 예측을 기대하는 경우에만 더 나은 예측 이후의 일을 생각해볼 수 있는 것이다. 이 때문에 판단을 예측과 구별할 수 없다면 그 자체로 예측 개선에 대한 투자에 걸림돌이 되며 그 반대도 마찬가지다.

판단의 형성 방식

판단은 사전에 예상되는 결과를 따져본 뒤에 형성될 수 있다. 탐색하고, 평가하고, 다른 사람에게 배움으로써 상황마다 일어날 법한 결과를 알 수 있다. 일반적인 경우에는 뜨거운 난로에 손을 대보지 않아도 뜨거움에 대해 배울 수 있다. 누군가가 뜨거운 난로를 만지면 손을 데인다고 말해주면 가능한 일이다. 여러분은 화상을 경험하지 않고도 이런 식으로 뜨거움에 대해 배웠다. 이처럼 판단을 전수하는 방식도 있다. 이 방식의 장점은 배움의 과정 중에 값비싼 대가를 치르지 않아도 된다는 것이다.

어떤 사람들은 이 방식에 회의적일 수 있다. 아이들은 걸핏하면, 대부분 큰일이 아님에도 하지 말라는 소리를 듣는다. 도전적인 독자들은 어렸을 적에 뜨거운 난로를 만졌을 수도 있다. 그랬다면 마음속에 변화가 일어났을 테고, 뜨거운 난로를 만진 고통을 경험했을 것이다. 다른 방식, 즉 경험을 통해 배운 셈이다.

선택을 하면 피드백을 얻는다. 그 결과에서 선택에 따라 달라지는 비용과 편익을 알게 된다. 다양한 상황에서 다양한 선택을 하는 경험이 늘어날수록 당사자가 알 수 있는 결과는 더욱 늘어나고 상세해질 것이다. 이러한 경험에서 얻은 조감도가 판단이며, 이를 바탕으로 미래의 계획을 세울 수 있다.

앞에서 판단 형성의 두 가지 방식에 대해 언급했다. 읽거나 가르침을 얻거나 문화적으로 전수받아 짜임새 있는 배움을 얻는 방식, 그리고 경험에서 배우는 방식이 그것이다. 이제부터 이 두 가지 방식을 차례로 살펴보자.

사전 준비

저비용 또는 품질 좋은 예측이 가능해지면 경험을 통한 판단의 습득은 더 수월해진다. 그런데 이 예측에 어느 정도 투자와 개발이 필요한 경우가 있을 수 있다. 개발이 이루어져 예측 비용이 저렴해지더라도 데이터의 확보와 학습에 드는 비용, 그리고 알고리즘 시험 비용을 지출하려면 뚜렷한 정당성이 있어야 할 것이다. 쓸모 있는 예측을 얻을 수 있을 때 가능한 선택에 대한 분석, 다시 말해 적합한 판단을 습득하기 위해 결과를 미리 헤아려보는 것은 타당한 과정이다. 예를 들어, 성공 여부가 대단히 불투명한 벤처 투자 펀드 스타트업은 구체적 투자에 앞서 투자 대상이 성공을 거둘 경우 기업 공개를 통해 투자금을 회수하는 편이 나을지, 아니면 기업을 인수하는 편이 나을지 따져보는 훈련을 한다.[6]

이러한 예행연습에서는 가능성 낮은 예상 시나리오보다 가능성 높은 예상 시나리오에서 빚어질 결과를 당연히 조사한다. 그러나 시나리오마다 적합한 선택을 해야 하는 문제에서 쟁점은 예측을 통해 시나리오의 발생 확률을 알 수 있는지 여부가 아닐 수 있다. 예컨대 예측을 통해 극단적으로 다른 행동이 일어날 시나리오를 예상할 수 있는지가 더 중요할 수도 있다.

신용카드의 부정 사용에 인공지능을 적용하는 경우를 생각해보자. 신용카드를 사용하면 그 거래를 승인하거나 거부하는 일련의 알고리즘이 작동한다. 카드 사용 한도가 바닥났거나 부정 사용이 의심되면 거래는 거부될 것이다. 신용카드 네트워크는 부정 사용이 의심되는 거래를 승인하고 싶어 하지 않는다. 카드 절도와 관련해 금전적 책임이 발생할 수 있기 때문이다. 그렇지만 신용카드 사업의 핵심은 고객이나 상인의 거래 편의성 확보다. 따라서 정당한 거래를 거부하면 해로울 것이다. 소비자는 불만을 갖거나 신용카드를 바꿀 수 있다.

신용카드 거래 알고리즘은 부정 사용이 의심되는 경우 그 확률에 점수를 부여한다. 사실상 이 점수는 그 거래가 부정 사용에 해당할 확률이다. 그런데 이러한 정보에 대처할 방법을 찾기 위해서는 판단이 필요하다. 이 판단은 상인이나 거래와 관련된 누군가에게 맡길 문제가 아니다. 대신에 그 정보를 이용하는 방법이 시스템에 프로그래밍되어 있으며, 거래를 승인하거나 거부하는 결정은 자동으로 이루어진다. 다른 방법이 없다.

이러한 방식은 점수에 따라 거래를 승인하거나 거부하는 방법에 대한 판단을 사전에 검토해야 가능하며, 아마도 이 판단 기준은 여러 선택을 평가한 모종의 위원회에서 마련했을 게 틀림없다. 예측 점수가 항상 100퍼센트나 0퍼센트라면 적절한 절차에 따라 결정하면 그만이니 복잡한 판단이 필요하지 않다. 그러나 특정 점수를 기준으로 그 이상이면 거래를 승인하고 그 이하이면 거부하는 경우를 생각해보자. 거래는 대부분 승인받을 것이다. 상대적으로 높은 부정 사용 점수는 그 발생 빈도가 낮기 때문이다. 알고리즘을 통한 점수 방식을 도입하기 이전에는 신용카드 회사가 거래 승인 여부를 상인한테 맡겼던 이유를 알 만하다.

이 기준은 다음 두 가지 오류 중 어느 하나가 지나치게 크지 않도록 정해야 한다. 한 가지 오류는 카드의 부정 사용을 승인하는 경우다. 그로 인한 비용은 상인이나 카드 소지자가 아니라 카드 회사와 직결되며 역사적 데이터를 통해 계산 가능하다. 그다음은 정당한 거래를 거부하는 경우다. 그로 인한 비용은 계산이 더 복잡하고, 따라서 판단하기 더 어렵다. 이때는 카드 소지자의 유형이 중요하다. 카드 소지자가 프리미엄 고객인 경우, 거래를 거부당한 데 불만을 갖고 이탈할 수 있기 때문이다. 카드사가 염려하는 오류가 바로 이에 해당한다. 따라서 판단은 부정 사용 점수와 함께 그 고객만의 전형적 특징을 고려해 이루어진다. 결과적으로 부정 사용 예측은 의심스러운 거래에서 특이한 요소를 찾아내는 것에 달려 있다. 여행을 자주 다니는 프리미엄 고객의 경우는 일정한 소비 패턴을 보이는 카드 소지자와 비교해 예측이 더 어려울 것이다.

이렇게 보면 판단 습득이 고려해야 할 문제가 얼마나 많은 복잡한 일인지 쉽게 이해할 수 있다. 이런 고려 사항은 설명 가능한 것으로 바뀌어야 하며, 그래야 적어도 신용카드의 경우처럼 자동화 과정에 코드로 삽입될 수 있다. 자동화와 관련해, 판단에는 구체적 의사 결정에 적용할 필수적 우선순위가 반영된다. 이러한 복잡성은 인공지능 시스템 도입에 장애로 작용한다. 판단의 실행자도 바뀐다. 과거에는 상인이 예측과 판단을 겸해 카드 거래 인정 여부를 결정했다면, 요즈음 신용카드 회사는 신속한 예측에 (거래 규모에 맞게) 신중하고 준비된 판단을 결합하고 있다.

경험의 여정

경험을 통해 판단을 익힘으로써, 즉 환경이 변하더라도 대처할 방안을 익힘으로써 더 좋은 결정에 이를 수 있다. 그러나 이런 일련의 여정은 단순하지 않다. 사실 우리가 무언가를 경험하려면 (a) 어떤 일이 일어나야 하고, (b) 어떤 일이 일어났다는 사실 자체를 알아야 한다. 당신이 뜨거운 난로를 만졌다면, 이것은 새로운 경험(그랬기를 바란다)임과 동시에 그 결과의 의미를 이해할 수 있어야 한다. 그런데 이렇게 하려면 어떤 사건이 필요하다. 오븐이 뜨거울 수 있으므로 만져서는 안 된다는 걸 안다면 구태여 그 결과를 몸소 겪으려 하지 않을 것이다. 우리는 경험을 통한 학습이 나쁜 전략이라고 말하려는 것이 아니다. 우리가 지적하고자 하는 것은 선택이 존재해야 경험이 있을 수 있다는 것이다.[7]

이것을 더 정확히 설명하기 위해 두 가지 행동이 선택 가능한 경우를 생각해보자. 하나는 우리가 '현상 유지 행동'이라 부르는 것으로 '늘 하던 대로 하는 것'이다. 이때는 그 결과를 정확히 알고 있으며, 결과가 항상 동일하다는 특징이 있다. 얻을 수 있는 게 정해져 있는 행동이다. 다른 하나는 우리가 '위험을 감수하는 행동'이라 부르는 것으로 '지금까지 해보지 않은 것'이다. 이때는 앞일을 알 수가 없다. 이런 행동의 예로는 통상적 자격 기준을 충족하지 못하는 사람을 고용하는 경우, 통상적 투자 원칙에 맞지 않는 스타트업에 투자하는 경우를 들 수 있다. 여기에서는 의사 결정의 맥락을 더 잘 이해하는 데 도움을 주는 (위험한 선택에 관한) 신호를 받더라도 그 행동이 추구할 만한 가치가 있는지 여전히 알 수 없다.

이런 상황이라면 망설일지 모른다. 예측으로 유용한 정보를 얻을 수 있지만 그 정보를 어디에 이용할지 모른다면 예측 시스템 도입을 주저할 것이다. 그런데 이러한 예측 시스템이 없다면 항상 현상 유지를 고수하고 위험을 감수하는 행동은 결코 하지 못할 것이다. 다시 반복하지만, 판단을 구축하는 데 따른 어려움은 인공지능 시스템 구축의 장애물이다.

인공지능의 시스템 단계 솔루션이 가져다주는 이득이 만족스러울 정도로 크다면, 판단을 내리는 데 투자할 만한 가치가 있을 것이다. 그러면 예측과 판단이 서로를 필요로 하는 상황이 마냥 가망 없는 일은 아니다. 경험이든 계획적 방법이든 이를 통해 판단을 내리는 데 가장 유리한 위치에 있는 사람은 현재 통합된 예측과 판단을 토대로 의사 결정을 하는 사람과 다를 수밖에 없다.

모든 분야에 필요한 미국 식품의약국

대체로 우리는 약을 복용한 이후의 신체적 반응에 대해 정확히 알 수 없다. 게다가 특정 약을 먹고 끔찍한 부작용에 시달린다는 소식을 듣기도 한다. 사람이 다르면 약의 효능도 다르다. 부작용 발생은 확률의 문제다. 심지어 가장 좋은 약도 모든 사람에게 효능이 있는 것은 아니므로 때때로 좋은 약과 나쁜 약의 구별이 어려울 수 있다.

이런 문제 때문에 의약품 시장은 20세기 초 만병통치약의 시절을 보내면서 그 성장이 가로막힐 뻔했다. 그런데 약의 전반적 효능을 그 대가인 부작용과 비교해 표기하는 것을 검토하는 규제 프로세스(미국에서는 제약의 경우 식품의약국, 곧 FDA가 감독한다)가 등장했다. 이 규제 절차는 약의 효능을 본질적으로 확률의 문제로 인식하며, 그 효능을 파악하기 위해 무작위 실험을 시행했다(3장 참조). 게다가 인구 전체에 걸쳐서뿐만 아니라 연령이나 다른 기준에 따라 인구 분포를 특정 구간으로 나누어 그 구간마다 비용 편익 분석을 적용했다. 최근의 사례로는 이러한 분석을 통해 코로나19 백신에 대해 이루어진 FDA의 단계별 승인이 있다.

결정론적 방식을 확률적 방식으로 바꾸는 새로운 시스템 디자인을 검토할 때에는 이와 유사한 규제 방식을 고려해야 할 것이다.[8] 예를 들어, 간단한 운전면허 시험에서는 응시자에게 사고에 따른 비용을 판단할 능력이 있는지 여부를 검사하지 않지만, 자율 주행 인공지능의 경우에는 그 차량의 운행이 기존 안전 규정에 저촉되지 않는지 심사할 FDA와 유사한 조직이 필요할 수 있다.

마찬가지로 인공지능에 은행 자금의 대출을 맡기는 경우에도 FDA와 유사한 역할을 할 조직이 필요할 수 있다. 이 규제 조직은 인공지능에 의한 대출이 법률적 필수 요건에 위배되는지 확인하기 위해 대출 기능을 심사할 것이다. 덧붙여 로봇이 인간과 함께 작업하는 물류 창고의 시스템에도 로봇의 움직임이 안전 기준에 어긋나는지 심사할 FDA 같은 조직이 필요할 수 있다.

난해한 확률적 방식을 활용하는 제약 산업은 시민을 안심시키기 위해 규제 프로세스를 만들어 이득을 얻었다. 일부 위험을 감안해도 전체적으로 편익이 비용을 넘어섰다. 인공지능의 혜택을 최대한 누리게끔 할 시스템 차원의 솔루션을 디자인할 때에는 이와 비슷한 규제 방식이 필요할 것이다. 우리가 무르익는 시간을 지나 시스템 대부분이 결정론적 방식에서 확률적 방식으로 전환되는 인공지능의 새로운 시대를 맞이하는 동안 FDA 같은 조직이 거의 모든 분야에서 필요할 수 있다. 이러한 규제 조직은 새로운 **시스템**의 일부로 자리 잡을 것이다.

누가 판단에 가장 적합한가

판단할 주체의 선택, 판단 능력을 기를 방안, 의사 결정에서 실제 이 판단을 실행할 방안의 문제들은—이 문제들을 순차적으로 맞이하든 한데 뒤섞인 복잡한 문제로 맞이하든—인공지능 예측을 기반으로 한 시스템 디자인에서 핵심이다. 인공지능의 예측으로 과거의 적임자와는 다른 판단 적임자를 새로이 선택할 가능성이 등장했다는 사실을 떠올려보자. 그런데 예측과 판단의 분리 때문에 판단할 사람을 선택해야 하는 것과 함께 예측의 활용 방법도 이해해야 할 필요성이 생겼다. 예측에는 미리 정해진 판단 기준을 중심으로 작동하는 알고리즘처럼 고정된 방식이 있고, 가장 가까운 경로의 예측처럼 유동적 방식이 있을 수 있다.

이러한 변화는 판도 변화를 낳고 갈등을 초래할 수 있다. 그럼에도 예측과 판단의 분리에서 시작해 판단 적임자를 찾아야 하는 과제를 안은 시스템 재설계 기회가 모습을 드러내고 있다. 판단의 새로운 적임자는 기존의 의사 결정자와 다를 수밖에 없다. 이 적임자들은 불확실성 속에서 사고하는 방법을 이해하며 적절한 판단을 습득하기 위해 적절한 계획을 세우는 기량과 경험을 갖추어야 한다.

핵심 요약

- 인공지능은 **확률적 사고방식**을 시스템에 도입한다. 자동차 사고가 일어나면 보통은 운전자가 보행자를 보았는지부터 질문하고, 보았거나 보지 못했거나 둘 중 하나의 대답을 예상한다. 이런 경우 우리는 '어느 정도' 또는 '조금'이라는 대답을 들으면 어리둥절할 것이다. 그런데 정확히 이런 것이 인공지능의 대답이다. 인공지능은 사람으로 보이는 물체가 도로에 나타날 확률이 가령 0.01퍼센트라는 식으로 이해한다. 인공지능을 시스템에 도입한다는 것은 그 시스템이 결정론적 방식에서 확률적 방식으로 전환된다는 뜻이다. 때때로 기존 시스템 가운데에서도 확률적 정보의 수용에 알맞은 것이 있다. 그 밖의

경우에는 시스템 재구축을 거쳐야 어마어마한 생산성 증가 기회를 맞이할 수 있다.

- 예측을 의사 결정에 반영하기 위해서는 판단이 이루어져야 한다. 전통적 의사 결정 방식에서는 판단을 예측과 구별해 정의하지 않는다. 그렇다면 우리는 판단을 정의해야 한다. 판단은 어떻게 습득하는가? 전수나 학습 또는 경험을 통해 얻을 수 있다. 판단이 미리 준비되어 있지 않으면, 인공지능의 예측을 구축하는 데 투자할 동기는 낮아질 것이다. 마찬가지로 예측을 담당할 인공지능이 없다면, 여러 의사 결정과 관련한 판단을 습득하는 데 투자하기가 망설여질 것이다. 우리는 예측과 판단이 서로 필요한 상황을 맞이한다. 이는 시스템 재구축에 추가적인 장애물로 작용할 수 있다.
- 인공지능의 능력을 최대한 이용하기 위해서는 많은 애플리케이션에 새롭게 디자인한 시스템 단계 솔루션이 필요하다. 이 솔루션에는 시스템이 결정론적 방식에서 확률적 방식으로 전환될 때 사회를 안심시키기 위한 규제 기능이 포함된다. 우리는 이런 시스템이 모든 예상 시나리오마다 어떤 효과를 낳을지 미리 알지 못한다. 충분히 검토하고 있지 않기 때문이다. 난해한 확률적 방식을 활용하는 제약 산업이 일부 부작용 위험을 감안해도 전체적으로 편익이 비용을 넘어서기 때문에 시민을 안심시킬 수 있는 규제 프로세스에서 이득을 얻는 것처럼, 우리에게는 기존 검사 체계와 달리 기계의 결정을 검토하는 FDA 같은 규제 기관이 필요할 것이다. 대개의 경우 이 기능은 확률적 정보에 의지하는 시스템 재구축의 성공을 좌우하는 요소일 수 있다.

15

새로운 판단 적임자

납은 아동의 뇌 발달에 치명적 영향을 주는 신경 독소다.[1] 1960년대에는 페인트에, 1970년대에는 휘발유에 납 사용을 금지하기 시작했다. 납을 함유한 페인트는 대부분 대체되었고, 납이 들어간 휘발유를 사용하던 자동차도 오래전에 폐기되었다. 이로써 전 세계 수많은 사람이 납의 위험으로부터 건강을 지킬 수 있었다.

미국에서는 1986년부터 수도관에 납의 사용을 금지했지만 이미 설치된 수도관은 그대로 방치했다. 매설된 수도관은 교체 없이 100년 가까이 사용하기 때문에 건강에 해를 끼칠 수 있다. 미시간주 플린트(Flint)에서는 상수원이 바뀌면서 수돗물의 납 농도가 치솟자 수도관 교체가 긴급한 현안으로 떠올랐다. 문제는 매설된 수도관이 납관인지 아닌지 알 길이 없다는 것이었다. 수도관을 일일이 확인하는 데는 많은 비용이 들었기 때문이다.

불확실성은 예측 기계를 사용할 계기를 제공한다. 미시간 대학의 교수 에릭 슈워츠(Eric Schwartz)와 제이컵 애버네시(Jacob Abernethy)가 그러한 도전에 나섰다. 팀을 구성한 그들은 플린트시에 인공지능을 성공적으로 구축해 납관일 가능성이 높은 파이프를 예측하기 시작했다. 시에서는 그 예측에 따라 의심되는 가구에서만 납관 사용 여부를 조사했다. 그 예측 기계의 정확도는 80퍼센트에 달했다.[2] 플린트시는 2016년과 2017년에 수천 가구의 납관을 교체했다.

그렇지만 일부 주민은 못마땅해했다. 예측은 가령 어느 지역의 한 구역에 납관을 사용했을 거라고(아마도 주택이 상대적으로 더 낡았기 때문에) 알려주었지만, 동일한 지역의 나머지 구역 주민은 불안할 수밖에 없었다. 일부 지역, 특히 빈곤한 지역은 더 부유한 지역보다 수도관을 조사할 가능성이 더 컸다. 이런 이유로 부유한 지역 주민들은 수도관 조사가 제때 이루어지지 않는다고 분노했다. 그러자 플린트 시장은 새로운 회사와 하도급 계약을 맺으면서, 매설된 수도관이 실제 납관일 가능성과 상관없이 여러 구역을 정해 그곳에 있는 모든 가구의 수도관을 다 검사하라고 요구했다.

그러다 보니 검사 성공률이 15퍼센트까지 급락했다(그림 15-1 참조). 많은 주민이 납관을 바꿔 안심했지만, 인공지능에 의한 납관의 확인 및 교체는 중단되었다. 인공지능이 탁월한 예측을 했어도 판단은 정치적으로 이루어졌던 것이다. 수도관 교체 프로젝트를 맡은 새로운 책임자가 지적한 대로, 플린트 시장은 시의원들에게 그들의 지역구에서 조사가 이루어지지 않는 이유를 설명해야 하는 상황을 꺼렸으며, 주민 누구에게도 소외당하고 있다는 느낌을 주고 싶지 않았다.[3] 그러는 동안 플린트시의 피프스워드(Fifth Ward)에서는 80퍼센트의 가구에 납관이 매설되

그림 15-1 플린트시에서 납관을 찾아낸 예측의 정확도

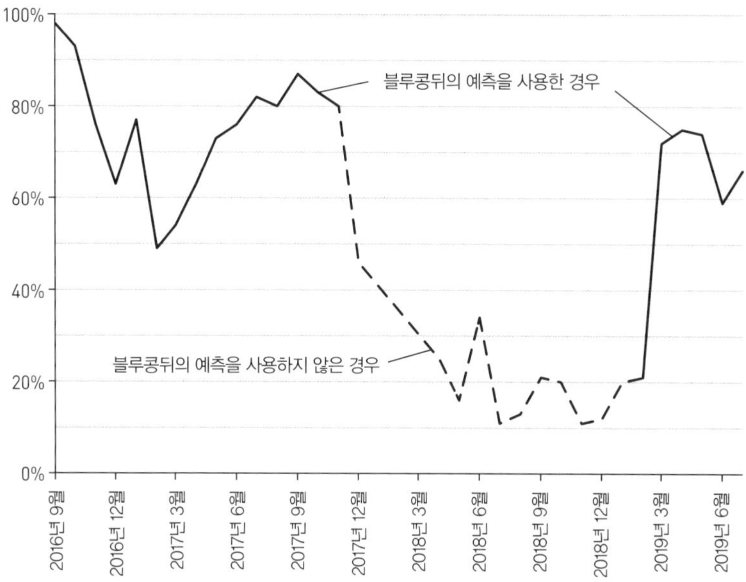

출처: Jared Webb, Jacob Abernethy, and Eric Schwartz, "Getting the Lead Out: Data Science and Water Service Lines in Flint" (working paper, University of Michigan, 2020), figure 2, https://storage.googleapis.com/flint-storage-bucket/d4gx_2019%20(2).pdf에서 발췌.

었을 것이라는 인공지능의 예측에도 불구하고 땅파기조차 거의 이루어지지 않았다. 지역 정치인들의 판단을 좇아 플린트시가 예측 기계를 사용하지 않기로 결정했기 때문이다.

그런데 이것이 이야기의 끝은 아니다. 2019년 3월 26일, 플린트시가 슈워츠와 애버네시의 예측 기계를 이용하게끔 하는 민사상 합의가 법원에서 이뤄졌다. 법원은 정치적 재량의 여지를 막고 합의문에 판단을 명시했다. 본질적으로, 납관 제거를 모든 주민이 동일하게 누려야 하는 이익으로 판단한 것이다. 관건은 납관 매설 가능성이었는데, 예측 성공

률이 70퍼센트까지 올라가 추가로 수천 가구의 납관을 교체할 수 있었다. 〈타임〉은 슈워츠의 인공지능을 2021년 최고 발명품 중 하나로 선정했다. 현재는 블루콘딧(BlueConduit)라는 영리법인이 50여 개 도시에 납관의 조사 및 교체 관련 예측을 제공함으로써 시의 재정을 아끼는 데 도움을 주고 있다.[4]

여기서 흥미로운 것은 **새로운 예측 기계의 이용으로 촉발된 결정의 권한을 둘러싼 다툼**이다. 플린트시의 정치인들은 예측 기계를 눈엣가시로 여겼기 때문에 그것을 내던졌고, 다른 사람들은 예측 기계의 유용성을 인정했기 때문에 모든 가구가 동일한 이익을 누려야 한다고 생각했다. 법원에서의 합의 이후 결정 권한을 가진 사람이 바뀌었고, 합의문은 판단을 명시했다. 지역 정치인의 재량 행사를 봉쇄하고, 중앙 집중적 시스템을 받아들인 것이다.

이렇게 예측 기계로 인해 판단과 예측이 분리되면, 판단 권한이 다른 사람한테 옮겨갈 여지가 생긴다. 앞서 언급했듯 판단하는 사람이 궁극적으로 의사 결정을 하는 것이나 마찬가지다. 그래서 의사 결정 책임자나 의사 결정 권한을 맡은 사람이 바뀔 수 있는 것이다. 이번 장에서는 새로운 판단 적임자가 등장해 의사 결정을 책임질 가능성이 보이는 경우를 살펴볼 예정이다.

더 중요하게, 이 과정에서 우리는 새로운 시스템을 수용함으로써 변화가 일어나면, 이에 저항하는 기존 시스템의 기득권자들을 주목했다. 우리는 앞서 판도 변화의 결과로 흔히 승자와 패자가 나뉜다는 사실을 언급했다. 그런데 패자가 조직의 어느 구성단위 전부일 수 있다. 블록버스터의 주문형 비디오 서비스 도입에 반대한 대여점들의 경우처럼 말이다. 경제적 지배력의 이동이 불러일으킨 블록버스터의 내부 변화는 이들에 의해 가로막혔다. 그런데 경제적 지배력은 또한 의사 결정을 새롭게 맡은 사람의 편에 선다. 미시간주 플린트의 사례에서는 인공지능의 예측이 사실상 지역 정치인에게서 의사 결정 권한을 박탈하는 것이나 다름없었으며, 지배력 상실이 예상되자 인공지능 수용을 둘러싸고 갈등이 발생했다. 이러한 갈등을 해소하기 위해서는 의사 결정 권한을 다시금 이동시켜야 했다. 이처럼 의사 결정 권한을 가진 사람이 바뀌면 기존 지배력에 충격을 주고, 이 때문에 새로운 시스템의 도입을 둘러싸고 저항이 발생할 수 있다.

누가 의사 결정을 하는가

지역 정치인이 아니라 법원에서 결정한 우선순위에 따르도록 판단 주체가 바뀌면서 플린트시 주민들의 삶이 개선될 가능성이 높아졌다. 사람이 다르면 유인도 각기 다르며, 기계 예측으로 의사 결정의 조건이 바뀌면 의사 결정을 개선할 새로운 기회가 생긴다.

사업에서 상층 관리자나 그 하급자에게 특정 의사 결정을 맡겨야 하는 경우, 가장 중요한 기준은 가장 낮은 비용으로 조직의 이해관계에 가장 부합하는 의사 결정을 내릴 수 있는 사람인지 여부다. 다시 말해, **효율성**이다. 효율성을 기준으로 누군가에게 의사 결정을 맡기는 이유에는 여러 가지가 있다. 그중 하나가 의사 결정을 하는 사람은 중요한 **정보**에 접근할 권한이 있기 때문이다. 예를 들어, 현장 관리자가 내부 자원의 배치와 관련해 의사 결정을 내리는 경우를 생각해보자. (조직 전체 입장에서 보면) 이 관리자가 정보를 수집해 계통에 따라 상부에 보고하려면 시간과 비용이 든다. 따라서 어떤 경우에는 현장을 가장 잘 이해하는 위치에 있는 사람에게 의사 결정을 맡긴다.

두 번째 이유는 **기량이 뛰어나기** 때문이다. 의사 결정은 어려울 때가 있다. 특히 정보를 해석하고 선택을 위해 예측과 판단 둘 다를 해야 하는 경우에 그렇다. 이러한 행동에는 기량이 요구되며, 이런 기량은 누구나 갖추고 있는 게 아니다. 결국 의사 결정 권한을 맡기기 위해서는 기량을 따져봐야 한다.

세 번째는 기량과 유사하지만 조직의 이해관계에 어긋나지 않게 의사 결정을 하는 **유인** 때문이다. 의사 결정에는 판단에 영향을 미치는 개별적 선호가 작용한다. 이로 인해 조직의 이해관계에 어긋나는 일이 발생할 수 있다. 이런 경우 유인책을 활용해 조직과 개인의 이해관계를 일치시키는 것이 가능하며(불일치를 낳는 요소를 측정할 수 있다면), 유달리 조직의 이해관계에 일체감을 느끼는 사람도 있으므로 이런 사람에게 의사 결정 권한을 맡길 수 있다.

마지막으로, 의사 결정의 **영향**이 한정적이지 않고, 때때로 의사 결정자의 권한을 넘어서는 영향을 미치기 때문이다. 예를 들어, 영업과 마케팅은 생산 및 운영과 연계되어야 하는데, 이 경우 다양한 결정 사이의 관계를 이해하는 사람이 모든 의사 결정을 내리는 사람이 될 수 있다. 따라서 의사 결정을 상호 조정된 방식으로 내리는 것이 가능하다. 설령 이러한 조정 때문에 정보의 유용성, 보고 체계, 심지어 기량의 차원에서 일부 불리한 측면이 있더라도 말이다.

의사 결정 권한을 맡은 사람은 거기에 수반되는 지배력도 갖는다는 점이 중요하다. 의사 결정 권한을 맡으면 자원의 배치, 고려할 정보의 선택, 궁극적으로 누구의 이익을 위해 결정을 내릴지 지시할 수 있어야 한다. 이런 지배력을 얻으면 당연히 가치를 증대시킬 가능성이 커진다. 의사 결정 권한을 맡은 사람은 의사 결정을 개선해 조직의 가치를 창출할 수 있기 때문이다. 더욱이 다른 누구도 아닌 당신이 그러한 권한을 갖는 이유는 정보, 기량 및 이해관계 조정이 아무에게나 가능한 것은 아니기 때문이다. 누구나 의사 결정을 할 수 있는 것처럼 보일 수 있다. 그러나 우리가 의사 결정을 맡길 사람을 심사숙고해서 고른다는 사실에서 결정 권한과 함께 지배력도 옮겨간다는 게 간접적으로 드러난다.

인공지능 예측의 등장이 예측과 판단의 분리를 가져온다. 더 중요하게, 의사 결정 권한을 맡길 사람을 선택하는 데 효율성을 기준으로 삼는 이유의 중심에는 판단이 있다. 결국 인공지능의 예측은 누가 그걸 사용하는지에 관계없이 동일해야 하며, 의사 결정 권한의 분배에서는 당연히 고려되지 않는 요소다.

의사 결정의 재능

기량이 뛰어난 사람을 일컬어 통상 **재능**이 있다고 말한다. 예측 기계의 등장 이전에 우리가 높이 평가한 기량이 탁월한 예측과 판단이었다면, 그 이후의 가장 중요한 기량은 의사 결정 개선 능력이다. 기계에 의한 예측이 가능해지면 도움이 될 만한 인간의 특수한 기량엔 무엇이 있는지 질문을 던질 수 있다. 예측 기계가 등장하기 전에는 바람직한 의사 결정과 바람직한 예측과 판단을 구분할 수 없었던 반면, 예측 기계가 등장하면서부터는 인간의 판단 능력이 주목받고 있다.

다행인 것은 11장에서 살펴본 대로 판단은 사람의 몫이라는 것이고,

안타까운 것은 인공지능 예측 도입 이전까지 판단을 맡았던 사람이 이후에도 반드시 적임자일 수는 없다는 것이다.

그렇다면 인공지능 예측이 도입되었을 때, 판단 적임자는 실제로 언제 바뀌는 것일까? 대체로 인공지능의 예측은 현재 의사 결정을 맡고 있는 재능 있는 사람에게 힘을 실어줄 것이며 그러한 경우 이들은 판도 변화에 영향을 받지 않을 것이다. 하지만 판단의 권한이 효율성 제고를 위해 이곳저곳에 분산될 수 있는데, 이런 경우 우리는 다가올 변화에 영향을 미치는 요소 중 어떤 것에 주목해야 하는가?

판단에 가장 적합한 사람의 유형이 달라지면, 예측과 판단의 분리가 지배력을 변화시킬 수 있다. 사람에 따라 판단의 가치가 높아지거나 낮아지는 것이다. 이런 현상은 산업이나 상황을 불문하고 벌어지는 일은 아니다. 사실 최근의 인공지능 발전만으로는 의사 결정에 거의 영향을 미치지 못한다. 더 나은 예측을 통해 기존의 예측 분석을 개선하고, 기존 절차 또한 꾸준히 개선하는 기업이 있기는 하지만 말이다.

그러나 때때로 예측의 개선으로 판단할 수 있는 사람의 범위가 달라지기도 한다. 이렇게 되면 의사 결정자가 바뀌고 지배력은 재분배될 것이다. 인공지능이 판단의 가치에 미치는 영향은, 인공지능 도입 이전에 의사 결정에서 예측이 큰 역할을 하는 경우 인공지능의 이용 여부에 따라 달라진다.

택시 운전사는 시간대에 따라 두 지점 사이를 가장 빨리 이동할 수 있는 경로를 예측해야 한다. 예를 들어, 런던의 택시 운전사는 '지식(The Knowledge)'이라 부르는 3년 과정의 훈련을 받고, 마지막에 거리 이름, 주요 시설의 위치, 요일과 시간대에 따라 달라지는 가장 빠른 경로를 찾아낼 수 있는지 시험을 보았다. 따라서 예측은 택시 운전사 업무의 핵심이었다. 그런데 어느 앱이 이러한 예측을 제공하자 (위 과정을 마친 택시 운전사에게는 아무것도 달라진 게 없었지만) 우버나 리프트(Lyft)의 운전사들은 모두 자신의 예측 기량이 아니라 인공지능의 예측에 의지해 판단을 내려야 하는 상황을 맞이했다. 인공지능이 택시 산업에서 판도 변화를 일으킨 것은 인공지능 때문에 택시 운전사의 판단 가치가 변했기 때문이 아니라, 우버나 리프트에 고용되어 일하는 운전사들의 판단 가치가 높아졌기 때문이다. 인공지능의 예측은 승객 영업을 하는 운전사가 늘어나는 가운데 의사 결정을 하는 운전사의 범위를 변화시켰다.

납 수도관과 관련해 플린트시의 경우에는 예측이 도입되자 소송 절차를 거쳐 의사 결정자가 지역 정치인에서 소송 당사자 및 판사로 바뀌었다.

의사 결정권자가 바뀌면 반발과 아울러 변화에 대한 회의가 생겨날 수 있다. 현직 기상 예보관은 날씨를 예측한다.[5] 날마다 온도, 강수량이나 적설량, 허리케인, 토네이도, 폭설 같은 이상 기후를 예측한다. 이들이 알리는 정보는 심각한 기상 악화가 예상되는 경우 특히 중요하다. 미국 국립기상협회(NWA) 회장을 지낸 토드 레리코스(Todd Lericos)는 이렇게 말했다. "우리가 하는 일은 위험을 평가하는 것이다. 우리는 국민에게 닥칠 위험의 정도와 주민이 대비하는 데 필요한 정보를 제공한다."[6]

중요한 예보라도 사람들이 신경 쓰지 않으면 쓸모가 없다. 2011년 미주리주 조플린(Joplin)을 강타한 토네이도를 떠올려보자. 4시간 앞서 토네이도 경보가 발령되었으며, 토네이도가 닥치기 17분 전에는 요란한 사이렌 경고음이 울렸다. 그러나 주민들은 대부분 피난처로 향하지 않았다.[7] 그 결과 안타깝게도 158명이 사망하고, 그보다 많은 부상자가 발생했다. 일기 예보는 날씨가 악화할 경우 사람들의 현명한 의사 결정을 돕도록 마련된 프로세스의 일부다.

일기 예측이 더 정확해지면서 기상 정보 제공은 더욱 까다로워졌다. 토네이도가 닥칠 위험이 5퍼센트라고 가정해보자. 기상 예보관은 주민의 생명과 재산에 닥칠 실제 위험을 경고해 얻을 수 있는 단기적 편익과 스무 번에 열아홉 번은 무탈한데도 알려야 하는 경고로 인한 피로(alert fatigue)의 장기적 비용을 비교 분석해야 한다. 이 때문에 현직 기상 예보관의 일상적 역할이 변화했다. 레리코스는 다음과 같이 지적했다.

> 지금까지 기상 서비스의 1차 고객은 국민이었다. 하지만 현재 국민은 2차 고객의 지위에 더 가깝다. 중요한 의사 결정을 위해 기상 서비스의 궂은일은 대부분 지역 정부와 함께 수행하고 있다. ……그들의 영향력을 무시할 수 없다. 아마 여러분은 겨울에 폭설이 예상되는 경우, 시장이 연단 위에 서서 시민을 위해 어떤 도로의 이용을 막아야 한다고 말하는 광경을 몇 차례 보았을 것이다.[8]

달리 말해, 미국 기상청은 의사 결정을 지원한다. 저술가 앤드루 블럼(Andrew Blum)이 말했듯 "현재 기상청은 재난 관리 담당자와 공무원에게 기상 악화의 가능성과 심각성을 설명하는 데 더 많은 시간을 쏟고 있다. 한동안 그 때문에 업무가 늘어났지만, 어쩌면 앞으로 이것이 유일한 업무가 될 수 있다".[9]

그렇게 된 데에는 예보의 정확성이 높아진 사실도 한몫했을 것이다. 예보가 형편없다면 학교는 눈이 내리기 시작해서야 문을 닫을 것이다. 예측 개선은 필요한 조치를 며칠 앞당겨 내릴 수 있다는 의미다.

이런 상황은 새로운 문제의식을 부른다. 기상 예보가 거의 완벽해지면, 예보의 용도는 장차 어떻게 될까? 예보를 이용하는 의사 결정 방식 학습은 어떻게 수행할 것인가? 과거의 기상학은 현실 상황에 신속하게 대처할 수 없었다. "이러한 대처는 항상 기상학에서 부차적인 것이었으며, 우리가 아닌 다른 사람의 일이었다."〔기상학자이자 웨더 컴퍼니(Weather Company)의 이사〕 피터 닐리(Peter Neilley)는 이어서 이렇게 설명했다. "기상학자들은 오랫동안 이렇게 말했다. '우리에게 가장 중요한 것은 정확성이며, 정확성에서 개가를 올리면 비로소 안심할 수 있는 사회가 될 것이다.' 그러나 우리는 이것이 현실과 완전히 동떨어졌다는 걸 깨달았다." 기상청의 업무가 확대되고 있다. 닐리에 따르면 이제는 "기상 예측 모델을 이용한 예보의 생산에서 개인의 효과적 선택을 돕는 일에 이르기까지 완전한 가치 사슬이 구축되고 있다".[10]

지금까지 지역의 기상 예보관들은 임무를 훌륭하게 수행했다. 대설 경보가 내렸다고 해보자. 우리가 사는 토론토에서 한밤의 1인치 적설량은 차를 끌고 나가기 전에 눈을 몇 분 동안 털어내는 걸 뜻할 뿐이지만, 애틀랜타에서는 동일한 적설량이 도시 마비를 의미할 수도 있다. 라스베이거스의 경우는 더 복잡하다. 기상 예보는 시의 서쪽 지역에서만 문제가 된다. 높은 해발고도 때문에 눈이 올 가능성이 크기 때문이다. 올바른 판단은 복잡한 일이며, 사람들의 생활 방식에 대한 이해가 반드시 필요하다.

레리코스는 기상 관련 인공지능의 시스템 단계 솔루션을 적용하는 경우를 설명해주었다. 그는 먼저 도입 단계 솔루션을 묘사하는 것에서부터 시작했다. 예측 개선으로 예보관 업무에서 날씨의 영향과 위험성을 알리는 일의 중요성이 더욱 커질 것이다. 이런 상황은 이후 시스템 차원의 변화를 낳을 수 있다.

> 기상학에서 인공지능이 두드러진 분야가 하나 더 있다. 정확성이 더 높아진 일기 예보를 사회적·개인적 차원의 데이터와 결합하는 것이다. 개인 또는 기업의 위험에 대한 예측을 개선하고, 그 대비책을 마련하도록 도움을 줄 수 있다. 국민 전체를 대상으로 하는 기상 특보가 없는 상황을 생각해보자. 대신 맞춤형 기상 경보를 자동으로 개인이나 기업에 전달한다. 그렇다면 앞으로 기상 예보관은 필요 없다는 말일까? 인간 예보관의 판단은 고객에 따라 다양한 유형의 의사 결정을 지원하는 인공지능 개발 연구에 더 쓸모 있을 수 있다.[11]

각각의 사람에게 적합한 일기 예보를 전달하기 위해서는 개인의 활동 패턴을 파악하는 것이 필요하다. 레리코스는 한 가지 사례를 들었다. 도시에 대설 경보가 발령되었을 때, 라스베이거스 동쪽 구역에 거주하는 사람은 활동 패턴을 바꿀 필요가 없다. 자녀의 학교가 서쪽 구역에 있지 않다면 말이다. 만일 학교가 서쪽 구역에 있다면 학교 폐쇄를 예상할 수 있다. 폐쇄하지 않는다면 아이를 집으로 데려올 방법을 찾아야 한다. 집으로 데려오려면 자동차도 문제다. 네바다주에서는 대다수 자동차가 눈에 잘 미끄러지는 후륜 구동 방식이다. 예측 정확도가 높아지면 판단은 더욱 까다로운 일이 된다. 레리코스는 사람들에게 전문 지식을 갖춘 사람, 이를테면 사회학자, 교통 전문가, 그리고 물론 기상 예보관이 필요하다고 강조했다. 그는 다음과 같이 인정했다. "기상 예보관이 끼어들 자리가 없는 상황이 올 수도 있다. 그것은 개인이 씨

름하는 문제가 정확히 무엇인지에 달려 있다."[12] 인공지능 개선으로 현직 기상 예보관이 날씨 예보 분야에서 더는 핵심적 역할을 하지 못한다면, 이들이 인공지능의 광범위한 수용을 경계하는 일 역시 벌어질 수 있다.

플린트시의 납 수도관, 내비게이션 앱, 날씨 예측은 모두 의사 결정자의 판단 가치가 인공지능을 통해 높아지면 그 지배력을 유지하지만, 가치가 낮아지면 지배력을 잃게 된다는 걸 보여준다. **궁극적으로 지배력은 의사 결정의 효율성에 달려 있다.** 예측 기계의 도입으로 정보, 기량, 동기, 협력 능력을 갖춘 사람이 바뀌면 판단에 따르는 지배력 또한 변화한다.[13]

분권화와 집중화

인공지능은 다른 한편으로 지배력의 집중에도 영향을 미친다. 지배력이 집중되면 판단의 대규모 처리가 가능해지는데, 다양한 의사 결정 사이의 상호 작용을 돕는 소프트웨어인 인공지능의 예측 덕분이다. 이러한 대규모 처리는 판단 기준을 정하고, 이에 따른 판단을 코드화해 자동 처리되도록 함으로써 잠재적인 효율성을 높인다.

이 과정을 이해하기 위해 인공지능 예측이 이미 영향을 발휘하고 있는 사례, 즉 방사선 치료와 신용카드 부정 사용의 예를 살펴보자. 카드의 부정 사용에 대해서는 14장에서 다루었다. 방사선 치료의 경우, 인공지능 예측은 방사선 전문의의 업무를 위협하고 있다. 인공지능 예측의 영향을 가늠하기 위해, 이 분야에서 인공지능의 예측이 인간의 예측보다 우월해지면 그 예측이 판단의 주체 또한 바꿀 것이다.

판단은 선택에 따라 달라지는 가치의 변동에 대한 지식이라는 것을 떠올려보자. 예측을 기반으로 의사 결정을 할 때, 판단은 종종 예측의 불완전성 때문에 잘못된 의사 결정에 일조하기도 한다. 인공지능의 예측이 불완전할 경우 누구에게 판단의 자격이 있는 것일까?

악성 종양이 의심되는 환자에 대한 진단 결정을 생각해보자. 방사선 전문의는 진단을 위해 환자의 영상 이미지를 살펴본다. 미국에서 방사선 전문의는 보통 환자와 접촉하지 않으며, 그들에게 유일한 정보는 환자의 영상 진단 이미지뿐이다.

종종 예후가 분명한 경우도 있긴 하지만, 그렇지 않을 때 방사선 전문의는 악성 종양일 확률을 알려준다. 그런데 만약 그들이 악성을 양성이라고 진단해버리면 환자는 치료를 받지 않을 테고, 그로 인해 사망에 이를 수도 있다. 이 때문에 사람들은 만일의 상황에 대비해 진단을 받는 것으로 기우는 듯하다.

그러나 만일의 상황을 가정하는 선택에도 비용이 든다. 악성 종양이 아님에도 악성으로 진단된다면, 환자는 추가 검사와 처치를 위해 매번 불편한 금식을 감수할 수밖에 없다. 최종 진단이 방사선 전문의의 독자적 판단에 따른 것일 수도 있다. 더 나아가 그 판단에는 방사선 전문의의 자기 능력에 대한 확신이 담겨 있을 것이다. 만일 환자가 무언가 잘못된 것 아닐까 의심하는 경우는, 사실 양성이지만 악성 진단을 받은 때가 아니라 악성임에도 양성 진단을 받은 때일 것이다.

방사선 전문의가 하는 판단의 기초는 훈련과 경험이다. 모든 방사선 전문의는 결정해야 하는 순간이 닥칠 때마다 하나하나 판단을 내려 결정한다.

판단을 여러 개인에게 맡기지 않고, 더욱 집중화된 프로세스의 결과로 판단하는 상황도 있다. 신용카드 네트워크에서 이런 일이 벌어진다. 여기서 알고리즘이 부정 거래 여부를 예측하면, 이러한 예측에 대응하는 판단은 그 기준을 사전에 정해야 하고, 코드화해야 하고, 대규모로 실행해야 한다. 판단을 중앙에 맡기는 것이다.

방사선 전문의와 신용카드 네트워크는 두 종류의 판단 주체를 보여준다. 예컨대 개인이 각각 판단을 내리는 것과 한꺼번에 수많은 판단이 이루어지는 것이다. 개별적 판단이 가치 있는 경우는 의사 결정을 둘러싼 상황이 개별적 요소와 관련해 의미를 갖거나 그 판단을 성질상 코드화하기 어려울 때다. 대규모로 이루어지는 판단이 가치 있는 경우는 조직 전체에서 일관된 의사 결정 절차를 유지하는 것이 유리하거나 개별 의사 결정을 둘러싼 상황의 중요성이 낮은 때다. 이 두 가지 판단 방식의 구분이 중요한 것은 인공지능에 의해 예측 개선이 이루어질 때 판단에 가장 적합한 주체가 바뀔 수 있기 때문이다.

이것은 이미 신용카드의 경우에 뚜렷하다. 신용카드를 사용하기 이전에 지배적인 지불 수단은 현금과 수표였다. 현금은 물론 신뢰성이 높고 위폐 사용이 어렵다. 수표는 이와 달라서 상인들이 거래 상대인 고객에 따라 받기도 하고 거절하기도 했다. 그들은 수표의 환전 가능성에 대해 나름의 예측을 할 뿐 아니라, 이 예측을 과거의 경험에서 얻은 판단과 결합시켰다.

신용카드 네트워크가 대규모 처리를 하면서 인공지능 도입 이전에도 카드의 부정 사용 여부를 예측하는 데 유용한 데이터를 많이 수집했다. 초기에 부정 사용 관리의 초점은 원상회복이었다. 그러나 예측이 개선되자 이 네트워크는 상인들에게 의심스러운 사용자에 대해 알려달라는 요청을 하지 않고서도 거래 승인을 전보다 신뢰할 만한 수준에서 대규모로 처리할 수 있게 되었다. 따라서 예측 개선으로 판단의 출발점이 개별적 상황에서 대규모 처리 상황으로 변화했다.

방사선 전문의는 여전히 예측하고, 그 예측에 맞추어 판단을 적용한다. 판단의 출발점은 지금도 개인 차원에 머물고 있다. 그러나 인공지능이 개선되어도 방사선 전문의가 진단에서 계속 판단 적임자로 남을지는 두고 봐야 할 것이다.

방사선 전문의는 예측만 하는 것이 아니다. 8장에서 살펴본 것처럼 그들의 워크플로에는 30가지 과업이 있으며, 그중 인공지능에 영향을 받게 될 과업은 진단 예측 하나뿐이다.[14] 나머지 과업에는 검사 같은 행위와 치료 계획을 마련하는 판단이 포함된다.[15] 방사선 전문의는 의과대학원을 마치고 몇 년 동안 수련을 한다. 대부분 그 기간 동안 영상 이미지 판독법을 배운다. 그런데 인공지능이 예측을 전담하면, 현재 방사선 전문의들이 수행하는 나머지 과업을 맡기는 데 문제가 생긴다. 개별적 과업을 이해하는 의료 전문가가 그 자리에 있어야 할 가능성이 높다. 영상의학 분야에서 예측 개선은 의사 결정에 따른 지배력이 방사선 전문의로부터 광범위한 의료 전문가에게 옮겨가면서 지금보다 더 많은 의료 전문가들이 판단을 맡게끔 할 수도 있다.

예측은 판단하는 주체의 집중화를 강화하거나 약화시킬 수 있다.

판단과 통제

지금까지 판단과 통제라는 두 가지 측면을 논의했다. 예측과 판단이 분

그림 15-2 판단과 통제

		의사 결정에 대한 통제: 집중의 강화	의사 결정에 대한 통제: 집중의 완화
판단의 주체	한 사람	고객 지원, 채용	영상의학
	여러 사람	신용카드, 플린트시의 납관	우버 운전사, 기상학

리되면서 여러 사람에게 판단을 맡기는 경우가 있을 수 있고, 한 사람에게 맡기는 경우가 있을 수 있다. 때때로 의사 결정에 대한 통제가 더욱 집중 또는 완화되는 경우도 있다(그림 15-2 참조).

가장 효과적인 판단 능력을 보유한 소수의 사람이 있으며, 인공지능 도입으로 이들과 현재 의사 결정을 맡고 있는 사람들 사이에 차이가 있음이 밝혀진다면 판도 변화가 일어날 가능성이 있다. 우리는 이미 이러한 판도 변화를 결제 산업에서 목도했다. 중앙 집중화한 네트워크 관리자들의 판단이 수많은 상인의 판단을 대체했다. 플린트시에서는 데이터 앞에서 낡은 방식을 고수할 수 없게 되자 판도 변화가 일어났다.

판단하는 사람이 달라지면 인공지능의 도입 단계 솔루션조차 반발을 부를 수 있다. 인공지능 보급이 더뎌지고 무르익는 시간은 더 길어질 것이다. 또한 판도 변화 가능성이 높아짐과 동시에 시스템 단계 솔루션의 필요성 역시 커질 것이다. 현 시스템에서 지배력을 가진 사람들이 자기 직위를 포기하지 않더라도 새로운 시스템은 최고 적임자에게 판단을 맡길 것이다.

그러나 판단 적임자가 제자리를 잡았더라도 6부에서 살펴보겠지만 시스템이 상호 연관된 의사 결정들로 이루어졌음을 이해하는 것이 중요하다. 하나의 의사 결정 수행 방식이 변하면 나머지 의사 결정들이 영향을 받을 수 있다. 이는 시스템 디자인에서 다룰 중요한 사항이다.

핵심 요약

- 인공지능 실행으로 예측과 판단이 서로 분리되면 가치 창조의 기회를 맞이하는 한편, 판단 권한이 기존 의사 결정자에게서 다른 사람으로 옮겨가도록 할 새로운 시스템의 디자인이 반드시 필요할 수 있다. 판단 권한이 이처럼 이동하면 지배력이 재분배된다. 판단하는 사람은 궁극적으로 의사 결정을 하는 것이며, 따라서 지배력을 얻는다. 인공지능을 이용하는 새로운 시스템 디자인은 특정 개인들의 지배력을 약화시켜 그들의 반발을 초래할 수 있다.
- 새로운 시스템 디자인에서 결정 권한은 어떻게 분배될까? 가장 낮은 비용으로 조직의 이해관계에 가장 부합하는 의사 결정을 내릴 수 있는 사람이나 집단에 결정을 맡길 것이다. 이때 그 기준은 **의사 결정의 효율성**이며, 여기에는 고려해야 할 네 가지 요소가 있다. (1) 정보: 의사 결정에 필요한 정보에 접근하는 사람 또는 그 권한이 있는 사람인가? (2) 기량: 의사 결정에 필요한 전문 지식과 기량을 갖춘 사람인가? (3) 유인: 특정한 의사 결정과 관련해 조직의 이해관계와 가장 일치하는 유인이 있는 사람인가? (4) 협력: 의사 결정이 조직의 여러 부분에 영향을 미치는 경우라면, 누가 조직의 목적에 가장 적합한 의사 결정을 내리기 위해 필요한 전반적 권한·정보·유인을 갖고 있

는가? 그 대답은 예측과 판단을 둘 다 맡기는 경우와 인공지능이 예측을 수행함으로써 판단만을 맡기는 경우에 따라 다를 수밖에 없다.

- 새로운 시스템 디자인은 판단이 코드화하고 대규모 처리가 가능하다면 지배력을 집중시킬 것이다. 신용카드 네트워크와 영상의학 분야가 그 사례다. 신용카드 네트워크의 경우, 지배력은 과거의 상인들이 아니라 소수의 신용카드 기업에 집중되었다. 영상의학의 경우, 일부에서는 영상 이미지의 패턴을 인식하고 이상 상태를 발견하는 핵심 기술이 조만간 지배력의 집중을 부를 것이라고 추측한다. 그렇다면 방사선 전문의의 진단 능력이 쓸모없게 되어도 이들은 나머지 판단에서 여전히 적임자로 남을까? 간호사, 사회복지사, 훈련된 의료 전문가에게 그 판단을 맡길 수도 있다.

Power and Prediction

6부

새로운 시스템 구상

16

신뢰성 있는 두 가지 시스템 디자인

토머스 셸링(Thomas Schelling)은 노벨 경제학상을 수상하기 전부터 수십 년 동안 다음과 같은 사고 실험을 했다.

> 당신이 뉴욕에서 누군가를 만나기로 했다. 그런데 그 장소를 모른다. 사전에 그와 만날 장소를 약속한 것도 아니다. 서로 전화도 할 수 없는 상황이다. 당신이 들은 말이라곤 만날 장소를 예측해야 한다는 것뿐이며, 상대방 역시 마찬가지 얘길 듣는다. 결국 당신이 할 수 있는 일은 두 사람의 예측이 서로 맞도록 하는 것뿐이다.[1]

요즘 학생들에게 이런 문제를 제시하면 그런 상황이 가능이나 한 것인지 이해조차 못한다. 문자 메시지만 보내면 그만이라고 생각할 것이다. 그러나 당시에는 이런 수수께끼 같은 상황이 제법 자주 일어났다.

여기서 필자들이 강조하고 싶은 것은, 서로 연락할 수 없는 경우 우리가 할 수 있는 일은 무엇인지 알아보자는 것이다.

2000년 이전에 뉴욕 학생들에게 동일한 수수께끼를 던졌다면, 그들은 재빨리 어떤 장소를 꼽았을 것이다. 이를테면 큰 시계가 있는 그랜드센트럴 기차역 같은 곳 말이다. 멜버른이라면 그 장소는 플린더스 스트리트(Flinders Street) 기차역 정문의 계단이었을 테고, 토론토에서는 아마 네이선 필립스(Nathan Phillips) 광장에 있는, '토론토(TORONTO)'라는 글자로 만든 조형물 앞일 것이다. 이곳들은 무의식적 합의점(focal point)이다. 대부분의 도시나 마을에 하나씩은 있는 곳이다. 스스로 자기가 추구하는 목적이 상대방의 목적과 동일하다는 것을 알고 있고, 상대방 역시 이를 아는 상태여야 이런 합의점에서 만날 수 있다.

그 장소를 찾는 데 고생깨나 한다면 대부분 그곳 주민이 아니거나 외국인 유학생일 것이다. 이들은 다른 것들에 대해선 알 만큼 알고 있음에도 그 장소를 찾는 데 필요한 공통된 지식이 없다. 이들에게는 셸링의 다음과 같은 문제가 실제로 더 익숙할 것이다. "여러분은 만나기로 한 날짜를 알고 있지만 그 시간은 모른다. 그래서 만나야 할 정확한 시간을 예측해야 한다. 여러분은 몇 시에 그 장소에 도착하겠는가? 이것은 누구나 대답할 수 있는 문제다. 답은 정오다."[2] 시간은 장소보다 훨씬 강력한 합의점이기 때문이다.

토머스 셸링의 경력은 전쟁, 특히 냉전 시기를 배경으로 형성되었다. 그는 주로 갈등 해결법을 연구했으며, 그 방법은 사람들이 상호 이익을 극대화하면서 협력하는 데 기여한다. 셸링은 게임 이론의 도구들을 사용했다. 다양한 사람이 공통의 목적을 가지고 의사 결정에서 협력 방법을 모색할 때, 이런 도구를 써서 그러한 조율이 어려울 때와 별다른 노력 없이도 간단할 때를 구별할 수 있다.

이번 장에서 우리의 관심사는 한 가지 의사 결정에 유용한 인공지능을 시스템에 도입하는 것은 그 시스템의 기본 성격에 따라 효과가 달라진다는 사실이다. 그 효과를 결정짓는 열쇠는 다름 아닌 **신뢰성**이다.

앞의 중심지 문제에서는 공통된 지식 기반을 가진 사람들이 서로 의존하는 게 참으로 유용하다는 것이 드러난다. 조직 내부에서는 이 상호 의존이 중요할 수 있으며, 종종 그러한 의존은 다른 부분에서 수행하는 일이 예상을 벗어나지 않을 것이라는 기대에서 비롯한다. 다른 사람들이 규칙을 따를 때, 이런 작업은 종종 쉽게 이뤄지며 조직의 개별적인 부분들을 하나로 묶을 수 있다. 그러나 규칙에서 의사 결정으로 전환하는 경우에는 유연한 시스템을 구축해야 하는 난제가 등장한다. 우리가 행동의 목적을 남에게 항상 알릴 수 있는 것은 아니다. 그 자체로 비용이 들기 때문이다. 대신 우리는 남이 하는 것을 예상하고, 그 후 맡은 영역에서 선택을 하며, 그 선택과 예상에 맞춰 우리의 행동이 어긋나지 않도록 조정한다. 만일 신뢰할 만한 예상이 이루어지지 않을 경우, 모든 의사 결정을 조정하는 데 어려움을 겪는다.

변화 가능성이 없는 것은 아니다. 시스템을 다시 디자인하면서도 예상의 신뢰성이 유지된다면, 예측 개선으로 소비자에게 도움을 줄 새로운 방식을 강구해 그 혜택을 누리도록 할 수 있다.

인공지능의 채찍 효과

식당을 운영한다고 가정해보자. 저녁 손님이 들어와 요리를 주문한다.

요리사는 주문한 음식을 만든다. 이 과정이 무척 단순해 보이는 것은 예상대로 진행되기 때문이다. 요리사는 항상 만들 수 있는 요리를 미리 정해둔다. 이는 요리사의 솜씨, 주문량, 재료와 도구의 한계 때문이다. 손님이 아무 요리나 주문하도록 놔두면 문제가 발생한다. 따라서 가능한 메뉴를 정해두고 손님의 선택을 제한해야 주문한 요리를 만드는 것이 실제로 가능하다. 식당의 경우, 메뉴 자체가 신뢰성을 만들어내고 예상치 못한 혼란을 방지한다.

요리사는 매주 재료를 확보해야 한다. 필요한 재료는 메뉴에 달려 있다. 요리에 아보카도가 필요해서 매주 100파운드(1파운드는 약 454그램—옮긴이)를 주문한다고 하자. 어느 때는 100파운드가 너무 많아 남은 것을 폐기하고, 어느 때에는 너무 부족해서 매출을 올릴 기회를 날린다.

그렇다면 인공지능을 활용해 요리에 쓰일 아보카도의 양을 예측한다고 해보자. 꽤 쓸 만하다. 30파운드도 주문하지 않는 주가 있고, 300파운드를 주문하는 주도 있다. 낭비가 줄고 매출이 늘어 수익성이 증가한다.

지역의 아보카도 유통업자는 지금까지 이 식당에 아보카도를 공급하기 위해 매주 100파운드씩을 매입했다. 그런데 이제 그 식당의 주문량을 종잡을 수 없게 되었다. 다른 식당마저 인공지능을 활용해 주문하려 한다. 이에 식당들의 아보카도 주문량이 크게 변동하기 시작한다.

결국 유통업자도 주문량을 예측하기 위해 인공지능을 활용하기로 마음먹는다. 전에는 주당 2만 5000파운드의 주문이 들어왔다면, 이제는 변동 폭이 5000~5만 파운드에 달한다. 유통업자가 인공지능을 도입하자 그의 주문량 역시 변동하기 시작한다. 이러한 연쇄 반응이 아보카도 재배업자한테까지 이어져 그들은 한 해 정도 앞서서 아보카도 재배 규모를 미리 결정해야 한다.

우리는 이것을 인공지능의 '채찍 효과'라고 부른다. 인공지능이 한 가지 의사 결정의 효과를 만족스럽게 만들면, 그 시스템에 속한 나머지 의사 결정의 신뢰성이 낮아져 피해를 입는 것이다. 채찍처럼 손잡이를 살짝만 움직여도 큰 타격을 입을 수 있다.

인공지능을 불확실성 해소에 이용할 수 있지만, 그 결과 다른 의사 결정이 연달아 불협화음을 일으킨다면 근본적인 문제, 즉 수요와 공급을 균형값으로 수렴시켜야 하는 문제를 풀 수 없다. 채찍을 휘두르는 것처럼 일부에서만 인공지능 솔루션을 활용하면 나머지 의사 결정에 연쇄적으로 파문이 일어난다.

상당히 역설적인 상황이다. 인공지능의 가치는 의사 결정을 개선하는 데 달려 있고, 이는 불확실한 요소가 의사 결정에 반영되는 데서 비롯된다. 그런데 누군가의 의사 결정이 다른 의사 결정의 신뢰성을 낮추는 결과로 이어진다면, 잠재적으로 불확실성을 전가시키는 셈이다. 이 때문에 인공지능을 활용해 불확실성에 대처하는 것보다 애초에 신뢰성이 더 높은 시스템을 고수하는 편이 더 낫다는 생각이 들 수 있다.

이를 처리하기 위한 인공지능의 시스템 단계 솔루션 구축 방법에는 두 가지가 있다. 협력을 증진하거나 부분적인 독립성을 강화하는 것이다.

협력의 가치

식당의 인공지능은 수요를 예측한다. 식당 경영자는 그 밖에 여러 가지 의사 결정, 예를 들어 메뉴를 정한다. 인공지능의 채찍 효과로 재배업자가 수요를 감당할 만큼 아보카도를 생산할 수 없다면 메뉴를 바꾸어야 한다. 그런데 아보카도가 부족하다는 걸 알아야 메뉴를 바꿀 수 있다. 여기에서 협력은 필수적이다.

시너지가 발생하려면 복수의 의사 결정자들 사이에서 협력을 이끌어낼 방법을 고안해야 할 것이다. 변화의 프로세스가 아니라 변동성을 관리하고 조정하는 협력 말이다.

이것을 이해하기 위해 8명이 노를 젓는 조정 팀을 생각해보자. 조정 경기에서의 활약 여부는 다음 두 가지에 달려 있다. 첫째, 일제히 노를 젓는다. 둘째, 경기하는 동안 일부 팀원이 결승선 도착 전에 체력이 고갈되지 않도록 노 젓기 속도를 조절한다. 노를 젓는 팀원과 마주 앉은 키잡이는 속도 조절에서 필수적 역할을 하지만 노를 젓지는 않는다.

키잡이의 구령에 따라 팀원이 협력을 이루어 일제히 노를 젓는 것을 보면 놀라울 지경이다. 그런데 이 역할을 하기 위해 키잡이처럼 별도의 선수가 반드시 필요한 것은 아니다. 키잡이가 참여할 수 없는 경기에서는 노를 젓는 사람 중 한 명이 이 역할을 할 수 있다. 그러나 경기를 전략대로 수행하고 있는지 살피고 노를 젓는 팀원의 상태를 관찰하려면, 즉 정보를 수집하고 취합하려면 키잡이가 중요하다. 키잡이는 노 젓는 속도를 바꾸어야 하는지 판단해서 상황에 맞춰 팀원에게 여러 가지 신호를 보낸다. 다시 한번 말하지만, 경기 내내 노 젓는 속도가 일정해야 한다면 키잡이는 필요하지 않을 것이다. 키잡이가 존재하는 이유는 바로 팀이 정보에 대응해야 하는 상황에서 협력하는 데 필수적이기 때문이다.

이러한 동기화 문제가 나타나는 경우, 조직 디자인은 시너지 효과의 필요성을 전제로 하기 때문에 모듈화로는 작업을 수행할 수 없다. 정보에 대한 협력적 대응은 경제학자 폴 밀그럼과 존 로버츠(John Roberts)가 말하는 할당의 문제를 해결하는 데 역시 필요하다.[3] 이는 자원 할당을 둘러싼 것인데, 자원을 한정된 수량만큼만 사용해야 한다는 것은 알려져 있는 문제다. 요컨대 할당 방식에 따라 낭비나 부족이 발생할 수 있는 상황에서 해결책을 찾는 일에 관한 것이다. 구급차의 긴급 출동을 생각해보자. 응급 상황이 발생하면 구급차 한 대는 반드시 출동해야 하지만 두 대가 출동하면 낭비다. 오직 한 대만 출동하도록 하기 위해서는 인간이든 소프트웨어든 응급 상황을 알리는 연락(정보)을 받아 이를 할당하는 중앙 본부가 필요하다. 모든 구급차가 응급 신호를 받아 개별적으로 대응 여부를 선택하도록 한다면, 결국 아무도 출동하지 않거나 너무 많이 출동하는 상황이 벌어질 것이다. 이런 상황에서 협력 방안을 갖추는 것이 최선인 이유는 특히 할당 실패의 대가가 큰 데다 구급차 한 대를 보내는 것이 한 대도 출동하지 않거나 너무 많이 출동하는 경우보다 문제가 발생하더라도 심각성이 훨씬 덜하기 때문이다.

의사 결정을 여러 부분으로 나누어서 인공지능의 예측에 대응해 내린 어느 한 부분의 의사 결정이 조직 내 나머지 부분의 의사 결정에 영향을 미치지 않도록 하는 대신, 자원과 노력을 정보 전달 시스템에 투입해 도입 단계 솔루션에서 나타나는 부정적 영향, 즉 동조의 실패나 자원 할당의 왜곡이 일어나지 않도록 보장하는 방법도 있다. 효율적인 정보 전달과 시스템 디자인을 통해 손실 가능액을 최소화할 수 있다면, 인공지능의 예측에 대응해 핵심적 의사 결정을 내릴 수 있다. 예측과 협력의 결합은 시스템 단계 솔루션이다. 이런 시스템에서는 신뢰성을 희생하지 않으면서 예측에 대응할 수 있기 때문에 의사 결정이 개선된다.

부분 독립성의 가치

부분 독립성은 조직 내에서 이루어진 의사 결정이 서로 불협화음을 일으켜 발생하는 비용을 줄이기 위해 개별적 의사 결정이 서로 영향을 미치지 못하도록 하는 방식이다. 부분 독립성을 받아들이면 협력에 따른 비용은 줄어들지만, 인공지능의 예측이 의사 결정의 통일성을 유지함으로써 얻는 시너지를 포기해야 하는 대가를 치른다. 협력이 불가능할 때, 부분 독립성은 일부 의사 결정이 인공지능의 이점을 이용할 수 있게끔 해주면서도 나머지 의사 결정의 신뢰성이 떨어지는 것을 막아준다.

유일하게 노벨 경제학상과 함께 컴퓨터과학의 튜링상을 수상한 허버트 사이먼은 무척 복잡한 환경에 대처해야 하는 조직을 두고 한 가지 비유를 한 적이 있다.[4] 그 비유에는 고품질 시계를 제작하는 시계공 2명이 등장한다. 두 사람 다 주문이 끊이지 않아 새로운 손님이 올 때마다 이런저런 질문에 시달린다. 한 사람은 승승장구하지만 다른 사람은 기울고 있다. 그 이유는 무엇일까?

시계는 부품만 1000여 개에 달한다. 시계를 조립하는 방법 중 하나는 한 번에 하나씩 만드는 것이다. 시계공은 이 방식으로 고품질의 시계를 만든다. 그러나 작업 도중 방해를 받으면 처음부터 다시 조립을 시작해야 한다. 다른 방법 하나는 가령 10여 개의 부품으로 이루어진 부분을 만들어두고, 이를 각각 조립하는 것이다. 이 부분들은 서로 어긋나지 않아야 하므로 시간도 제법 들고 완제품이 생각만큼 완전하지 않을 수 있다. 그러나 이 방식에는 장점이 있는데, 조립 과정에서 문제가 생기더라도 망치는 것은 부분일 뿐이라는 것이다. 결국 후자의 방식이 조립 과정도 훨씬 빠르고 시계 또한 더 많이 만들 수 있다. **모듈**을 모아 조립하는 이런 방식은 특히 복잡성이 큰 상품일수록 유연성이나 대량 제작에서 더 유리하다.[5]

한 번에 다 작업하는 방식에서는 모든 결정을 조율해야 한다. 일부가 어긋나면 전체에 문제가 발생할 수 있다. 반면, 전체를 모듈로 나누어 놓으면 이 개별적인 부분이 다른 부분의 상황을 고려할 필요 없이 자기 역할을 한다. 그렇다고 해서 개별적인 부분의 역할이 최종 결과와 상관없다는 것은 아니다. 가령 하나의 모듈이 자기 역할을 못하면 전체가 실패할 것이다. 여기서 요점은 큰 문제를 작은 문제로 나누면 더 효과적으로 관리할 수 있다는 얘기다.

두 번째 장점은 모듈 하나의 작동을 바꾸더라도 시스템이 유연하게 대처할 수 있다는 것이다. 다시 말해, 모듈을 시스템의 나머지 부분에 지장을 주지 않으면서 개선할 수 있다. 즉, 모듈을 혁신할 수 있다.

부분 독립성 덕분에 혁신이 수월했던 역사적 사례는 참으로 많다. 전화기가 아날로그 방식에서 디지털 방식으로 전환될 때, 다이얼 방식만 바뀌었을 뿐 통신 네트워크 자체는 변하지 않았다. 그러나 부분 독립성이 없어 혁신에 제약을 받는 경우도 있었다. 항공기가 프로펠러 엔진에서 제트 엔진으로 개량되었을 때, 항공기 엔지니어들은 항공기 기체가 전과 달라져야 할 이유는 없다고 생각했다. 그러나 제트 엔진이 발생시키는 진동 문제 때문에 항공기 구조 전체를 다시 디자인해야 했다. 엔진의 개량이 지체될 수밖에 없었다.[6]

부분 독립성이 확보되면 식당이 인공지능을 도입하더라도 채찍 효과가 발생하지 않는다. 그러나 부분 독립성은 식당이 혼자서 결정할 수 있는 문제가 아니다. 식당이 메뉴를 바꿀 경우, 유통업자들은 그 수요 변동에 대응할 수 있는 부분 독립적 시스템을 갖춰야 한다. 앞서 살펴보았듯 아보카도 공급은 요식업의 수요 변동에 따라 달라진다. 아보카도를 공급받는 식당이 이곳저곳에 충분히 많을 때에는 개별 식당의 주문이 크게 변하더라도 전체 수요는 안정적일 수 있다. 규모가 클수록 공급 사슬망 전체에 걸쳐 부분 독립성에 유리한 기회를 제공할 수 있다. 일반적으로 말해, 인공지능을 도입할 경우 부분 독립성은 의사 결정의 상호 관계 때문에 발생하는 어려움에 대처하는 데 도움을 줄 수 있다.[7]

디자인의 가치

일부 의사 결정이 이루어지더라도 시스템의 나머지 의사 결정에 영향을 미치지 않는다면, 하나의 의사 결정을 위해 인공지능을 도입하는 일이 한층 쉬울 것이다. 물론 개념적으로는 시스템 전부가 일체로서 작동한다면 더 나을 수 있다. 문제는 그것이 불가능하다면 인공지능을 도입함으로써 얻는 편익이 나머지 부분에서 부담할 제반 비용을 넘어설지 여부다.

이를 이해하기 위해 전 세계적으로 상품을 판매하는 아마존의 기업 활동을 살펴보자. 아마존은 상품을 확보하고, 이를 창고에 보관하고, 주문을 접수해 소비자에게 배송한다. 여기에 더해 한발 앞서서 소비자가 구매할 상품을 찾는 데 도움을 주는 일을 한다. 즉, 상품을 추천한다.

개념만 보면 아마존은 식당과 동일한 문제에 직면한다. 소비자가 원하는 상품을 제때 제공하려 해도 없던 상품이 마법처럼 나타나는 것은 아니다. 상품이 공급망을 거쳐 아마존 물류 창고에 도착하려면 공간적으로 수천 킬로미터를 이동하고 시간적으로 수개월이 걸린다. 따라서 없는 상품을 추천하면 다음은 어떻게 될까?

상황이 이러면 없는 상품은 추천하지 않는다는 원칙이 해결책으로 떠오르를 법하다. 그런데 이런 태도에는 문제가 있다. 만일 그렇다면 아마존은 소비자가 정말 원하는 상품임에도 이를 갖추지 못했다는 걸 스스로 어떻게 알 수 있겠는가? 확보하고 있는 상품만 추천한다면 성장과 확장의 기회를 놓칠 것이다.

이 때문에 아마존은 재고가 떨어졌거나 배송에 시간이 더 들더라도 그러한 상품 역시 추천하는 것이다. 아마존이 소비자에게 구매 지연 가능성을 알린다는 측면에서 앞서 말한 의사 결정들은 협력적 관계에 있다. 소비자는 있는 상품을 고를 수 있지만 때로는 그렇지 않을 수도 있다. 결국 아마존은 재고 목록을 갱신하기 위해 들여야 하는 수고를 파악하게 된다.

이러한 균형을 달성하려면 세심한 디자인이 반드시 필요하다. 아마존은 부분 독립적인 조직이기 때문에 인공지능 예측의 개선을 이용하면서도 조직의 나머지 부분에 미칠 영향을 최소화하는 추천이 자리 잡도록 할 수 있었다. 그러나 극단적인 부분 독립성은 달성하기 어렵다. 그래서 아마존의 재고와 주문은 인공지능에 맡긴 추천 방식과 완전히 독립적일 수 없다. 소비자의 선택과 반응에 따라 물류 부분이 알고 대응해야 하는 정보가 발생하기 때문에 그렇다.

인공지능을 도입하려면 부분 독립성과 협력 사이에서 최적의 균형을 찾아낼 시스템 단계 솔루션이 필요하다. 부분 독립성은 인공지능이 낳는 변동성에서 의사 결정을 보호한다. 부분 독립성에서는 신뢰성의 중요성이 낮아지는 반면, 협력은 직접적으로 신뢰성을 높인다. 성공적인 인공지능 시스템은 가능하면 협력을 추구하고, 필요하면 부분 독립성을 갖출 것이다.

요트의 항해 시스템

요트의 제작 방법이나 항해술은 5000년이 넘도록 연마된 기술이다. 여기서 혁신은 중단된 적이 없다. 상업적 해상 운송이 돛에 의지하지 않게 된 때에도 혁신이 이어졌다. 아메리카컵(America's Cup)이라는 국제 요트 대회 승자는 항해의 최고 영예를 얻는 동시에 국제 스포츠계에서 가장 유서 깊은 트로피를 받는다. 이 경기에서는 요트 제작 기술과 항해자의 솜씨를 겨룬다.

요트 디자인에는 수백만 달러가 든다. 유체역학과 조선공학을 효과적으로 이용해야 하므로 대회에 참가하는 팀은 요트 건조에 앞서 시뮬레이터를 활용해 가장 효과적인 디자인을 마련했다. 이 시뮬레이터 덕분에 항해자는 아직 건조하지 않은 배를 시험해볼 수 있었다. 그래서 최고 시뮬레이터를 소유한 팀이 유리했다. 뉴질랜드 팀은 시뮬레이터를 사용한 후 2017년 대회에서 우승했다.

이 팀은 2021년 대회를 준비하면서는 요트의 디자인 프로세스를 단축하는 방안을 생각했다. 그들은 컨설팅 회사 매킨지와 협력해 혁신의 가장 큰 걸림돌을 알아냈다. 바로 요트를 운전하는 인간이 문제였던 것이다. 인간이 시뮬레이터를 활용해 요트를 운전하는 데에는 시간이 필요하다. 인간이 여러 조건에 신속하게 대응하고 요트를 이에 맞게 운전하는 훈련 기간을 단축할 방법은 없었다.

세계 최고 바둑 기사를 이긴 인공지능과 비슷한 기술을 사용해 뉴질랜드 팀은 예측 기계에 항해술을 학습시켰다. 인공지능은 인간이 아니기 때문에 인간이라면 필요할 만한 것을 고려하지 않았다. 그 기계는 자지도 먹지도 않을뿐더러 인간이 겨우 몇 번만 연습했을 시간 동안 수백 번의 시뮬레이션을 실행할 수 있었다. 8주가 지나자 인공지능은 시뮬레이터에서 인간을 이기기 시작했다.

흥미진진한 것은 이때부터였는데, 인공지능 항해자가 인간에게 새로운 묘책을 가르치기 시작한 것이다. 과거 요트 디자인의 혁신 속도는 인간에게 달려 있었다. 새롭게 디자인한 요트를 운전하는 최고의 방법을 찾는 학습 프로세스가 마련되면, 인간이 여러 가지를 시험해보고 배우면서 그 프로세스를 마치는 데 몇 시간, 며칠, 몇 주를 보내야 했다.

반면, 인공지능은 여러 형태의 요트를 시험할 수 있을 뿐만 아니라, 다양한 항해술도 적용해볼 수 있었다. 디자인이 바뀌는 속도가 빨라졌고, 각 디자인마다 적합한 항해 방식을 개발했다. 이후 인공지능이 최고의 해결책을 마련하면 인간 항해자는 이를 모방하고 시뮬레이션 항해에서 인공지능이 얻은 새로운 묘책을 학습했다. 뉴질랜드 팀의 어느 구성원이 말한 대로 학습 프로세스의 단축은 정말이지 중요하다. 다양한 요트 디자인을 충분히 검토할 수 있을 뿐 아니라, 디자인이 정해지면 인간 항해자가 최고로 숙련된 항해 기술을 익힐 수 있었다.[8] 뉴질랜드 팀은 10번의 경기에서 7번 트로피를 들어 올렸다.

인공지능의 시스템 단계 솔루션을 도입한 이 사례에서 인공지능은 의사 결정만 바꾼 것이 아니다. 구체적으로, 대회 준비는 두 종류의 의사 결정을 통해 이루어진다. 요트의 디자인과 관련한 의사 결정이 있고, 요트의 운전과 관련한 의사 결정이 있다. 시뮬레이터는 요트 디자인에 오래전부터 활용되었지만 운전은 항상 인간이 맡았다. 인공지능 항해사가 실제 대회에서 요트를 운전하는 것은 아니다. 대신 인공지능은 혁신 프로세스를 단축했다. 요트 디자인과 항해 연습 사이의 협력을 개선한 것이다. 시뮬레이션을 통한 디자인과 인공지능 항해자로 이루어진 완전한 시스템은 두 부분에서 모두 혁신을 이루어냈다.

쌍둥이 시스템

항해 시뮬레이터는 '쌍둥이 가상 객체'이거나 현실의 대상 또는 시스템의 가상 모델이다.[9] 가상 시스템은 물질적 자원을 소모하는 대신 정보를 제공한다. 현실의 대상에 적절하게 센서를 달아 실시간으로 모니터링을 하고 필요한 유지 보수를 예측한다. 가상 모델은 여기서 그치지 않는다. 이 모델은 시스템 시뮬레이션의 체계를 제공한다. 미국의 다국적 경영 컨설팅 기업 액센츄어(Accenture)는 이를 "실패의 위험이 없는 혁신의 마당"이라고 부른다.[10] 또 디지털 트윈 인스티튜트(Digital Twin Institute)의 이사 마이클 그리브스(Michael Grieves)는 이렇게 말한다. "시스템은 완전히 갖추어진 채 홀연히 나타나는 것이 아니다. 시스템은 탄생, 생산, 운영, 폐기의 생애 주기를 보낸다. '물질적 실체만' 있는 시스템에서 이 주기는 순차적으로 진행된다. 하지만 디지털 트윈에서는 생애 주기와 관계없이 개발을 여러 차례 반복할 수 있고, 복수의 개발을 동시에 진행할 수도 있다."[11]

또 가상 시스템에서는 인공지능과 결합해 새로운 개발 방식을 디자인하는 것도 가능하다. 뉴질랜드 팀이 2021년 아메리카컵 대회를 준비하는 과정에서 깨달았듯 가상 시스템 덕분에 그 팀은 요트의 디자인과 항해 연습 같은 의사 결정의 효과를 높이는 최고의 협력 방안을 알아낼 수 있었다. 가상 시스템을 통해 시행과 오류를 줄일 수 있었던 것이다.[12] 관리자가 시스템 혁신 방안을 구체화할 때, 모델 기계 제작 비용이나 가동 중지 위험을 부담하지 않으면서 혁신 방안의 효과를 시뮬레이션하는 것이 가능하다.

또한 인공지능의 실행을 대상으로 시뮬레이션하는 것도 가능하다. 예측 기계를 시스템의 일부로 도입하면, 시뮬레이션은 협력이 필요한 의사 결정을 추리거나 시스템의 부분 독립성을 더 강화할 방안을 규명하는 데 도움을 줄 수 있다.

시스템은 서로 영향을 미치는 의사 결정의 집합이기 때문에 복잡하다. 두 가지 선택이 가능한 의사 결정 하나만 있는 시스템을 생각해보자. 즉, 돛을 펼친다(L)와 돛을 올린다(T)의 선택만 있다고 하자. 그리고 이제 이런 의사 결정에 영향을 미치는 의사 결정이 하나 더 있다고 해보자. 즉, 가로돛(S)과 세로돛(R)이 그것이다. 그러면 가능한 선택은 네 가지다(LS, LR, TS, TR). 여기에 돛을 하나 더 단다(A)와 돛을 더 달지 않는다(N)라는 두 가지 선택의 의사 결정을 하나 더 추가하고, 이것이 앞의 두 의사 결정과 연관되어 있다고 하자. 그러면 여덟 가지 선택이 가능하다(LSA, LSN, LRA, LRN, TSA, TSN, TRA, TRN).

의사 결정이 하나뿐일 때 가능한 선택은 두 가지다. 의사 결정이 둘일 때 가능한 선택은 네 가지다. 의사 결정이 셋일 때 가능한 선택은 여덟 가지다. 의사 결정이 열일 때 가능한 선택은 1024가지다. 의사 결정이 스물일 때 가능한 선택은 104만 8576가지나 된다. 요트 경주에서는 협력이 필요한 의사 결정만 수백 가지에 달하며, 관측 가능한 우주에 있는 원자보다 더 많은 선택권이 생기는 데는 오랜 시간이 걸리지 않는다.

여기서 주목할 것은 상호 의존적 의사 결정으로 이루어진 시스템에서는 복잡성이 크게, 그것도 무척 빠른 속도로 증가할 수 있다는 것이다. 바로 이 때문에 시스템 디자인에서 시뮬레이션이 그처럼 강력했던 것이다. 3장에서 살펴보았듯 바둑 같은 게임에서 인공지능이 성공적이었던 이유 역시 마찬가지로 설명할 수 있다. 새로운 데이터를 시뮬레이션하는 게 비교적 쉬운 것이다. 최고의 선택을 고르기 위해 모든 선택을 실제로 실험하는 데에는(아예 실험 자체가 불가능한 경우도 있다) 막대한 비용이 드는 반면, 실제 환경을 빗댄 가상의 환경을 이용하면 다양한 선택을 시뮬레이션하고 인공지능으로 각각의 선택에 따른 결과를 예측할 수 있다. 다시 말해, 현실 세계에서 할 수 있는 선택보다 더 많은 걸 시험할 수 있으며, 시뮬레이션 없이 고심 끝에 선택한 것에 비해 더 나은 조합을 찾을 가능성 역시 더 크다.

버추얼 싱가포르(Virtual Singapore)는 이 도시 국가의 지형, 수역, 식생, 교통 인프라, 건축물 및 건축 재료까지 시뮬레이션한 것이다. 이 가상 시스템은 도시 계획을 위해 인공지능의 시스템 단계 솔루션을 시뮬레이션해 앞으로 발생할 실패를 미리 예방하는 도구다. 개발에만 수천만 달러가 들었다. 이것은 도시 계획에서 공원이나 건물의 신축이 교통과 주민 환경에 미치는 영향을 평가할 수 있으며, 이동통신망의 범위를 분석할 수도 있다. 아울러 예측 기계의 도입이 시민권자와 영주권자의 생활에 미치는 영향 역시 평가할 수 있다. 예를 들어, 인공지능은 최적화한 대중교통을 제시하고, 최적화에 따른 교통 관리의 변화 역시 평가할 수 있다. 다시 말해, 대중교통 시스템과 자가 운전 시스템을 협력의 문제로 바라볼 것인지 각각의 부분 독립성을 강화하는 것으로 이해할지 평가할 수 있다.[13] 어느 쪽이 되었든 이 시스템을 통해 인공지능이 주도하는 개선된 교통 시스템을 개발할 수 있다.

한국의 두산중공업과 마이크로소프트가 개발한 가상 풍력 발전 시스템은 그 다양한 장점을 실제로 보여준다.[14] 이 시뮬레이션은 역학에 기반한 가상 모델에 풍력 터빈의 발전량을 예측하는 기계 학습을 결합시킨 것이다. 터빈의 예측 발전량과 실제 발전량을 비교함으로써 터빈 운전자는 발전을 정밀하게 통제하고 최적화할 수 있다. 게다가 이 가상 시스템은 전반적인 풍력 발전 디자인과 개발에서 혁신을 이루었다. 마지막으로, 이것은 의사 결정의 협력을 가능케 했다. 발전량을 정확하게 예측함으로써 두산중공업은 전력망 운영자와 공급 전력량 계약의 규모를 늘릴 수 있었으며, 계약 불이행으로 인한 배상의 부담 역시 피할 수 있었다. 이 시스템은 시스템 단계 솔루션의 구축에 따른 위험을 낮추었다. 예를 들어, 예측의 개선으로 계속 작동할 수 있는 터빈과 유지 보수가 필요한 터빈을 구분함으로써 효과적인 의사 결정이 가능해졌다. 순차적으로, 전력망 운영자와의 계약 관련 의사 결정도 가능해졌다.

인공지능에 어울리는 시스템

시뮬레이션은 인공지능이 주도하는 시스템을 구축하는 유일한 방법은 아니다. 그러나 그 가능성을 실례로 보여준다. 뉴질랜드 팀은 의사 결정자들이 협력하는 적절한 방법을 찾아 승리할 수 있었다. 부분 독립적인 시스템에 인공지능을 도입할 수는 있지만, 협력이 가능한 경우라야 더 큰 효과를 발휘할 수 있다. 장애물은 필요한 협력의 종류를 이해하는 것이다.

핵심 요약

- 의사 결정은 홀로 존재하는 것이 아니다. 한 가지 의사 결정의 결과에 나머지 의사 결정이나 행동이 영향을 받기도 한다. 이로 인해 실시간으로 의사 결정을 하는 대신 사전에 구축된 규칙에 의지하는 경우가 있다. 규칙이 신뢰성을 증대시키기 때문이다. 그래서 시스템 전체에 도움을 줄 더 큰 신뢰성을 얻는 대가로 영향력이 적은 불리한 의사 결정을 감수한다. 신뢰성은 상호 의존적 의사 결정으로 이루어진 시스템의 핵심적 특징이다.
- 인공지능 기반 의사 결정이 불러올 신뢰성 저하에 대처하기 위한 두 가지 시스템 디자인 방식이 있다. (1) 협력적 시스템과 (2) 부분 독립적인 시스템이 그것이다. 협력적 시스템에는 전반적인 목표를 정한 다음 정보 흐름, 인센티브 및 의사 결정 권한을 설계해 시스템의 각 의사 결정자가 전체 목표를 최적화할 수 있는 정보와 인센티브를 갖도록 하는 작업이 포함된다. 부분 독립적인 시스템은 조직 내부에서 이루어진 의사 결정이 서로 불협화음을 일으켜 발생하는 비용을 줄이기 위해 인공지능에 의지한 의사 결정이 나머지 의사 결정에 영향을 미치지 못하도록 하는 방식이다. 부분 독립성을 받아들이면 협력에 따른 비용은 줄어들지만 시너지를 포기하는 대가를 치른다.
- 시스템은 상호 영향을 미치는 의사 결정들의 집합이다. 선택지가 두 가지뿐

인 의사 결정 조합은 두 가지다. 선택지가 셋일 때 가능한 조합은 여덟 가지이고, 열일 때는 1024가지이며, 스물일 때는 104만 8576가지나 된다. 상호의존적 의사 결정으로 이루어진 시스템은 복잡성이 크게, 그것도 무척 빠른 속도로 증가할 수 있다. 바로 이 때문에 시스템 디자인에서 시뮬레이션이 강력할 수 있는 것이다. 우리는 가상 시스템을 이용해 여러 선택을 시뮬레이션할 수 있으며, 인공지능으로 각 선택의 결과를 예측할 수 있다.

17

백지상태에서 설계하기

병원을 방문해 진찰을 받는다고 해보자. 의사는 진찰을 마치고 이렇게 말한다. "3년 안에 큰 병을 앓을 가능성이 무척 높습니다. 먼 길 오시느라 고생하셨습니다." 그러고는 서둘러 나가버리더니 다음 환자를 진찰하기 시작한다. 환자는 어쩔 줄 모른다. 어째서 의사는 병명을 알려주지 않는 것일까? 어째서 의사는 환자가 병치레 없이 지내도록 주의할 일을 알려주지 않는 것일까?

이 이야기는 믿기 어렵겠지만 보험업계에서 날마다 벌어지는 일이다. 보험료는 보험 가입자마다 다르다. 왜 그럴까? 일부 가입자는 보험 회사가 보험금을 지급해야 할 가능성이 다른 가입자보다 더 높다고 예측되기 때문이다. 보험 회사는 그 위험을 어떻게 알까? 가입자의 보험금 청구 가능성을 예측하기 위해 막대한 투자를 해서 데이터를 수집하고 분석했기 때문이다.

예상대로 보험 회사는 데이터과학의 선두에 있다. 그것은 의무나 다름없다. 이들의 업무가 예측하는 일이기 때문이다. 그런데 문제는 예상과 다르게 보험 회사가 자신들의 예측 전망을 고객한테 알려주려 하지 않는다는 것이다. 이런 가치 있는 정보를 얻는다면 고객은 보험에 가입하기보다 스스로 그 위험을 **낮추려** 할 테니 말이다.

예를 들어, 인공지능을 이용해 예측 정확성을 계속해서 높이는 주택 보험 회사를 살펴보자. 많은 회사가 이제 사고나 사고에 준하는 가능성(가령 누전으로 인한 화재, 누수로 인한 침수 피해 등)을 예측할 수 있다. 따라서 주택 보험 회사가 특정 주택의 누전 화재나 침수 위험이 유달리 높다고 예측하면 그 가입자의 보험금 지급 청구에 대비해 높은 보험료를 물리는 대신 이 정보를 알려 고객이 스스로 그 위험을 낮추도록 할 수도 있다. 그러면 고객은 화재나 침수 위험이 높아지기 전에 이를 미리 탐지하는 저렴한 장비를 구매할 것이다. 보험 회사는 사고가 일어났을 때 지급하는 보험금이 장비 구입 비용을 넘어설 수 있기 때문에 심지어 이 위험 관리 장비 비용을 보조하기로 결정할 수도 있다.

그러나 이런 방식을 진지하게 선택하는 보험 회사는 없다. 대신 보험 회사는 대부분 지금까지 해온 대로 계약 심사를 위한 예측을 개선할 인공지능의 구축과 이용에 힘을 쏟고 있다. 이들은 도입 단계 솔루션을 구축한다. 왜 보험 회사는 가입자들의 위험을 분산하고 보험자가 이를 떠안는 사업 모델에서 고객의 위험을 **관리**하는 모델로 변신해 서비스를 개선할 기회를 여태 잡지 않는 것일까? 보험 중개인이라면 당연히 이런 변화를 꺼릴 수 있다. 사고 위험이 낮아지면 보험료가 저렴해지고, 따라서 자신의 수입도 줄어들 테니 말이다. 그러나 전체적으로 보면 이 관리 모델은 소비자에게 중요한 가치를 창출한다.

대체로 보험 회사는 통상적인 사업 모델과는 판이하게 다른 이런 모델의 가치를 제대로 알아보지 못하는 듯하다. 보험 산업에는 중개인의 유인 말고도 사업 규칙, 정부 규제, 업계 관행이 번잡할 정도로 많아 외부인의 눈에는 그처럼 잘 보이는 것이 내부인에게는 잘 보이지 않을 수 있다. 그 때문에 우리는 백지상태에서 시작하는 접근 방식을 제안한다. 이를 실행할 수 있는 **인공지능 시스템 탐색 캔버스**를 소개하겠다.

경제학자처럼 생각하기

경제학자는 흥미롭지만 좀처럼 이해하기 힘든 대상을 지루하지만 이해할 수 있는 대상으로 노련하게 재구성한다. 이 덕분에 파티에 초대받을 일은 없지만 이해하기 힘든 것을 남들이 제대로 파악하도록 돕곤 한다. 우리는 독자 여러분 역시 이러한 재구성을 할 수 있도록 한 가지 체계를 고안했다. 인공지능 시스템 탐색 캔버스가 바로 그것인데, 여러분이 인공지능의 가치를 평가할 시스템 중심적 사고방식을 기르고자 한다면 유용할 것이다.

인공지능 시스템 탐색 캔버스는 백지상태에서 인공지능 시스템을 평가해보는 도구인데, 이를 사용하는 목적은 고성능 예측 기계가 있다고 할 때, 조직의 목표를 달성하기 위해 필수적인 최소한의 의사 결정에는 무엇이 있는지 규명하기 위해서다. 인공지능의 예측은 본질적으로 조직 내에서 의사 결정이 이루어지는 단계에서 고려된다. 그러나 인공지능이 시스템에 미칠 영향을 파악하기 위해서는 의사 결정이나 의사 결정 유형 사이의 상호 영향을 파악하는 것이 우선이다.

인공지능 예측의 도입에 따른 판도 변화를 가늠해보거나 시스템 차원의 혁신을 고민하는 경우에 이러한 예행연습이 도움을 주는 이유는 두 가지다. 첫째, 조직에는 많은 규칙이 있고, 특히 이 규칙과 관련한 불확실성을 감추도록 기능하는 것들이 있다. 백지상태에서 새롭게 설계하는 것은 기본 원칙으로 되돌아가 조직의 목표 달성에 반드시 필요한 의사 결정이 무엇인지 생각하게끔 한다. 그 과정에서 일부 필수적인 의사 결정이 이미 규칙으로 자리 잡고 있다는 것을 알 수 있으며, 이러한 규칙을 의사 결정으로 전환하기 위해 인공지능 예측을 도입하는 계기로 작용하는 의사 결정도 일부 있을 것이다. (이러한 목적을 위해 백지상태에서 시작하는 경우는 다음 장에서 살펴보겠다.)

둘째, 이 연습을 통해 특정 인공지능 솔루션이 시스템에 미치는 영향을 파악할 수 있기 때문이다. 백지상태에서 시작한다면 인공지능의 예측에 기댄 의사 결정이 조직 내 나머지 의사 결정이나 규칙과 상호 영향을 미치는 양상을 폭넓게 이해할 수 있다. 이번 장에서는 특정 인공지능 솔루션을 도입할 경우 그 솔루션이 시스템에 미치는 영향을 파악하기 위해서는 백지상태에서 시작하는 게 유용하다는 점을 보여줄 것이다.

예를 들어, 일부 보험사의 애플리케이션에서는 보험 가입자가 사고로 파손된 자동차나 주택의 사진을 찍어 보내면 보험사는 이것을 자동으로 처리해 손해를 회복할 보험금을 바로 지불한다. 가입자는 보험 사정인을 기다리거나 피해 추산을 위해 여기저기 다닐 필요도 없다. 그저 앱을 열고 사진 몇 장을 찍으면 그것으로 충분하다. 어떤 애플리케이션은 운전이나 주택을 모니터링한다. 그리고 가입자의 행동이 위험할 경우 바로 알려준다. 그 행동을 멈추도록 할 뿐만 아니라, 위험한 행동을 계속하면 보험료가 인상될 거라는 경고까지 한다.

보험사에 필요한 이런 애플리케이션이 개발되는 이유는 쉽게 이해할 수 있다. 그러나 문제는 이러한 솔루션의 유용성이다. 그 유용성을 파악하기 위해서는 자동차와 주택 보험 산업의 기본 바탕을 이해해야 한다. 다시 말해, 이 산업에서 필수적 의사 결정을 알아볼 수 있어야 하고, 특정 인공지능 솔루션이 필수적 의사 결정 중 하나에 영향을 미치는지 역시 알아야 한다. 그래야 공략 방법을 찾을 수 있다. 그 의사 결정을 책임지는 사람이 이미 있다면 어떻게 할 것인가? 책임 있는 의사 결정자가 보이지 않는다면 어떻게 할 것인가? 의사 결정이 규칙에 따라 결정된다면 어떻게 할 것인가? 그 규칙을 의사 결정으로 바꾼다고 할 때 그에 영향을 받는 것에는 또 무엇이 있는가? 이런 중요한 질문을 던지기 위해서는 출발점이 필요하다. 이제부터 그 출발점을 소개하겠다.

인공지능 시스템 탐색 캔버스

실제 변화를 이루려는 사람이 자신의 구상을 캔버스 위에 배치하는 방법의 우수성은 잘 알려져 있다. 캔버스는 어디에서 시작해도 무방한 빈 도화지다. 도화지 전체에 생각을 마칠 때까지 떠오르는 걸 펼쳐놓는 것이다. 캔버스는 단계별 시행을 위한 매뉴얼이 아니라 떠오르는 생각을 조직화하는 방식이다.

그림 17-1의 표를 이용해 어느 산업에서 중요한 역할을 하는 의사 결정을 점검한다. 가장 중요한 점은 사업의 목표를 분명하게 밝히는 것이다. 이 목표는 정확하지 않아도 상관없지만 뚜렷해야 한다.

그림 17-1 인공지능 시스템 탐색 캔버스

사업에서 뼈대를 이루는 최소한의 필수적 의사 결정에는 무엇이 있는가?

1. 목표			
2. 의사 결정			
3. 예측			
4. 판단			

어디까지나 의도는 목표 달성에 필수적인 의사 결정을 밝히는 것이다. 분명히 목표 달성에 필요한 결정은 많이 있다. (형식적으로 구분하면 수백만 가지는 된다.) 이번 장의 목적은 이러한 결정을 하나하나 밝히는 게 아니라 의사 결정을 크게 분류하는 것이다. 즉, 의사 결정을 개선하는 강력한 예측 기계가 있다고 할 때, 목표 달성에 필요한 최소의 필수적인 의사 결정으로 압축한다. 다시 말해, 핵심 의사 결정만을 선별한다.

선별이 끝난 후에는 이를 분석할 차례다. 이런 종류의 의사 결정에 쓰이는 정보에는 무엇이 있을까? 여기에는 기존 정보나 쉽게 얻을 수 있는 정보 말고도 중요하다고 여겨지는 것이 있다. 의사 결정은 대부분 불확실한 상태에서 이루어진다. 그러나 예측 기계가 있다면 의사 결정에 필요한 한결 나은 정보를 가진 셈이다. 예측은 인공지능의 능력이며, 따라서 이 단계에서는 예측과 조직의 핵심 의사 결정이 서로 연결된다.

결국, 완전한 예측은 없다. 예측이 완전하다면 의사 결정은 단순하고 자동적인 과정이 된다. 그런데 도화지에 성공에 대한 포부를 적더라도 의사 결정의 목적만큼은 비현실적이어서는 안 된다. 따라서 의사 결정마다 득과 실을 알아볼 수 있어야 한다. 실제로 우리는 오류 유형을 이용할 것을 권한다. 만약 예측이 틀리거나 비합리적인 경우라면, 의사 결정이 범할 오류의 유형에는 무엇이 있을까? 이 질문은 의사 결정에 따른 위험을 알려준다. 4장에서 설명한 우산의 예처럼, 일기 예보가 맞지 않는다면 무조건 우산을 들고 나가든가 비를 맞든가 둘 중 하나일 것이다. 이에 대한 판단을 하기 위해서는 오류의 정도에 따라 순위를 매기는 방법이 있다. 그 방법은 캔버스 위에 적힌 의사 결정마다 오류의 결과와 주관적인 평가를 순서대로 나열하는 것이다. 예를 들어, 비용이나 다소 주관적인 단위의 수치를 밝히는 식으로 말이다.

그다음은 인공지능이 주도하는 예측을 받아들인다고 할 때, 이를 의사 결정과 연결해 이렇게 판정하는 것이다. (a) 명백히 조직에서 가능한 의사 결정인가? (b) 현재 그 의사 결정 권한은 누구에게 있는가? (c) 인공지능을 이용해 의사 결정을 한다면 현 조직의 나머지 부분에 어떤 판도 변화를 불러올까? (이 마지막 단계는 18장과 에필로그에서 다룰 예정이다.) 지금부터는 그 시작점인 백지상태와 업계의 기반 시스템을 가지고 시작해보려 한다.

보험 산업

여러 가지 측면에서 보험만큼 보수적인 산업도 없다. 이 산업은 등장한 지 수백 년이 됐지만 현대 사회에도 깊숙이 뿌리를 내리고 있다. 개인 손해 보험과 생명 보험 상품은 구조가 단순하다. 보험 가입자가 보험료를 지불하면 자동차 사고, 주택 파손, 절도, 사망의 경우에 보험금을 받는다. IT 혁명으로 보험 분야에서 일부 진보가 이루어졌다. 보험 계리표 계산이 한결 쉬워지면서 이를 변형해 다양한 보험 상품에 적용할 수 있게 된 것이다. 그러나 보험 상품의 변화는 주로 소비자의 연령이나 개인적 배경 같은, 소비자가 통제할 수 없는 부분에서 일어났다.

보험 상품을 제공하려면 무엇을 갖추어야 할까? 주택 보험을 생각해 보자. 이 산업에서 사업 목표는 다음과 같이 말할 수 있다. "대다수 주택 소유자에게 가장 가치 있는 자산인 주택이 크게 파손되더라도 그 배상을 보증함으로써 소유자에게 안정을 제공하는 것이다." 이 문장을 캔버스 상단의 빈 칸에 적는다(그림 17-2 참조).

이 그림에서 우리는 의사 결정을 크게 세 종류, 즉 마케팅, 계약 심사, 보험금 청구로 구분했다. 실제 보험 회사에도 이 세 부분에 해당하는 사업부가 있으며, 이렇게 구분하면 산업 분석도 다소 간결해진다.

마케팅 부서의 임무는 고객의 유치다. 보험이 필요할 법한 사람을 찾아 판매한다. 마케팅 부서의 결정에서 주요 관심사는 고객을 겨냥해 필요한 부분에 자원을 배치하는 것이다. 계약 심사를 담당하는 부서는 보험 상품을 개발하고 보험료를 책정하기 위해 가입자의 위험 수준을 평가하고 보험 계약의 인수 여부를 판단한다. 다시 말해, 특정 고객이나 비슷한 고객 그룹의 특징을 감안해 인수 비용을 파악하는 것이다. 마지

그림 17-2 인공지능 시스템 탐색 캔버스: 주택 보험

사업에서 뼈대를 이루는 최소한의 필수적 의사 결정에는 무엇이 있는가?

1. 목표	대다수 주택 소유자에게 가장 가치 있는 자산인 주택이 크게 파손되더라도 그 배상을 보증함으로써 소유자에게 안정을 제공한다.		
2. 의사 결정	**마케팅:** 마케팅 대상을 결정한다.	**계약 심사:** 보험료를 책정한다.	**보험금 청구:** 보험금 지급 여부를 결정한다.
3. 예측	잠재 고객의 보험료 지불 상한을 예측한다.	주택 소유자가 보험 항목마다 보험금 지급을 청구할 가능성을 예측한다.	보험금 청구의 타당성과 지급 여부를 확률적으로 예측한다.
4. 판단	보험에 가입하지 않은 사람을 상대로 한 마케팅 비용과, 보험에 가입할 사람을 상대로 마케팅하지 못함으로써 발생할 비용을 비교한다.	전략을 설정한다(성장 대 수익성): 보험료를 너무 낮게 책정하는 경우의 비용(손실)과 너무 높게 책정하는 경우의 비용(고객 상실)을 비교한다.	정당한 보험금 청구에 응하지 않는 경우의 비용(고객의 좌절, 평판)과 부당한 청구임에도 보험금을 지급한 경우의 비용(손실)을 비교한다.

막으로 보험금 청구 부서는 보험금 지급 여부를 결정한다. 이 부서의 역할은 사실상 다른 산업에서 말하는 고객 경험에 해당한다. 더 나은 고객 경험을 제공할 방안을 강구하면서 아마도 가능한 한 보험금을 지급하지 않을 방안 역시 강구한다.

그림 17-2는 이 세 가지 의사 결정마다 중요한 예측뿐 아니라 이 예측과 관련된 판단 또한 보여준다. 가령 주택 보험 사업의 수익 구조는 매우 간단하다. 보험사는 기대 손실이 보험료보다 낮은 상품을 판매하려 한다. 고객은 보험료뿐 아니라 약관에 근거한 보험금 청구가 순탄하게 받아들여지는지 역시 고려한다. 경쟁 때문에 기존 보험사는 보험료를 통해 큰 이익을 볼 수 없지만 예상 손실을 낮춘다면 수익을 개선할 수 있을 것이다.

보험사는 이를 어떻게 달성할까? 기대 손실이 낮은 가입자를 찾아 보험을 판매하고, 기대 손실이 높은 가입자라면 확실하게 비싼 보험료를 책정하는 것이다. 그러나 기대 손실에 대해 쓸 만한 정보를 얻을 수 없다면 다수 가입자들에게 비슷한 수준의 보험료를 책정한다. 그럴 경우 기대 손실이 낮은 가입자는 보험료를 더 많이 지불할 테고, 기대 손실이 높은 가입자는 더 적은 보험료를 지불할 것이다. 게다가 경쟁 상황이 겹치면 이 문제는 해결하기 쉽지 않다. 따라서 보험사는 보험금 청구 가능성이 낮은 고객을 예측해 이들을 상대로 마케팅한다. 이런 예측은 마케팅 및 계약 심사 관련 의사 결정과 밀접한 관련이 있다. 보험사는 또한 보험 사기를 방지하기 위해 정당한 보험금 지급만을 용인하려 한다. 부당한 보험금 지급이 빈번하게 발생하면 결국 비용 상승 때문에 보험사의 경쟁력이 훼손된다. 따라서 보험사는 부당한 지급이 사업에 미치는 영향을 판단할 수 있다(지금까지 설명한 사례는 그림 17-2 참조).

이러한 의사 결정을 나열함으로써 그 상호 관계를 이해할 수 있다. 이미 언급했듯 인공지능의 예측은 보험 산업의 기회다. 특히 고객의 위험 수준을 예측하는 업무는 거의 완벽하게 인공지능이 대체할 것이다. 동시에 이 예측을 시간적으로 단축해 보험 판매인이 잠재 고객에게 더 신속하게 대응할 수 있으므로 마케터의 업무는 더욱 단순해진다. 보험업에 대한 규제로 보험사가 인공지능을 이용해 고객의 위험 수준을 파악하는 방식에 제약을 받는 경우, 계약 심사 부서와 마케팅 부서는 동일한 영향을 받는다. 인공지능은 또한 보험금 청구를 더 쉽게 평가할 수 있으므로 마케팅 부서와 계약 심사 부서는 그 영향을 고스란히 받을 것이다. 그러나 사실상 보험금 청구 부서의 성과는 자기 부서에만 국한된다.

또 이러한 표를 만듦으로써 이번 장 초반에 언급한 인공지능 애플리케이션이 보험업계의 시스템에 수용되는 방식도 이해할 수 있다. 카메라에 찍힌 사진을 보고 보험금 청구를 평가하는 애플리케이션은 그 청구와 관련한 의사 결정을 자동화하기 위해 고안한 것이다. 이는 바로 보험금 청구 부서의 의사 결정 방식이 되기도 한다. 청구와 관련해 고객 체험 개선은 마케팅 업무를 용이하게끔 하고, 마케팅 부서는 이 고객 체험을 높이 평가하는 고객을 대상으로 자원을 투입하는 결정을 내릴 것이다. 물론 이런 상황이 계약 심사 부서에는 더 복잡한 문제를 안겨줄 수 있다. 보험금 청구가 간단해지면 보험금을 청구하는 고객이 늘어날까? 마케팅 부서는 보험금 청구 가능성이 더 높은 고객을 대상으로 영업을 계속할까? (보험금 청구가 늘어나) 보험금 청구 부서의 비용은 늘어날까, 아니면 (청구와 관련된 평가 비용이 낮아져) 줄어들까? 따라서 이 애플리케이션은 보험금 청구 관련 의사 결정에 말끔하게 들어맞을 수 있지만 그 채택이 이루어지면 다른 의사 결정이 영향을 받는다. 흥미로운 점은 이 애플리케이션이 의사 결정의 내용, 관련된 판단, 필요한 예측을 근본적으로 바꾸는 게 아니라는 것이다. 시스템 변화 없이도 이 애플리케이션을 채택할 수 있다.

가입자의 위험 수준과 행동 습관을 모니터링하고 가입자에게 이를 피드백하는 애플리케이션은 어떤가? 대개 고객의 보험 가입 시기에 이루어지는 위험 평가는 현 시스템에서 보험 산업의 핵심이다. 일부 보험 계약 갱신의 경우 위험에 대한 재평가가 이루어지기도 하지만 말이다. 주택 파손을 대비하는 보험의 경우 가입자는 즉각 외부에 알려지는 경보 시스템이나 누수 발생 시 바로 수도관을 차단하는 모니터링 시스템을 확실히 갖추어 보험료를 낮출 수 있다. 그러나 이러한 파손은 주택의 특성이 아니라 거주자의 행동 습관 때문에 발생하는 경우가 더 많다. 예를 들어, 미국화재예방협회의 자료에 따르면, 미국에서 주택 화재의 49퍼센트는 음식 조리 과정에서 일어난다.[1] 자료를 좀더 살펴보면, 단순한 조리 과정이 아니라 기름을 이용한 요리, 특히 튀기는 과정에서 화재가 났다. 이 정보는 상식적이고 새로울 것도 없다. 문제는 집에서 거의 요리를 하지 않는 가구가 날마다 튀김 요리를 하는 대가족과 동일한 보험료를 지불한다는 것이다.

그 이유는 아주 단순하다. 보험사가 가입자의 부엌을 없앨 수 없고, 튀김 요리는 고사하고 요리를 하는지조차 모니터링할 방법이 없기 때문이다. 보험사 입장에서는 튀김 요리 유무를 고려해 보험금 지급액을 변동시키는 게 최선의 방법이다. 하지만 그렇게 하면 요리에 따르는 불운에 대비해 사람들을 보호하지 못하는 셈이다. 전반적인 위험 수준을 고려한 보험임에도 말이다.

그러나 인공지능 기술은 이러한 빈틈을 메우고 비용 대비 효과가 높은 방식으로 이에 상응하는 위험을 모니터링할 것이다. 그 기술에는 인공지능 누수 탐지나 전기 화재 감지기 같은 자동 차단 방식이 있다. 보험사들은 이미 이러한 기술의 사용을 독려하고 있다. 자동차 보험의 경우 운전자 모니터링 장치가 있는데, 이는 운전 시간뿐만 아니라 운전 습관도 체크한다. 이 장치를 설치하는 것만으로도 보험료를 낮출 수 있다.

그러나 요리, 전열기 사용, 흡연, 양초 사용은 모두 더 까다로운 행동 습관의 특징을 가지고 있다. 하지만 이런 행동은 모두 모니터링이 가능하며, 관련 위험 평가 지표를 보험사로 보내 실시간으로 보험료를 변동시킬 수 있다. 물론 이런 방식의 모니터링에서는 프라이버시 및 이와 관련한 문제가 대두한다. 그러나 자동차 보험의 경우 가입자가 자발적으로 운전 모니터링에 동의하는 것처럼 주택 보험의 경우에도 가능할 수 있다. 모니터링을 허용하는 대가로 보험료를 25퍼센트 할인해준다면 가입자는 행동 습관의 교정을 진지하게 생각해 화재 위험을 그만큼 낮추려 할 것이며, 이는 어떻게 보아도 모두에게 이익이다.[2]

그런데 이처럼 행동 습관을 반영한 새로운 보험 상품이 지금까지 등장하지 않은 것은 앞에서 말한 모니터링이 가능하지 않았기 때문이다. 게다가 보험 상품 중에는 개인용 보험 말고도 위험 평가가 그야말로 어려운 기업용 보험 역시 많다.

이러한 새로운 보험 상품을 선보이려면 현재의 보험 부서들 간 협력이 필수적이다. 특히 마케팅 부서와 계약 심사 부서 사이의 경계가 애매해진다. 마케팅 부서가 새로운 인공지능 예측 기술을 이용하는 새로운 상품을 구상한다면, 계약 심사 부서는 내부 절차를 이에 맞도록 조정해야 한다. 또한 보험료의 모니터링과 변동에 대한 책임은 어느 부서가 질까? 보험료 책정에 전문성이 있는 계약 심사 부서일까, 아니면 사실 확인에 경험이 풍부한 청구 부서일까? 부서 간 경계가 애매해지면 의사 결정 권한을 재분배해야 하고 정보 처리와 관련해 책임 부서가 바뀌어야 한다는 압력이 생긴다.

보험사들이 기술을 이용해 위험을 직접적으로 낮추는 새로운 상품을 선보이지 못하는 이유는 기존 시스템에서 위험 수준을 있는 그대로 반영하는 것이 까다롭거나 불가능하기 때문이다. 게다가 위험이 낮아진다는 것은 보험료가 낮아진다는 뜻이며, 이는 보험 중개인이나 자신의 보수가 보험료에 따라 변동하는 사람들의 반발을 부를 수 있다. 그러나 보험사가 위험 분산이 아니라 위험 관리를 사업의 핵심으로 삼으면, 관계자들의 이해관계가 위험 관리를 중심에 두고 동일한 목표를 추구하는 유인 시스템을 디자인할 수 있다. 위험이 낮아지면 보험료 역시 평균적으로 낮아지겠지만, 수익성은 좋아지고 보험 판매도 늘어날 것이다. 예측의 개선으로 보험사는 주택 소유자보다도 주택 관련 위험의 구체적 요인을 더 잘 파악할 것이다. 결국 가치 제안의 강조점이 위험 분산에서 위험 관리로 바뀌는 것은 사회에 큰 이익이 될뿐더러 사업 자체에도 바람직한 일이다. 이것을 이루려면 보험사에는 새로운 기술뿐 아니라 조직의 변화를 반드시 수반하는 새로운 시스템이 필요하다.

개별화가 미치는 영향

인공지능 예측의 가능성 중 하나를 꼽는다면 소비자의 구매 욕구를 더 정확히 반영하는 철저한 맞춤형 상품의 등장이다. 우리는 이미 맞춤형 광고나 기업가 대상 교육에서 이를 목도했다. 고객의 필요와 기호에 대한 예측이 상품의 정보 특성에 부합한다면, 더욱 개별화된 상품과 서비스의 제공이 가능해진다. 고객이 자신의 기호에 맞는 상품이나 서비스를 얻을 것이기 때문에 결과적으로 이를 '가치 창조'라고 부를 수 있다.

개별화를 진행하려면 대개 프로세스의 자동화 수준이 높아야 한다. 상품이 수백수천 가지에서 수백만 가지로 늘어나고 상품이 늘어난 만큼 개별 상품마다 선호하는 소비자의 수가 줄어들 수밖에 없으므로 인간은 그 프로세스의 관리에 어려움을 겪는다. 따라서 예측과 배송의 자동화 시스템이 요구된다. 이 자동화 프로세스는 디자인이 어려울뿐더러 기존 조직의 방식에 이미 익숙한 사람들에게도 영향을 미친다. 지배력의 이동을 둘러싼 갈등이 발생해 새로운 시스템의 디자인을 가로막을 수 있다.

인공지능 시스템 탐색 캔버스를 사용해 이러한 개별화가 보험에 미치는 잠재적 영향을 분석할 수 있다. 보험사는 오랫동안 계약 심사와 적정한 보험료 책정에 유리한 정보를 획득하기 위해 힘을 기울였다. 홍수나 화재의 위험과 관련해 주택의 지리적 위치, 연기 탐지기를 갖추었는지 여부, 주택을 만든 자재는 모두 계약 심사에서 중요한 고려 사항일 수 있다. 그러나 인공지능 예측의 잠재력은 이 정도에서 그치지 않는다.[3] 보험금 청구를 둘러싼 데이터가 더욱 늘어나면 특정 주택의 기대 손해에 대한 추정치가 크게 낮아질 수 있다. 이것이 정확히 레모네이드(Lemonade) 같은, 기술과 보험의 융합을 의미하는 인슈어테크(insurtech) 산업에 속하는 회사가 목표로 하는 일이다.[4] 그러나 아직은 인공지능이 계약 심사에 미치는 영향은 미미하다.

그런데 어떤 인슈어테크 회사가 주택을 조사한 뒤 더 정확한 기대 손해를 계산해 보험료를 그에 맞추어 조정할 수 있다고 가정해보자. 또한 이 덕분에 보험사가 주택의 특징에 따라 보험료를 더 정확히 산정할 수 있다고 하자. 여기서 이 보험료 수준이 바로 주택 소유자에게 자신의 보험료가 적정한지 판단해 주택을 수리하는 등 보험료를 스스로 낮추려는 유인을 제공한다. 이런 상황은 경쟁과 조직에 영향을 미친다.

경쟁에 미치는 영향은 인슈어테크 회사가 위험이 낮은 고객을 구별함으로써 보험료를 할인해 이들을 가입시킬 수 있다는 것이다. 그렇지 못한 보험사엔 할인의 여지가 없다. 그런데 이게 말처럼 간단하기만 한 것은 아니다. 인슈어테크 회사가 크게 주목을 받으면 기존 보험사들이 이를 모방해 보험 판매 대상 고객의 선정이나 책정할 보험료 수준에서 별로 뒤처지지 않을 수 있다. 그럼에도 불구하고 이 프로세스는 인슈어테크 회사에 경쟁 우위를 제공할 가능성이 크다.

기존 보험사들은 대응하지 않을 수 없을 것이다. 이들은 인슈어테크 회사처럼 스타트업이 아니므로 더 정확한 계약 심사를 하려면 변화해야 한다. 보험을 판매하는 기존의 과정을 보면, 고객의 기본 정보를 일부 수집하고 계약 심사를 맡은 인간이 이 정보를 평가한 뒤 보험료를 책정한다. 이는 마케팅 과정의 일부이기도 하다. 인슈어테크 회사는 보험료 책정 이전에 인간이 개입해 마쳐야 하는 프로세스를 자동화했다. 이것은 속도에서 유리하면서도 인간의 개입이 없다. 많은 인슈어테크 회사가 이를 핵심 장점으로 내세우면서 더 적은 인원으로 동일한 수의 고객에게 보험을 제공할 능력이 있다고 광고한다.[5] 예를 들어, 2018년 레모네이드의 경우 직원 1인당 2500건의 보험 계약이 이루어진 반면, 올스테이트(Allstate)는 1200건, 가이코(GEICO)는 650건에 불과했다. 보험 산업에 인공지능을 도입하면 계약 심사를 맡은 사람, 보험 판매인, 이들의 관리자 모두 그 수가 줄어들 것이다.

많은 사람이 변화에 저항할 것이다. 먼저 의사 결정에서 밀려난 사람들의 반발을 예상할 수 있다. 기존 보험사들은 이 때문에 자동화에 회의적이다. 어느 보험 산업 간행물에서는 레모네이드의 기업 공개를 무지개를 토하는 유니콘이라고 불렀다.[6] 보험료 책정과 보험 판매가 객관적 요인에 의해서만 좌우되는 것이 아니고, 계약 심사 부서의 노련한 경험자가 식별할 수 있는 주관적 요인 역시 있다는 주장도 가능하다. 보험사들은 레모네이드가 이 점을 무시하면서 기대 손실을 낮출 수는 없다고 주장할 것이다. 그런데 기대 손실이 늘어나면서 보험료가 높아질 기존 가입자들이라면 어떨까? 기존 보험사들은 자사 브랜드에 타격을 입지 않고서도 보험료를 올릴 수 있을까? 이 모든 반대에는 일면의 진실이 있다. 정확히 말해, 새로운 인공지능이 주도하는 조직이 얼마만큼 효과적으로 작동할지 불확실하기 때문이다. 역설적인 것은 기성 보험 회사들이 인공지능에 우호적이지만 그 불확실성 때문에 기존 조직의 희생을 꺼린다면 변화는 요원하다는 점이다. 기존 조직은 새로운 시스템을 요구하는 혁신을 수용하려 할 때마다 이런 딜레마에 직면한다. 새로운 시스템이 혁신가들에게 지배력을 제공하는 만큼 그들은 기존 시스템 운영자의 지배력을 빼앗는 것이다.

핵심 요약

- 대부분의 기업 시스템은 불확실성을 관리하는 너무 많은 상호 의존적 규칙과 함께 이와 관련된 가림막으로 이루어져 있다. 그 때문에 시스템 일부를 폐기할 방도를 찾거나 인공지능의 예측에 부응하는 새로운 시스템 디자인을 고안하는 것은 어려운 일이다. 따라서 일부 규칙과 가림막을 개선하는 효과와 이러한 개선이 시스템의 나머지 부분에 미칠 영향을 상세히 따지기보다 맨 처음부터, 새롭게 설계하기를 제안한다. 인공지능 시스템 탐색 캔버스는 다음의 세 단계로 이루어진다. (1) 조직의 목표를 **명확**하게 밝힌다. (2) 가장 강력하고 예측 정확성 높은 인공지능을 갖춘다고 할 때, 그 목표 달성에 필요한 최소한의 필수적인 의사 결정을 **선별**한다. (3) 이 필수적인 의사 결정마다 관련된 예측과 판단을 **구체화**한다.
- 주택 보험의 경우 보험사의 가장 중요한 의사 결정은 다음 세 가지로 압축할

수 있다. (1) 마케팅: 수익성이나 매출 신장을 최적화하기 위해 고객 지원 마케팅 자원의 할당을 결정한다. (2) 계약 심사: 수익성이나 매출 신장을 극대화하기 위해 보험 가입자에게 맞는 보험료를 책정한다. (현재의 보험료 규제 아래서는 수익 실현이 불가능할 정도로 가입자의 위험이 크다고 예측되면 계약 심사 자체가 이루어지지 않을 것이다.) (3) 보험금 청구: 보험금 청구가 정당한지 결정하고, 정당할 경우 보험금을 지급한다. 가장 강력하고 예측 정확성 높은 인공지능이 다음 세 가지를 예측할 수 있다면, 즉 (1) 고객이 보험 상품을 갈아탈 확률을 고려해 고객의 가입 기간 동안 실현할 가치, (2) 보험 계약상 보상의 최고 한도액을 감안해 예상되는 보험금 지출액, (3) 청구의 정당성을 예측할 수 있다면 주택 보험사는 처리 속도, 효율성, 비용, 수익성을 재디자인해 보험료와 편리에서 경쟁사를 능가할 수 있다. 바로 이것이 일부 인슈어테크 회사의 목표다.

- 인공지능 시스템 탐색 캔버스를 통해 새로운 사업 기회를 깊이 이해할 수 있다. 예를 들어, 보험금 청구액을 예측하는 인공지능이 상당히 효과적이어서 위험 또는 위험에 준하는 수준에서 예측이 이루어진다면 보험사는 어떤 위험 관리 솔루션이 그 비용을 상쇄하고도 충분한 투자 수익률을 거둘지 예상할 수 있다. 이것이 가능하면 보험사는 위험 관리 장비의 비용을 보조해 보험료를 낮출 수 있다. 이는 소비자 입장에서 위험 관리라는 완전히 새로운 가치 제안이 될 것이다. 이로써 보험사는 주택 소유자의 위험을 인수할 뿐 아니라 그 위험을 낮출 수 있다. 이는 극소수 사례를 제외하고 역사적으로 극히 드물었던 보험 서비스다. 이러한 기회를 완전히 이용하려면 반드시 리스크 관리에 최적화한 **새로운 시스템**을 디자인해야 한다.

18

시스템 변화에 대한 대비

어떤 환자가 흉통으로 응급실을 찾았다. 통증이 심근경색 때문에 발생한 것일까? 검사를 해봐야 알 수 있는 문제다. 검사를 해서 확진이 나오면 의사는 재빨리 환자를 치료할 테고, 이에 따른 환자의 편익은 분명하다. 그러나 이런 검사는 비용이 많이 들고 침습적이다. 영상 진단을 위한 검사는 방사선을 이용하는데, 장기적으로 암 유발 위험이 높다. 트레드밀 검사에서는 확률이 낮지만 심정지 발생 위험이 분명히 있다. 또 카테터 삽입은 방사선 촬영이 필요할 뿐 아니라 동맥 손상의 위험마저 있다.[1] 적합한 검사를 결정하는 것이 쉽지 않다는 얘기다.

이런 상황에서 내과 의사는 검사에 따른 비용과 편익을 저울질해야 한다. 환자가 실제로 심근경색을 앓고 있을 가능성은 얼마나 될까? 이것이 예측이다. 그 가능성이 높으면 의사는 검사를 하고 치료에 나서야 한다. 하지만 가능성이 낮다면 검사는 쓸모없을 확률이 크고 환자 역시 합리적 근거도 없이 위험을 감수하는 셈이다.

검사 여부를 결정할 때의 편익은 추가 시술(예: 스텐트 삽입)에 대한 정보를 얻을 수 있다는 것이다. 환자가 심근경색을 앓고 있다면 치료를 통해 편익을 누릴 테고, 그렇지 않다면 누릴 편익이 없을 것이다. 따라서 편익이 가장 큰 환자에게 시술을 함에 있어 검사에 이은 의사 결정의 가치가 인정되는 경우에만 검사의 가치도 인정받을 수 있다.

검사는 공짜가 아니다. 부하 검사(운동·식사·약물 따위의 자극을 인체에 부하해서 그 전과 후의 운동 및 장기 기능, 체액 성분 등의 변화를 관찰하는 검사—옮긴이)에는 수천 달러가 들고, 카테터 삽입에는 수만 달러가 들 수 있다. 부하 검사를 받아 10배 넘는 지출을 피할 수 있다면 만족스러울 것이다.

지금까지는 비용만 언급했다. 일부 검사에는 야간 모니터링과 관찰이 필수적이다. 앞서 언급했듯 검사 자체에도 방사선 노출이나 심정지, 동맥 손상 등의 위험이 따른다.

검사 결정은 의사가 맡고 있다. 대개 검사 이후 치료 절차가 이어진다. 그런데 의사는 결정에 앞서 여러 가지 판단을 한다. 환자의 연령, 입원 필요성, 다른 병력이 그러한 결정에 반영된다.

이제 의사가 지금까지의 문제에서 예측에 해당하는 부분과 관련해 도움을, 다시 말해 초인간적 도움을 얻는다고 하자. 즉, 인공지능이 검사의 필요성 여부와 신속한 진행 여부를 평가한다. 그러면 그 잠재적 혜택을 금세 이해할 수 있을 것이다. 이는 가설이 아니다. 경제학자 센딜 멀레이너선(Sendhil Mullainathan)과 지아드 오버마이어(Ziad Obermeyer)는 응급실에서 환자를 진단하는 의사와 마찬가지로 동일한 정보를 바탕으로 진단하는 인공지능을 구축했다.[2] 이들은 인공지능이 심근경색의 예측에서 의사보다 더 정확하다는 것을 보여주었다. 의사들의 결정은 과잉 검사로 점철되었다. 환자들은 불필요한 검사를 받고 있었다. 미국의 보건 의료 제도를 감안하면 아마 충분히 예상 가능한 결과일 것이다. 어떤 의사도 검사를 하지 않아서 발생할 수 있는 의료 책임을 감당하고 싶어 하지 않는다. 게다가 검사를 하면 수입도 늘어난다.

놀랍게 검사가 필요하지만 아무 조치도 취하지 않는 경우가 많다는 사실 역시 드러났다. 인공지능이 예측하기에 발병 위험이 높은 환자 수천 명이 검사를 받지 않았다. 이 환자들은 결국 상태가 악화해 다시 입원하거나 사망했다.

인공지능 알고리즘은 모든 분야에서 중요한 역할을 하는 듯하다. 비용이 싸고 처리가 빠르고 오류를 범할 확률도 더 낮아 보인다. 검사 총량을 정해놓고 환자의 위험도에 따라 검사를 다시 할당해 전반적인 효과를 더 높일 수 있으며, 이는 환자에게 도움을 주는 동시에 의료 소송도 줄일 수 있다. 또한 의료 수준의 질을 전과 마찬가지로 유지하면서 검사 횟수를 줄이는 방법도 있다.

도입 단계 솔루션과 응용 단계 솔루션

이렇게만 보면 인공지능 도입을 망설일 필요조차 없어 보인다. 응급 분야에서 인공지능 진단은 탁월하고 효과적인 도입 단계 솔루션이다. 인공지능의 보조를 받으면 의사의 결정을 질적으로 개선할 수 있으며 더 낮은 비용으로도 환자의 건강을 점차 회복시킬 수 있다. 워크플로는 전과 마찬가지로 유지되며 어느 누구도 일자리를 위협받지 않는다. 의사는 판단과 분리되어 있는 진단 단계에서 많은 시간을 쏟지 않아도 된다.

문제는 인공지능이 가져다주는 편익이 이 새로운 도구를 갖추는 비용을 넘어설지 여부다. 병원 행정 책임자들은 유망한 신기술을 많이 마주한다. 이런 기술이 절차 안에 자리 잡으려면 숙달이 필요하고 상황에 맞게 변경되어야 한다. 또한 신기술에는 나름의 위험 역시 있다. 실제로 기술은 대체로 시험 단계에서 볼 수 있는 것만큼 훌륭하지 않다. 병원 행정 책임자들은 심근경색과 관련한 인공지능 도입 단계 솔루션의 편익이 비용만 못하다고 판단할 수 있다.

하지만 그 책임자들은 인공지능 응용 단계 솔루션에 대해서는 주목하지 않을 수 없을 것이다. 이 인공지능은 의사에게 예측을 제공하는 인공지능이 아니라 검사 여부를 결정하는 인공지능이다. 의사는 환자에 대한 의사 결정에서 배제된다. 대신 기계가 심근경색을 앓게 될 가능성을 예측한다. 예측값이 어느 기준 이하이면 환자를 퇴원시킨다. 예측값이 다소 애매한 범위에 속하면 부하 검사를 받는다. 심근경색을 앓을 가능성이 무척 크다고 예측되면 바로 카테터 삽입 시술을 한다. 귀가 조치, 부하 검사, 카테터 삽입을 가르는 기준을 제시하는 것이 판단이다. 이 경우 판단은 병원 책임자들 또는 내과 의사와 다른 의학 전문가들로 이루어진 위원회에서 내릴 것이다.

기존 시스템이 감당할 수 있을까

병원은 대개 책임 소재가 분명한 2개의 큰 부문으로 이루어져 있다.[3] 병원 행정 부문은 재정을 책임지며 진료와 치료 비용을 보험사와 정부로부터 받거나, 직원을 채용하거나, 자원을 조달한다. 임상 부문은 환자의 진단과 치료를 책임진다. 이 두 부문 밑에 여러 하위 부서가 있다. 재정과 자원에 대한 결정 권한이 있는 부문과 의학적 문제에 대한 결정 권한이 있는 부문 사이의 갈등은 현재까지도 이어지고 있다. 그러나 직접 진료하는 병원은 대부분 서로 선을 넘지 않는 한 각자의 의사 결정을 존중하는 데 익숙하다.

응급 분야에서 인공지능에 의한 진단을 도입하는 경우 일어날 반발 주체를 충분히 예상할 수 있다. 의사들은 검사가 늘어나면 개인적으로 이익이다. 의료 과실의 위험으로부터 안전해지고 수입도 늘어나기 때문이다. 그런데 인공지능의 진단 예측이 의사보다 낫다면 의사의 훈련과 경험의 중요성은 더 낮아진다. 의사의 가치는 진단 예측을 하는 인공지능 설계자들과 비교해 상대적으로 줄어든다. 병원 행정 부문의 고민은 인공지능 진단 기계를 구축하는 비용일 것이다. 응용 단계 솔루션에서는 의사들이 결정에서 배제되며 그들이 받은 훈련과 경험은 무용지물이 되다시피 한다. 지금까지 많은 진단을 경험한 의사들은 인공지능이 의사보다 나을 가능성에 회의적일 수 있다.

인공지능의 잠재력은 시간이 지날수록 점점 더 커지겠지만, 여기에는 일부 시스템의 변화가 필수적이다. 병원 응급실에서는 환자가 오면 귀가시킬지, 부하 검사를 할지, 카테터 삽입을 할지 의사가 결정한다. 하지만 이러한 구체적 의사 결정에 앞서 병원 행정 부문은 가능한 검사들에 대한 기준을 결정해둔다. 현재 두 부문은 이 기준에 대한 유인이 서로 일치하는 듯하다. 멀레이너선과 오버마이어의 추정에 따르면 의사가 검사를 의뢰한 환자의 15퍼센트만이 실제 심근경색을 앓고 있었다. 이 같은 정확성 수준을 감안해 병원 행정과 의사 모두 부하 검사를 우선으로 하는 데 동의하는 듯하다.[4]

진단 예측에서 꾸준히 개선된 인공지능은 유인 체계의 변화 없이도 환자 회복에 기여할 수 있다. 하지만 도입 단계나 응용 단계 솔루션의 진단 예측 정확성이 20퍼센트밖에 되지 않는다면 의사와 병원 행정 모두 부하 검사를 우선으로 진행할 것이다. 그만한 개선으로는 의사나 병원 행정 모두 솔루션 도입의 가치를 크게 느끼지 못할 게 확실하다.

만일 인공지능의 진단이 거의 완벽해진다면 환자 진료와 시스템 디자인에서 혁신의 여지가 생길 것이다. 심근경색에 대한 인공지능의 진단 예측 정확성이 99퍼센트에 이르면 의사와 병원 행정 모두 인공지능이 심근경색을 예측했을 때, 부하 검사를 하지 않고 바로 카테터를 삽입하는 게 최선이라는 사실을 인정할 것이다. 병원 행정에서는 부하 검사를 선택 사항으로 고려조차 하지 않을 테고, 의사 역시 결코 부하 검사를 하지 않을 것이다.

현재 수준의 예측 정확성과 거의 완전한 인공지능의 예측 사이에는 의사와 병원 행정의 동기가 충돌할 수 있는 중간 영역이 있다. 예측 정확성이 중간 수준에 도달하는 경우 병원 행정 책임자는 자원의 낭비를 막고 싶어서든, 의료 과실의 위험을 덜 걱정해서든 불필요한 부하 검사로 인해 발생하는 비용에 의사보다 더 예민할 수 있다. 가령 인공지능의 진단 정확성이 50퍼센트인 경우, 의사는 여전히 부하 검사의 필요성을 인정하지만 병원 행정은 바로 카테터 삽입 시술을 원할 수 있다.

현재 병원의 분업 구조에서 이 중간 단계 솔루션은 간단한 것처럼 보인다. 이 솔루션에는 병원 행정이 의사를 배제하고 대신 의사 결정을 하는 상대적으로 실행하기 단순한 시스템 변화가 담겨 있다. 이렇게 되면 병원 행정은 부하 검사를 배제하고, 의사들은 귀가 조치나 카테터 삽입 두 가지 중 하나를 선택할 수밖에 없다. 병원 행정은 바라는 바를 얻고 의사는 불만에 찬 채 그 환경을 받아들인다.

하지만 우리가 보기에 이렇게 될 가능성은 거의 없다. 의사들이 가만히 있지 않을 테니 말이다. 이해관계를 조정할 기구가 만들어지고, 환자의 권리에 대한 논의가 오갈 것이다. 의사 결정자들 사이에 충돌이 일어나 기존 시스템에서 이러한 결정 권한의 이동을 수용하지 못할 것이다. 이 같은 상황이 예상된다면 인공지능을 결코 도입하지 못한다. 피드백 데이터를 통해 인공지능이 개선되는 상황에서 의사 결정을 둘러싸고 중기적으로 발생하는 갈등은 장기적으로 실현될 인공지능의 높은 혜택을 가로막을 것이다.

이를 극복하려면 의사와 병원 행정은 새로운 의사 결정 구조를 함께 마련해야 한다. 검사에 대한 결정을 뛰어넘는 정도가 아니라 훨씬 큰 시스템 변화가 필요하다. 다만 앞서 심근경색과 관련한 인공지능의 경우에는 이처럼 큰 시스템 변화가 요구되지 않을 것이다.

다른 한편, 시스템 변화가 필요하다고 인정한다면 인공지능 시스템 탐색 캔버스를 이용해 응급의학의 미래를 그려볼 필요가 있다.

응급의학의 미래상 그리기

캔버스를 채우는 것은 불가피하게 머릿속에서 이루어진다. 복잡한 산업을 이해하고 이를 가장 기본적인 형식으로 나타내야 한다. 17장에서 개요를 살펴보았듯 캔버스는 목표를 제시하는 것에서 시작한다. 응급의학의 목표는 고품질의 저렴한 의료 행위를 통해 급성 질병과 부상에서 환자를 회복시키는 것이다.[5]

이러한 목표 달성을 위해 병원 행정과 의사는 수천 가지 의사 결정을 한다. 캔버스를 활용한 연습은 필수적인 범주에 따라 이러한 의사 결정을 선별하는 것이다. 응급의학에서는 두 가지 핵심 의사 결정으로 이를 나눈다(그림 18-1 참조). 의료 전문가가 환자에게 필요한 의료 서비스를 결정하는 치료 관련 의사 결정, 병원 행정이 응급의학에 필요한 장비와 인력을 결정하는 자원 관련 의사 결정이 그것이다. 치료를 좌우하는 것에는 진단 및 진단에 따른 여러 치료 방안에 부합하는 의학적 근거에 대한 평가가 있다. 앞서 논의했지만 진단은 예측의 문제다. 자원의 투입을 좌우하는 것 역시 진단이며, 이 말은 이러한 투입이 환자마다 다르다는 뜻이 아니라 일정한 기간 동안 병원에서 이루어질 전체 진단을 배분하는 예측에 따라 달라진다는 의미다.

머릿속에서 캔버스 그리기를 극한까지 확대해 진단에 대한 인공지능의 예측이 환경을 불문하고 유용한 경우를 생각해보자. 8장에서 소개한 심장 전문의 에릭 토폴은 인공지능 예측의 개선이 의학의 황금시대를 예고한다고 생각한다. 의사는 의료 행위에서 환자와 접촉하는 활동에 집중하며 자동적인 절차를 예측 기계에 맡긴다는 것이다.[6] 심근경색 예측은 진단 분야에서 인공지능이 인간을 능가하기 시작한 사례 중 하나일 뿐이다.[7]

예측이 개선되고 빨라질수록 환자들은 더 적절한 치료를 받을 수 있다. 데이터가 충분히 쌓이면 환자의 중증도에 대한 예측이 병원 응급실이 아니라 환자의 가정에서 이루어질 수 있다. 따라서 앰뷸런스를 부르기 전에 양질의 예측을 통해 진단을 내리는 상황을 상상할 수 있다.

이러한 진단은 다양한 시스템 변화를 가져올 기회를 제공한다. 환자들은 응급실을 건너뛰고 심장내과든 정형외과든 해당 과로 곧장 가게

그림 18-1 인공지능 시스템 탐색 캔버스: 응급의학

사업에서 뼈대를 이루는 최소한의 필수적 의사 결정에는 무엇이 있는가?

1. 목표	고품질의 저렴한 의료 행위를 통해 급성 질병과 부상에서 환자를 회복시킨다.	
2. 의사 결정	**치료:** 적합한 치료 방법을 결정한다.	**자원 분배:** 인력과 여러 유형의 장비 배치를 결정한다.
3. 예측	**진단:** 증상의 원인을 예측한다.	**환자의 수와 유형:** 병원에 수용 가능한 환자의 수와 전체 진단의 배분을 예측한다.
4. 판단	과잉 진료, 과소 진료, 부정확한 진료가 이루어지면 각각 어떤 결과를 맞이하는가?	가용한 장비와 인력이 너무 많거나 너무 부족한 경우 어떤 결과를 맞이하는가?

될 것이다. 대부분 약사나 주치의의 도움으로 진단을 받은 후 병원까지 갈 필요가 없을 수도 있다. 응급 구조사가 환자를 병원에 데려가는 경우에도 여러 병원 가운데 관련 전문의가 있거나 환자 수용 여력이 있는 곳을 선택할 것이다.

응급 구조사의 역할 또한 바뀔 수 있다. 그들은 특정 의료 환경에 맞는 전문 훈련을 받을 수 있다. 그럴 경우 심장 전문의가 필요한 응급 상황에서는 적절하게 훈련받은 응급 구조사와 함께 심장 질환 관련 장비를 갖춘 앰뷸런스를 보낼 것이다. 환자가 치료를 위해 병원에 도착할 때까지 기다려야 하는 상황이 아닌 것이다. 응급 상황에서는 대부분 짧은 시간 안에 환자의 생사가 좌우된다.

독자 여러분이 무슨 생각을 하는지 알 것만 같다. 물론 현재는 불가능하다. 예측 성능이 충분히 좋더라도 응급 구조사의 전문화에는 한계가 있다. 이들에게는 무슨 일이 닥치든 거기에 대처해야 하는 상황 때문에 다양한 능력이 필요하다. 응급 구조사의 전문성을 살리려면 구급대마다 지금보다 훨씬 더 많은 응급 구조사를 고용하고 훈련시켜야 할 것이다.

바로 이 부분에서 두 번째 의사 결정, 즉 자원의 배분 문제가 등장한다. 응급 수요에 따른 자원 배분을 충분히 정확하게 예측할 수 있다면(그리고 인구 밀도가 충분히 높다면), 필요한 장비와 잘 훈련된 필수 인력을 적재적소에 배치하는 것이 가능하다. 진단에 대한 인공지능의 예측은 일정한 시간 동안 필요 자원의 배분을 예측하는 인공지능을 보완한다.

가능성뿐이긴 해도 이러한 응급의학 덕분에 환자 대부분은 전문 훈련을 받은 응급 구조사의 특수 장비를 통해 집에서 치료를 받을 수 있다. 장기 입원이나 치료에 여러 의료 팀이 필요한 환자들만 병원으로 이송될 것이다. 이것이 환자의 회복에 더욱 유리하며, 병원의 규모는 예전처럼 클 필요가 없다. 의료 훈련의 내용과 인력도 바뀐다. 고품질의 저렴한 의료 행위를 통해 급성 질병과 부상에서 환자를 회복시킨다는 목표를 이처럼 놀라운 방식으로 달성할 수 있다.

이런 미래가 당장 눈앞에 펼쳐지진 않을 것이다. 어쩌면 실현되지 않을 수도 있다. 인공지능은 아직까지 만족스럽다고 할 수 없으며, 앞으로도 그럴 수 있다. 기존 시스템을 분석하고 개선하는 비용도 막대할 것이다. 장기적으로 그로 인한 비용 절감 역시 크겠지만 말이다. 이러한 변화가 일어나면 의료 전문가와 병원 행정 관리자의 반발 역시 전례 없이 강력할 것이다. 그렇지만 작은 규모로는 일어날 법한 상황이다. 많은 나라가 응급 상황에서 이미 응급 구조사와 함께 의사도 출동시킨다.[8] 예측 기계는 의사가 반드시 출동하는 경우를 선별하는 데 유용하다.[9] 어느 대형 영리 병원은 인공지능을 이용해 응급 출동 시 이에 필요한 의사와 장비를 선별함으로써 새로운 시스템으로 향하는 첫발을 내딛었다.

시스템을 구성하는 두 가지 선택

시스템 변화가 복잡하다고 말하면서도 신기술 채택으로 인해 일어날 변화와 그 시스템을 이루는 핵심적인 선택을 단순하게만 설명하는 것은 솔직하지 않은 태도다. 그러나 복잡성을 설명하는 데 과도한 단순화가 나름 효과적일 때가 더러 있다. 곁가지는 무시하고 본질을 이루는 핵심을 찾아내는 것이다. 이게 바로 인공지능 시스템 탐색 캔버스가 하는 일이며, 응급의학 분야에서 인공지능에 대한 우리의 사고 실험이 성취한 것이다.

이른바 '시스템'을 구성하는 선택에는 크게 두 가지가 있다. 관찰할 사람을 선택하는 것과 결정할 사람을 선택하는 것이다. 이러한 분류는 지금까지 말한 시스템 변화를 이해하는 새로운 관점을 보여준다. 관찰자 입장에서 조직의 업무는 정보를 처리하는 것이다. 막대한 정보가 조직으로 유입될 수 있으므로 핵심 업무는 현재의 의사 결정과 관련한 정보를 받아들이는 것이다. 따라서 조직은 정보를 탐색하고 처리하는 역할을 특정 부문에, 가령 병원 행정과 임상 부문에 할당하기 시작한다. 그러면 해당 부문이 정보를 수집해 보유하는 경우도 있고, 정보를 걸러서 다른 부문으로 보내는 경우도 있을 것이다. 임상 부문은 환자가 응급실에 도착하면 예측된 진단 정보를 살피고, 행정 부문은 사후적으로 자원의 배분만을 살핀다. 여기서 핵심은 조직이 받아들이지 못하는 정보가 있으며, 조직 전체에서 공통으로 사용하는 정보가 너무 적다는 것이다.

결정 권한의 분배가 이루어지면 결정을 내리는 사람은 정보를 가장 잘 이용할 줄 아는 사람, 해당 정보를 가지고 있는 사람, 조직의 이해관계와 일치하는 의사 결정을 내릴 유인을 가진 사람으로 나뉜다. 원칙적으로는 자신의 이해관계를 초월한 개인이 있어 그에게 모든 의사 결정을 맡기면 좋겠지만, 그런 사람은 존재하지 않는다. 따라서 의사 결정 권한 분배에서는 조직 전반에 걸쳐 권한에 따라 축소와 확대가 일어난다.

각 부문은 전문화에 의지하면서 협업의 필요성을 최소화하려 한다. 따라서 조직 구성원은 모두 계속해서 특정 업무를 수행한다. 이는 어느 누구도 전체를 보지 못한다는 사실을 보여주는 것이다. 바람직한 조직 구성에서는 어느 부문이 자기 담당을 넘어서는 사건을 인지하면 그걸 다른 부문에 알리도록 되어 있다. 그러나 이를 실행할 완벽한 방법은 없다. 따라서 조직은 효과를 높일 수 있도록 의사 결정과 정보를 나누어 분배한다. 조직이 클수록 안주하는 태도를 조성할 가능성이 크고, 작을수록 그 조직을 이루는 부문의 수는 적지만 그 수를 줄이는 데 한계가 있다.[10]

조직의 각 부문마다 책임을 부여하는 기존 시스템에서는 신기술의 혜택이 한 부문에 국한될 경우 아무런 문제도 겪지 않을 것이다. 인공지능 도입 단계 솔루션과 응용 단계 솔루션이 이런 경우에 해당한다. 병원의 행정 부문이 시설을 유지 보수할 직원의 일정 관리와 입사 지원서를 검토하는 인공지능을 도입했다고 치자. 둘 모두 자원의 할당과 관련이 있다. 이 인공지능 기술은 행정 부문의 목표에 기여하며, 결정하는 사람이 바뀌어야 하는 것도 아니다. 결정하는 사람이 바뀌면 내부적으로 반발이 일어날 것이다. 책임의 변화는 흔히 지배력의 변화에 뒤따르는 것이기 때문이다.

그에 반해 신기술의 혜택이 조직의 여러 부문에 미치는 경우나, 아마 더 안 좋은 경우로서 신기술 때문에 조직이 손해를 입는 부문과 이익을 얻는 부문으로 갈리면 신기술의 도입은 더욱 어려워진다. 신기술의 기회를 인식하더라도 협력 달성에는 결정하는 사람들의 자리바꿈이 필수적이다. 바로 이것이 응급 분야에서 진단용 인공지능 도입을 근본적으로 가로막고 있다. 따라서 세심한 합의를 통해 강력하게 권한 조정을 하고 평가해야 한다. 이러한 작업은 부드럽게 시행하더라도 판도 변화를 불러일으키므로 아예 시작부터 새롭게 하는 것이 목표 달성에 더 유리할 것이다.[11]

인공지능의 예측과 관련해 새로운 혁신은 다양한 모습으로 등장할 수 있다. 지금도 수많은 도입 단계 솔루션이나 응용 단계 솔루션을 조직의 각 부문 사이에서 갈등 유발이나 협력의 저해 없이 도입할 수 있다. 그러나 도입을 하면 판도 변화와 함께 이런저런 변화를 불러오기 때문에 도입이 불가능한 솔루션도 있는데, 문제는 기업 리더들이 시스템 혁신이 필요한 이런 기회를 어떻게 알아볼 수 있느냐는 것이다. 리더가 속한 조직이 솔루션의 잠재력을 효과적으로 평가하는 것은 고사하고 조직이 그 구조상 이를 알아보지도 못하는 상황일 때 말이다.

이와 관련해 현재나 앞으로 인공지능 기술을 조직에 도입할 수 있는지 알아보는 사고 실험을 위한 두 단계 절차를 제시한다.

1단계: 예측이 제공하는 정보, 예측으로 대처할 불확실성, 예측으로 개선될 의사 결정을 규명한다.

2단계: 예측이 제공하는 정보나 예측으로 개선될 의사 결정이 한 부문에만 영향을 주는가, 아니면 한 부문을 넘어서 조직 전체에 영향을 주는가?

이제 응급 분야에 인공지능을 도입해 구체적으로 이 인공지능이 심근경색을 예측한다고 해보자. 1단계에서 인공지능이 예측하는 것은 진단이다. 인공지능은 환자가 응급실에 올 경우 의사들만 유용한 정보를 이용할 수 있도록 설계되어 있다. 이 진단 정보는 검사와 치료 방법의 선택에 도움을 줄 것이다. 2단계에서 이루어지는 의사 결정은 모두 의사의 권한에 속한다. 중증도 분류에 유용한 이 알고리즘의 도입 여부는 간단하게 결정될 것처럼 보이는데, 아마도 도입 단계 솔루션으로 수용될 것이다.

그다음으로 응급 의료 분야에서 부하 검사의 채택 여부를 둘러싼 문제를 분석해보자. 여기서는 1단계에서 새로운 의사 결정, 즉 동원해야 할 자원을 둘러싼 의사 결정이 추가된다. 2단계에서는 한 부문에 한정되는 문제가 아니므로 앞서 말했듯 시스템 차원의 장애물로 인해 그 도입이 가로막힐 것이다. 인공지능을 개선해 여러 부문에 걸쳐 정보 협력이 이루어지도록 하는 방법 역시 가능하다. 환자가 병원에 도착하기 전 인공지능에 의한 진단이 이루어지려면, 사전에 몇 년에 걸쳐 누적된 환자의 데이터를 이용할 수 있어야 한다. 병원의 권한을 넘어서는 데이터 수집이 가능해야 하는 것이다. 법적 규제도 이에 맞추어 조정해야 하며 환자 역시 이를 받아들일 수 있어야 한다. 결국 갈등이 내재해 있는 것이다. 병원의 현재 조직 구조는 인공지능 예측 기술과 그에 따른 운영 방식의 변화를 온전히 수용할 수 없다. 반드시 새로운 시스템이 필요하다.

시스템에 대한 예측은 어렵다

전기에 공장 작동 방식을 크게 개선할 잠재력이 있다는 사실이 밝혀진 것은 1880년에 이르러서였다. 그러나 전력을 효과적으로 이용할 공장 시스템을 이해하는 데에는 추가로 40년이 더 걸렸다. 우리가 알기로 당시 어느 누구도 전기에 기반한 최종적인 시스템을 구상하지 못했다. 전기의 용도에 대한 일반적 인식의 발전에 맞추어 그 시스템을 찾는 데 시간이 걸린 것이다.

인공지능의 경우 우리는 1920년보다는 1880년에 더 가깝다. 많은 산업에서 인공지능으로 완전히 새로운 시스템이 등장할 가능성이 엿보인다. 우리가 이처럼 생각하는 것은 바로 인공지능 예측이 의사 결정에서 하는 역할 때문이다. 아울러 예측에 이어 새로운 의사 결정이 이루어지면, 그 결과에 근원적 불확실성이 감추어지거나 고립되는 게 아니라 반영된다는 사실 때문이기도 하다. 따라서 의사 결정은 다른 의사 결정과 빈번하게 상호 작용하므로 시스템 전체에 영향을 미칠 수밖에 없다. 예측이 없다면 기존 방식이 아무리 낭비적이더라도 그 신뢰성은 의심받지 않을 것이다. 여기서 우리가 알 수 있는 것은 시스템 혁신 없이는 인공지능의 도입이 요원하다는 점이다.

우리는 이번 장을 포함해 일부 장들에서 인공지능을 수용할 수 있는 시스템 분석에 도움을 줄 이정표와 방법을 제시했다. 보험과 의료 분야는 변화 조건이 무르익은 산업일 수 있다. 그러나 지금은 무르익는 시간에 들어선 지 얼마 되지 않았다. 이런 방법들을 이용해 시스템 변화 양상을 이해하더라도 생각보다 많은 단계를 거쳐야 그 변화의 가치를 알고 구조 조정의 실익을 일깨우는 인공지능 예측의 실제를 이해할 수 있다. 그때에 이르러서도 시스템 혁신에는 승자와 패자가 갈리면서 지배력의 분배가 일어나는 판도 변화가 불가피하다. 변화 추진과 그에 대한 반동이 서로 밀고 밀리면서 변화의 실현과 속도가 결정될 것이다.

따라서 우리가 강조하고 싶은 것은 기술의 진화사를 살펴보면 범용 기술에 따르는 판도 변화와 범용 기술이 되는 과정에 대해 많은 걸 배울 수 있다는 점이다. 인공지능의 기능, 즉 예측과 인공지능이 시스템의 일부가 될 분야에 대한 분명하고 객관적인 분석은 목적지를 알려주는 지도이기보다 나아갈 방향을 가리키는 나침반과 같다. 본질적으로 다음의 오랜 경구는 여전히 유효하다. "예측하는 것은 어려운 일이다. 특히 불확실성 때문에 더욱 그러하다."

핵심 요약

- 두 경제학자가 구축한 인공지능은 심근경색의 예측에서 인간을 뛰어넘는 능력을 선보였다. 거짓 양성과 거짓 음성의 예측에서 일반 의사보다 비용이 싸고 처리가 빠르며 오류를 범할 확률도 더 낮아 보인다. 이 예측 기계는 하나의 의사 결정, 즉 검사 여부의 결정에만 영향을 미치는 도입 단계 솔루션으로서 효과적이다. 이러한 인공지능 도입 단계 솔루션의 사용은 심근경색 검사를 효과적으로 배분함으로써 병원의 생산성을 증대시킬 것이다.

- 이 도입 단계 솔루션이 검사의 효율적 배분을 통해 의료 서비스 개선에 상당한 기여를 한다면, 대단히 정확한 심근경색 예측은 막대한 영향을 미칠 시스템 단계 솔루션의 토대가 될 수 있다. 인공지능 시스템 탐색 캔버스를 활용해 우리는 의사 결정이 검사 여부에 달려 있으며, 이것이 심근경색에 대한 예측을 토대로 한다는 점을 확인할 수 있다. 이 예측이 충분히 만족스럽고 가령 스마트 워치로 쉽게 수집한 데이터를 통해 생성할 수 있다면, 환자의 중증도를 비롯한 예측이 병원 응급실이 아니라 환자의 가정에서 이루어질 수도 있다. 환자들은 대부분 구태여 병원까지 갈 필요 없이 가정에서 약사나 주치의의 도움으로 진단을 받는다.
- 인공지능 시스템 탐색 캔버스의 핵심 특징은 캔버스를 통해 조직을 핵심 의사 결정으로 분해하는 것이다. 그 과정에서 좀처럼 꿈쩍 않던 조직의 목표는 현상 유지와 밀접한 규칙, 의사 결정의 과잉에서 풀려난다. 설계자들은 핵심 의사 결정을 뒷받침하는 강력한 예측 기계 덕분에 다양한 시스템 단계 솔루션을 자유롭게 그려볼 수 있다. 이런 사고 실험 방식은 핵심 의사 결정을 규명하고, 예측의 정확성이 무척 높을 경우 가능한 상황을 예상해보고, 목표 달성에 적합한 방식으로 이러한 예측을 이용할 새로운 시스템 유형을 구상하는 것에서 출발한다.

에필로그

인공지능의 편향과 시스템

돌이켜보면 결과가 마냥 좋기만 할 수는 없었다. 2016년 마이크로소프트의 연구자들이 테이(Tay)라는 인공지능 알고리즘을 출시해 트위터(현재 X—옮긴이)에서 의사소통하는 방법을 학습시켰다. 몇 시간도 안 되어 테이는 모욕적인 트윗을 익히고는 이를 대량 쏟아내기 시작했다. 그러나 테이는 유별난 실패작이 아니다. 이런 이야기는 차고 넘치며, 이 때문에 기업을 포함한 많은 조직이 인공지능의 채택을 망설인다. 인공지능의 예측 성능이 인간만 못해서가 아니라 오히려 인간 행세에 너무 능숙하기 때문이다.

놀랄 이유는 전혀 없다. 인공지능 예측에는 데이터가 필수적이며, 특히 인간의 선호와 행동에 대한 예측이 담겨 있는 데이터의 경우에는 학습의 원천이 바로 인간이다. 인간을 상대로 하는 게임을 학습하는 경우에는 이러한 사실이 장점일 수 있지만, 인간은 불완전한 존재이고 인공지능은 그 불완전성을 계승한다.

인공지능 솔루션에 대한 우리의 사고방식 때문에 이것이 당면한 문제라는 사실을 대다수가 깨닫지 못하고 있다. 가령 인사 부서에서 지원자 수백 명의 자격을 심사해야 하는 경우, 먼저 떠오르는 인공지능 사용법은 이 업무를 인간이 아니라 알고리즘에 맡기는 것이다. 이는 결국 예측을 하는 일이다. 특정한 자격을 갖춘 지원자가 해당 기업에서 의도한 결과를 낼 가능성에 대한 예측 말이다. 그런데 이러한 인공지능 사용 방식은 도입 단계 솔루션에 해당하며 충분히 가능한 일이다. 하지만 우리가 이 책에서 내내 강조한 대로 경우에 따라서는 시스템 차원의 완전한 재설계를 해야 할 필요성도 있다. 편향이라는 바람직하지 못한 결과를 배제하려면 시스템 중심적 사고방식이 반드시 필요하기 때문이다.

인공지능의 편향에 대한 우리의 해법은 다음과 같은 관점에서 출발한다. 즉, 인공지능이 차별을 계속 방치한다는 생각에 대해 저자인 우리는 통념과 다르거나 그에 반대되는 견해를 가지고 있다. 시스템 중심적 사고방식으로 보면 편향 문제에 관해서는 인공지능이 제공하는 기회에 기대를 걸어볼 만하다. 인공지능은 차별의 여러 측면에 해법을 제시한다. 그리고 바로 이러한 해법 때문에 반발에 직면한다. 차별을 둘러싼 불편한 진실은 차별을 제거하면 지배력이 이동하면서 승자와 패자가 갈린다는 것이다. 따라서 인공지능으로 다양한 차별을 제거하는 새로운 시스템의 등장 가능성에 따라 인공지능 도입에 따른 반발의 정도도 달라질 것이다.

차별에 맞서는 기회

인공지능이 차별을 줄일 기회를 제공할 수 있는 이유는 인공지능에서 편향의 원천을 이해할 기회가 드러나는 동시에, 차별을 인식해 이후에

의사 결정에서 이를 적절하게 바로 잡을 수 있기 때문이다.[1]

한 가지 간단한 사례를 살펴보자. 유색 인종은 백인에 비해 무릎 통증을 유달리 호소한다. 여기에 대해서는 명백히 다른 두 가지 설명이 있다. 하나는 유색 인종이 무릎 골관절염을 심하게 앓을 가능성이 백인에 비해 더 크다는 것이다. 그리고 다른 하나는 무릎 말고 다른 요인, 즉 생활 스트레스나 사회적 고립 때문에 유색 인종이 무릎 통증을 더 크게 호소한다는 것이다.

원인이 다르다면 치료 방법도 달라져야 한다. 무릎 골관절염이 더 심한 게 문제라면 물리 치료, 약물 치료, 수술이 유용할 것이다. 무릎 말고 다른 요인이 문제라면 가장 효과적인 치료는 정신 건강의 회복일 것이다.

많은 의사가 인종 간 무릎 통증의 차이는 무릎 이외 요인들의 영향 때문이라고 생각했다. 여러 연구에서는 환자가 호소하는 통증과 무릎 골관절염에 대한 방사선 전문의의 판단을 비교했다. 방사선 전문의의 판단 도구로는 주로 켈그렌-로런스(Kellgren-Lawrence) 분류법이 쓰이는데, 환자의 무릎을 촬영한 영상 이미지를 살펴 뼈 돌기, 뼈의 결손, 그 밖의 다른 요인들이 있는지에 따라 관절염의 진행 정도를 판별한다.[2] 이 진단 기준에 따른 관절염의 진행 정도가 동일함에도 유색 인종은 백인에 비해 더 큰 통증을 호소했다.[3]

컴퓨터과학자 에마 피어슨(Emma Pierson)과 공저자들은 이 분류법 자체에 문제가 있을 수 있다고 의심했다. 켈그렌-로런스 분류법을 포함해 골관절염을 진단하는 방법은 수십 년 전 백인을 대상으로 개발한 것이다.[4] 따라서 이 방법으로는 유색 인종이 느끼는 통증의 원인을 파악하지 못할 가능성이 있었다. 방사선 전문의 또한 유색 인종 환자에 대한 편견 때문에 진단 과정에서 환자의 통증을 경시했을 가능성도 있다.

이런 경우 인공지능이 효과적일 수 있다. 피어슨과 공저자들은 무릎의 방사선 사진 수천 장을 모아 각 사진마다 환자 스스로 통증의 수준을 설명하도록 했다. 앞서 방사선 전문의들이 사진을 보고 찾아낸 무릎 자체의 요인은 무릎 통증의 인종 간 차이의 9퍼센트 남짓을 설명하는 듯했다.

피어슨을 비롯한 공저자들은 인공지능이 사진을 이용해 환자가 호소하는 통증을 예측할 수 있는지 평가했다. 인공지능은 인종 간 통증 차이의 43퍼센트를 예측했다. 아울러 인공지능은 사람들이 놓친 무릎 속 요인을 밝혀냈으며, 이러한 요인은 두 인종이 호소하는 통증의 차이를 5배 가까이 더 잘 설명했다.

치료에서 이 같은 인종 간 차이는 많은 비백인 환자가 명백히 무릎에 통증의 원인이 있음에도 무릎과 관련 없는 치료를 받았다는 얘기다. 여기서 볼 수 있듯 인공지능은 의료 분야의 체계적 차별을 밝혀내고 이를 바로잡을 방법을 제시한다.

차별에 대처하기 위해서는 차별의 적발과 교정 두 가지 모두가 필요하다. 이 점은 인간이 하는 예측에서든 기계가 하는 예측에서든 마찬가지다. 다시 말해, 차별을 없애려면 시스템이 필요하다.

차별 밝히기

차별을 밝히는 것은 어렵다. 기술 및 여타 산업에서 차별의 시정을 요구하는 법률적 권리 행사가 수없이 이루어지지만 차별을 주장하는 원고에게 유리한 판결은 드물다. 피고용인이 차별을 이유로 제기한 소송은 대부분 결국 고용주에게 유리한 판결로 끝나거나 각하된다.[5]

이러한 소송에서 대개 쟁점은 임금 또는 승진에서 차별적 조치가 있었는지 여부다. 어느 테크 기업이 승진과 관련해 성차별을 이유로 소송을 당했다고 하자. 회사가 더 오래 재직한 여성인 원고가 아니라 다른 남성을 승진시켰다는 사실 관계에는 다툼의 여지가 없다. 그러나 소송 절차에서 핵심 쟁점은 그 승진에 **합리적 이유**가 있는지 여부다.

원고는 회사가 의도적으로 자신을 성차별했다고 주장할 것이다. 하지만 회사는 원고가 차별 피해자이기보다는 업무 성과를 개선하라는 요청을 거부한 괴팍하고 말만 그럴듯한 피고용인이라고 항변할 것이다. 〈뉴욕타임스〉에 어느 피고의 항변이 실린 적이 있다.[6] 관리자들은 증인신문에서 승진 대상을 추천할 때 차별을 했느냐는 질문을 받을 것이다. 그러면 증인들은 물론 아니라고 대답하고, 원고 측 변호사는 날을 세우듯 다음 질문을 할 것이다. "원고가 남자라면 승진 자격이 있었을까요?" "아니요." 원고 측 변호사는 원고의 실적과 승진한 자들의 실적을 비교하려 하겠지만 실적은 측정하기 쉽지 않고 비교하기에는 모호한 점이 너무 많다.[7]

차별이 실제 있더라도 입증하긴 어려운 것이다. 성(性)만 다르고 나머지는 동일한 두 사람이 있을 수는 없다. 관리자들은 승진과 채용을 결정할 때 여러 가지 요소를 고려한다. 차별의 고의가 드러나는 명백한 진술 없이는 재판부가 차별적 결정이 이루어졌다고 확신할 수 없다. 누군가의 마음속 진실을 아는 것은 불가능하다.

인간의 비교

센딜 멀레이너선은 차별을 찾아내는 전문가다. 박사 학위를 받은 지 3년도 안 된 멀레이너선과 공저자 마리안 베르트랑(Marianne Bertrand)은 2001년 미국 노동 시장에서 벌어지는 차별을 측정했다.[8] 그들은 보스턴과 시카고에서 발행하는 여러 신문에 실린 구인 광고 기업에 가상의 입사 지원서를 보냈다. 광고마다 4개의 입사 지원서를 냈는데, 2개는 자격이 넘쳤고 나머지 2개는 자격이 모자랐다. 그들은 자격이 넘치는 지원서를 각각 아프리카계 미국인으로 추정되는 이름(러키샤 워싱턴이나 자말 존스)과 백인으로 추정되는 이름(에밀리 월시나 그레그 베이커)으로 보냈다. 자격이 모자란 지원서도 마찬가지로 각각 아프리카계와 백인 미국인으로 추정되는 이름으로 보냈다.

그런 후 이 가상의 지원자들에게 인터뷰 요청이 오는지 지켜보았다. 백인계 이름의 경우, 면접 통보가 50퍼센트 더 많았다. 자격이 넘치는 지원서의 경우, 백인계 이름과 아프리카계 이름으로 받은 면접 통보의 격차는 이보다 더 컸다. 노동 시장에는 명백히 차별이 존재했다.

15년이 지나서 멀레이너선은 다시 이 실험을 했다. 시카고 대학의 교수로서 맥아더 재단기금의 지원을 받은 그는 동료들과 함께 복합적인 의료 서비스가 필요한 환자인지 식별하기 위해 주로 사용하는 알고리즘에 (아프리카계 미국인이 앓는 질병의 정도를 과소평가하는—옮긴이) 인종적 편향이 있다는 사실을 밝혀냈다. 실제로 동일한 위험 요인에 노출되었다고 할 때, 아프리카계 미국인 환자는 백인 환자보다 병을 더 많이 앓았다. 즉, 아프리카계 미국인이 백인만큼 치료를 받기 위해서는 아프리카계 미국인에게 투입하는 의료 자원이 백인보다 3배는 더 많아야 했다.[9]

이 알고리즘에 인종적 편향이 나타나는 이유는 그것이 질병 자체가 아니라 의료 비용을 실제 질병에 대한 대리변수로 사용하게끔 되어 있었기 때문이다. 그런데 미국에서 아프리카계 환자는 백인 환자보다 의료 비용을 훨씬 적게 지출했다. 따라서 의료 비용 지출액을 질병에 대한 대리변수로 이용하는 예측 기계는 의료 서비스에 대한 접근이 부분적으로 제한되어 있는 아프리카계와 비슷한 처지의 환자들이 앓는 질병의 정도를 과소평가한 것이다.

이 연구를 끝낸 이후 멀레이너선은 두 프로젝트에 대해 다음과 같이 회고했다.

> 두 연구에서 모두 인종 불평등이 드러났다. 첫 번째 연구에서, 이름을 통해 흑인으로 추측되는 지원자에게는 백인보다 면접 통보가 훨씬 적었다. 두 번째 연구에서, 흑인 환자는 백인보다 열악한 진료를 받았다.
>
> 그러나 이 둘 사이에는 한 가지 중요한 차이가 있다. 첫 번째 연구에서는 채용 담당자가 편향된 결정을 내렸고, 두 번째 연구에서 편향의 장본인은 컴퓨터 프로그램이었다.
>
> 두 연구를 수행한 공저자로서 나는 이 비교에서 한 가지 깨달음을 얻었다. 둘을 나란히 보면 두 유형의 편향에는 분명한 차이가 있다. 하나는 인간이 범하는 편향이고, 나머지 하나는 알고리즘이 범하는 편향이다.[10]

첫 번째 연구에서는 차별을 드러내기 위해 특별할 정도의 창의성과 노력이 필요했다. 멀레이너선은 이를 몇 달 동안 지속된 '복합적이고 은밀한 작전'이라고 불렀다.

반면 두 번째 연구는 더 단순했다. 멀레이너선은 이를 '통계 연습'이라고 불렀다. 이 연습은 알고리즘에 끊임없이 반복해서 "이런 환자라면 어떻게 처리하는가?"라고 물으면서 인종적 편향을 찾아내는 것과 다름없다. 이는 기술적이고 반복적인 작업으로서 은밀할 필요도, 꾀를 낼 필요도 없었다.

사람들 사이의 차별 측정은 어려운 일이다. 환경 변수에 대한 세심한 통제가 필요하기 때문에 그렇다. 하지만 기계가 초래한 차별은 측정이 더 단순하다. 기계에 올바른 데이터를 입력하고 그 출력을 보면 그만이다. 연구자는 인공지능에 조건문 형식으로 수천 번 반복해서 물을 수 있다. 이런 방식은 인간의 경우 불가능하다. 멀레이너선이 지적한 대로 "인간은 알고리즘과 달리 짐작하기 어렵다".

차별의 교정

차별을 드러내는 것은 첫걸음일 뿐이다. 일단 차별이 드러나면 이를 고쳐야 한다. 인간은 고치기 어렵다. 따라서 차별에 기대지 않는 시스템이 필요하다.

입사 지원서 연구 사례에서 여러분이 차별에 책임 있는 회사를 밝혀낼 수 있더라도 인간의 이성과 감성을 바꾸는 것은 만만치 않은 일이다.[11] 겉으로 보이지 않는 인간 내면의 편향은 증거를 찾기가 힘들다. 날마다 수많은 인간이 범하는 차별을 줄일 수 있는 쓸 만한 해결책은 알려져 있지 않다. 멀레이너선의 연구 이후 20년 가까이 지났지만 여전히 러키샤와 자말보다 에밀리와 그레그가 고용될 가능성이 더 높다.

이를 인공지능과 비교해보자. 멀레이너선과 공저자들은 알고리즘에 의한 차별을 주제로 한 논문을 출간하기 이전부터 그 차별 문제를 해결하기 위해 한 회사와 이미 공동 작업을 하고 있었다. 이 공동 작업에서 그들은 논문의 결과를 독자적인 방식으로 다시 한번 확인했다. 이처럼 알고리즘에 의한 차별을 줄이는 작업을 함으로써, 개선된 알고리즘은 그러한 편향을 84퍼센트나 감소시켰다.[12] 저자들은 이러한 알고리즘을 사용하는 몇몇 의료 기관에 이 서비스를 무료로 제공했고, 다수가 이를 받아들였다.

오버마이어와 동료들의 논문 결론은 다음과 같다. "라벨 편향은 교정 가능하다. ……예측의 질과 함께 예측의 편향을 결정짓는 인자가 라벨이기 때문에 주의 깊은 선택을 한다면 알고리즘에 의한 예측의 혜택을 누리면서도 그 위험을 최대한 낮출 수 있다."[13] 멀레이너선이 지적했듯 "알고리즘을 바꾸는 게 사람을 변화시키는 것보다 쉽다. 다시 말해, 소프트웨어는 업데이트하면 그만이지만 인간의 뇌라는 '웨트웨어(wetware)'는 지금까지도 변화 가능성이 훨씬 낮은 것으로 입증되었다".[14]

인공지능 박스의 내부

인공지능은 편향에 휘둘리기 쉽다. 이 말은 사회적 약자들이 더 열악한 치료를 받을 수 있다는 의미다. 다시 말해, 인공지능은 차별을 낳을 수 있다.

또한 인공지능은 차별을 줄일 수 있다. 인공지능은 무릎 통증의 경우에서처럼 인간 사이의 차별적 관행을 찾아낼 수 있다. 또한 인공지능은 이해하기도 쉽다. 인간이 하는 차별보다 알고리즘에 의한 차별을 적발하는 것이 훨씬 쉽다.

인공지능의 차별은 또한 교정 가능하다. 소프트웨어는 조정할 수 있고, 편향이 확인된 자료는 제거할 수 있다.

인공지능은 교정 가능하지만, 그렇다고 그 일이 간단한 것은 아니다. 첫째, 교정에는 이를 맡을 인간이 필요하다. 인공지능을 관리하는 인간이 차별적인 인공지능을 그대로 사용하려 한다면 아무런 어려움 없이 그렇게 할 수 있다. 게다가 인공지능은 소프트웨어이기 때문에 그 차별의 영향이 다수에게 미칠 수 있다. 그러나 교묘하게 차별적인 인간보다 교묘하게 차별적인 인공지능을 발견하는 것이 더 쉽다. 인공지능은 사용 내역을 기록으로 남긴다. 인공지능에 접근하는 다양한 수단을 갖춘 규제 방식과 노련한 감시 방식을 사용하면 차별을 적발할 수 있다. 멀레이너선과 동료들이 했던 것처럼 말이다. 안타깝게도 이러한 문제에서 현재 구축되어 있는 법적·제도적 시스템은 인간인 의사 결정자를 위해 설계되어 있다.[15]

둘째, 편향을 줄이려는 인간이 선한 의도로 사용하더라도 디테일이 중요하다. 디테일에 집중하려면 시간과 비용이 많이 든다. 인공지능의 예측에는 여러 가지 방식으로 편향이 배어들 수 있다. 편향을 교정하려면 그 원인을 파악해야 한다.[16] 여기에는 과거 결정에 대한 데이터를 축적하는 투자가 따라야 한다. 편향이 의심되는 자료의 시뮬레이션을 통해 인공지능이 편향을 떠받치는 상황을 이해하기 위해서다. 첫술에 배부를 수 없다. 새로운 데이터를 수집해야 하고 새로운 시스템을 마련해야 한다.[17]

셋째, 편향을 줄이는 인공지능은 조직 내 의사 결정자를 바꿀 수 있다. 인공지능이 없는 경우 채용을 결정하는 개인 관리자는 선의에서 비롯할 때조차 부지불식간에 편향적으로 자신의 인맥을 통해 사람을 채용할 수 있다. 편향이 낮은 인공지능을 채택하면 인맥을 통한 채용이 힘들어진다. 이사회 간부들은 지원자의 자격 기준을 마련해둔다. 이들은 너나없이 인맥을 통해 채용한 구성원들로 조직이 가득 차면 인력 다양성 확보가 불가능하다는 걸 깨닫고 있다. 인공지능은 차별을 줄일 뿐 아니라, 이사회의 방침에 따라 개별 관리자에게 허용된 채용 재량권을 축소할 것이다. 따라서 관리자들은 자신의 지배력을 축소할 시스템 차원의 변화에 저항할 게 뻔하다.

누구나 편향의 감소를 반기는 것은 아니다. 2003년 미국 메이저 리그 베이스볼(MLB)은 퀘스텍 심판 정보 시스템(QuesTec Umpire Information System)이라는 자동 투구 판정 기계를 사용하기 시작했다. 이 시스템은 경기에서 심판이 하는 볼과 스트라이크의 판정을 평가했다. 당연히 심판들은 이걸 도입하는 데 반대했다. 일부 스타플레이어 역시 마찬가지였다. 당시 메이저 리그 베이스볼 사무국 운영 담당 샌디 앨더슨(Sandy Alderson)은 그 도입 동기를 한 가지 지적하면서, 일부 베테랑 선수들이 자신에 대한 신뢰감을 이용해 유리한 판정을 받을 수 있다고 주장했다. 사이영상을 수상한 톰 글래빈(Tom Glavine)과 수차례 MVP로 뽑힌 배리 본즈(Barry Bonds)를 비롯해 대형 스타 다수가 불만을 토했다. 당시 애리조나 다이아몬드백스의 선발 투수 커트 실링(Curt Schilling)은 현대판 러다이트 운동의 선봉에 섰다. 그는 경기에 지고 난 후 그 시스템의 카메라를 부숴버렸다.[18] 컴퓨터가 볼과 스트라이크를 예측하는 이 시스템을 통해 편향이 감소했지만, 그 편향에서 이익을 보던 사람들은 이를 반길 리 없었다.

시스템에 달려 있다

아마존에 고용된 사람은 참으로 많다. 미국 노동자 153명 중 1명이 아마존에서 일하고 있다.[19] 따라서 아마존이 인력 채용을 도울 인공지능 개발에 큰 관심을 쏟는 것은 너무나 당연했다. 아마존은 2014년에 인공지능 채용 시스템을 도입했다. 그런데 1년도 지나지 않아 그 시스템을 폐기하고 다시는 사용하지 않았다. 이유가 무엇일까? 소프트웨어 부문이나 나머지 기술 부문에 지원한 사람들에 대한 평가가 젠더(gender) 중립성을 해치는 식으로 이루어졌기 때문이다.[20] 이유는 뻔했다. 아마존의 인공지능은 남성 지원자들이 압도적으로 많던 과거 데이터를 기반으로 학습했기 때문이다. 그 인공지능은 명백히 지원자들에 대한 고용 추천에서 여성 차별적이었다. 단순한 수정만으로는 여대 출신에게 불리한 편향성을 극복할 수 없었다.

이런 이야기를 듣고 나면 인공지능이 가망 없을 정도로 편향적이라고 생각할 것이다. 그렇지만 이 이야기의 이면엔 다른 사실이 있다. 즉, 인공지능에 편향이 있었고, 그 편향이 밝혀졌고, 그래서 더는 사용하지 않았다는 것이다. 채용을 담당하는 인간에게는 마찬가지 일이 생길까? 우리는 실제 그 원인이 무엇인지 알고 있다. 요컨대 애초 인공지능을 학습시킨 것은 채용 담당 관리자였다.

동시에 이 경험을 통해 인공지능 개발자들은 과거 데이터에 의한 학습이 대개 바람직하지 않다는 사실을 깨달았다. 이들에게는 데이터를 얻을 새로운 자원이 필요하며, 이를 개발하려면 시간이 걸린다. 하지만 그 결과로 등장하는 인공지능은 결국 평가를 받으며, 더 나아가 성능을 지속적으로 모니터링할 수 있다.

이것이 현재 차별에 대처하는 방법을 둘러싸고 이룬 도약이며, 이는 잠재적으로 중요하다. 오늘날 차별을 줄이기 위한 개입의 초점은 주로 결과를 향해 있다. 즉, 다양한 그룹들 사이에서 결과의 차이를 따져보는 것이다. 그리고 개입은 직접적 방식으로 공평을 기해 동등한 결과를 달성하는 식이다. 문제는 이러한 개입이 분열을 초래할 수 있다는 것이다.

반면, 사람들이 바라는 건 주로 편향의 원천을 제거하는 것이다. 특히 의사 결정자의 동기를 문제 삼는다. 사람들은 동등한 결과 자체를 확고부동하게 만들기보다는(그렇게 한다고 해서 문제가 되는 것은 아니지만) 동등한 대우를 바란다. 그러나 의사 결정자인 인간의 동기를 알 수 없다면 무슨 수로 그가 동등한 대우를 할 것이라고 확신할 수 있겠는가?

하지만 인공지능이 그러한 결정에서 핵심을 차지한다면 객관적 지표를 마련할 수 있을 것이다. 우리는 인공지능이 사람을 대우하는 방식을 파악할 수 있고, 인공지능은 비슷한 사람들을 달리 대우할 뚜렷한 동기를 품지 않기 때문에 분명 실제로 누구든 동등하게 대우하도록 힘을 쏟을 수 있다.

자동화한 예측은 공통의 기준을 적용하는 데 더 유리하다. 야구 선수가 동일한 스트라이크 존의 적용을 받고 운전자가 동일한 교통 법규의 적용을 받는 것처럼 말이다. 교통 법규의 적용에서 편향 사례는 무척 많다. 예를 들어, 흑인 운전자는 백인보다 경찰 때문에 정차해야 하는 경우가 더 많다. 간단한 도입 단계 솔루션으로 속도위반 딱지 발부를 자동화할 수 있다. 이 기술은 이미 갖추어져 있다. 자동차의 속력을 탐지하고, 사진을 촬영하고, 벌점을 매긴다. 자동화한 시스템은 경찰과 대중의 충돌 가능성을 줄여주면서 공정함과 안전함을 증대시킨다.

그러나 자동화한 시스템의 혜택은 도입 단계 솔루션에서만 얻을 수 있는 게 아니다. 모두가 동등한 대우를 받는다는 확신은 시스템에 대한 사람들의 태도와 그 시스템에서 느끼는 안도감의 정도를 변화시킨다. 또한 결과를 한정된 소수자 우대나 쿼터제와 등치시키는 법률상 바람직해 보이는 개입의 필요성마저 없애버린다.

사람에 따라 대우가 달라지는 일이 없도록 하는 것은 마냥 순탄한 일이 아니다. 바로 기존 시스템에서 얻은 결과를 바꾸기 때문이다. 모든 사람이 자동화한 시스템을 반기는 것은 아니다. 스타 야구 선수들이 그랬던 것처럼 교통순경의 재량 덕분에 혜택을 누리던 운전자들은 이 시스템에 분노할 것이다. 일부는 벌금을 내지 않겠다고 버틸지 모른다. 게다가 자동화한 시스템은 응급 이송처럼 합리적 이유에서 과속하는 경우에도 예외를 두지 않을 것이다. 경찰은 과속 이외의 범죄가 의심되어도 차량을 멈춰 세울 수 없다.

여전히 과속으로 사람이 죽는다. 운전자가 규정 속도 이하로 운전할 수밖에 없다면 사망 사건이 줄어들 것이다. 그러나 적용은 불균등하고 종종 차별적이다. 자동화한 적용은 더 많은 운전자를 적발하고 차별을 줄일 것이다.[21]

인공지능의 도입 단계 솔루션을 실행하면 기존의 편향과 차별이 강화될 수 있다. 이런 사실이 언론에 알려지면서 인공지능에 대한 부정적 헤드라인을 낳았다. 인공지능을 도입 단계 솔루션으로만 이해하면 인공지능의 편향은 골칫거리가 되며, 그 편향 때문에 예측 기계의 도입은 응당 반발에 직면할 것이다.

하지만 편향을 시스템 중심적 사고방식으로 보면 인공지능은 차별을 줄이는 변화를 낳을 수 있다. 지금까지 편향에서 이익을 보던 사람들의 반발도 있겠지만 낙관주의 역시 자리하고 있다. 멀레이너선처럼 우리는 모든 의사 결정에서 편향을 줄일 잠재력이 인공지능 시스템에 있다는 것을 알고 있다. 그런데 인공지능에 대한 이러한 낙관주의는 의사 결정을 맡은 인간에 대한 더 큰 비관주의를 숨기고 있다. 인간과 인공지능 모두 편향을 갖고 있다. MIT 출신의 컴퓨터과학자 마르지예 가세미(Marzyeh Ghassemi)는 의료 분야에서 보이는 머신 러닝의 편향에 대해 강의한 후 이렇게 말했다. "인간은 끔찍하다."[22] 인공지능의 편향은 발견 가능하고 대처 가능하다. 교육에서 의료에 이르기까지, 은행업에서 치안에 이르기까지 모든 영역에서 새로운 인공지능 시스템 단계 솔루션은 차별을 줄이도록 설계하고 실행할 수 있다. 인공지능 시스템은 지속적이고 소급적인 모니터링이 가능해 차별 제거에 지속적으로 성공할 수 있다. 하지만 인간을 고치는 것은 정말이지 쉬운 일이 아니다.

핵심 요약

- 인공지능에 대한 대중적 화제는 인공지능이 인간의 편향을 학습하고 강화한다는 것이다. 우리는 이에 동의하고 끊임없이 경계할 것을 촉구한다. 그다음으로 주목받는 화제는 인공지능 시스템을 고용, 은행 대출, 보험금 청구, 법령 적용, 대학 입학 허가 같은 중요한 의사 결정에 도입해서는 안 된다는 것이다. 우리가 블랙박스 내부를 들여다볼 수 없듯 인공지능이 불투명하고 차별을 방치할 것이기 때문이다. 하지만 우리는 이런 주장에 동의할 수 없다. 인공지능은 인간과 달리 파악할 수 있기 때문에 중요한 의사 결정에 도입해야 한다고 생각한다. 우리에게는 차별을 일삼는 것으로 의심되는 채용 담당

자에게 "피부색을 제외하고 모든 것이 동일함에도 구태여 이 사람을 고용하겠는가?"라는 질문을 수천 번 던져도 그로부터 정직한 대답을 기다릴 효과적인 방법이 없다. 그러나 인공지능 시스템을 상대로는 같은 질문을 수천 번 던져도 신속하고 정확한 대답을 얻을 수 있다.

- 시카고 대학의 교수 센딜 멀레이너선은 편향에 대한 두 가지 대조적 연구를 제시했다. 하나는 고용에서 인간이 범하는 차별을 측정한 것이고, 다른 하나는 의료 분야에서 인공지능이 범하는 차별을 측정한 것이다. 그 둘을 비교하면서 그는 인간으로 이루어진 시스템보다 인공지능 시스템에서 차별을 적발하고 교정하는 것이 훨씬 수월하다는 데 주목했다. 알고리즘을 바꾸는 게 사람을 변화시키는 것보다 쉽다. 다시 말해, 소프트웨어는 업데이트하면 그만이지만 인간의 뇌라는 '웨트웨어'는 지금까지도 변화 가능성이 훨씬 낮은 것으로 입증되었다.
- 오늘날 인공지능 시스템 도입에 가장 반발하는 개인들 중에는 차별을 가장 염려하는 사람들이 있다. 우리는 이것이 정확하게 뒤바뀔 거라고 예상한다. 사람들이 인간의 경우보다 인공지능 시스템에서 차별의 적발과 교정이 더 쉽다는 걸 깨닫는 순간, 차별을 줄이려는 부류가 아니라 차별에서 가장 큰 이익을 보던 부류가 인공지능 시스템 도입에 가장 크게 반발할 것이다.

감사의 글

이 책에 대해 인내심을 가지고 시간과 조언을 아끼지 않은 분들께 감사의 인사를 드립니다. 특히 인터뷰에 응해주신 벤치사이의 Liran Belenzon, 가족계획센터의 Jackie French Curran, 워싱턴 대학교의 Ali Goli, 펜실베이니아 대학교의 Kartik Hosanagar, 보스턴 대학교의 이도균(Lee DK), 미국 기상청의 Todd Lericos, 에이다의 Michael Murchison, 캘리포니아 대학교 버클리 캠퍼스의 Ziad Obermeyer, 판도라의 David Reiley, 블루콩뒤의 Eric Schwartz에게 감사드립니다. 토론과 피드백을 마다하지 않은 우리의 동료 Pieter Abbeel, Daron Acemoglu, Anousheh Ansari, Susan Athey, Joscha Bach, Laleh Behjat, James Bergstra, Dror Berman, Scott Bonham, Francesco Bova, Timothy Bresnahan, Kevin Bryan, Erik Brynjolfsson, Elizabeth Caley, Emilio Calvano, Hilary Evans Cameron, Christian Catalini, James Cham, Brian Christian, Iain Cockburn, Sally Daub, Helene Desmarais, Pedro Domingos, Mark Evans, Haig Farris, Chen Fong, Ash Fontana, Chris Forman, John Francis,

Marzyeh Ghassemi, Anindya Ghose, Suzanne Gildert, Inmar Givoni, Ben Goertzel, Alexandra Greenhill, Shane Greenstein, Daniel Gross, Shane Gu, Chris Hadfield, Gillian Hadfield, Avery Haviv, Abraham Heifets, Rebecca Henderson, Geoff Hinton, Tim Hodgson, Marco Iansiti, Trevor Jamieson, Steve Jurvetson. Daniel Kahneman, Aidan Kehoe, John Kelleher, Vinod Khosla, Karin Klein, Anton Korinek, Katya Kudashkina, Michael Kuhlmann, Karim Lakhani, Allen Lau, Eva Lau, Yann LeCun, Mara Lederman, Andrew Leigh, Jon Lindsay, Shannon Liu, Hamidreza Mahyar, Jeff Marowits, Kory Mathewson, Kristina McElheran, John McHale, Roger Melko, Paul Milgrom, Timo Minssen, Matt Mitchell, Sendhil Mullainathan, Kashyap Murali, Ken Nickerson, Olivia Norton, Saman Nouranian, Alex Oettl, Barney Pell, Patrick Pichette, Ingmar Posner, Jim Poterba, Tomi Poutanen, Andrea Prat, Nicholson Price, Samantha Price, Jennifer Redmond, Pascual Restrepo, Geordie Rose, Laura Rosella, Frank Rudzicz, Stuart Russell, Russ Salakhutdinov, Bahram Sameti, Sampsa Samila, Amir Sariri, Reza Satchu, Jay Shaw, Jiwoong Shin, Ashmeet Sidana, Brian Silverman, Bruce Simpson, Avery Slater, Dilip Soman, John Stackhouse, Janice Stein, Ariel Dora Stern, Scott Stern, Joseph Stiglitz, Scott Stornetta, K. Sudhir, Minjee Sun, Rich Sutton, Shahram Tafazoli, Isaac Tamblyn, Bledi Taska, Graham Taylor, Florenta Teodoridis, Patricia Thaine, Andrew Thompson, Tony Tjan, Rich Tong, Manuel Trajtenberg,

Dan Trefler, Catherine Tucker, William Tunstall-Pedoe, Tiger Tyagarajan, Raquel Urtasun, Eric Van den Steen, Hal Varian, Ryan Webb, Dan Wilson, Nathan Yang, Shivon Zilis에게도 감사를 전합니다. Alex Burnett, Lee Goldfarb, Leah Morris, Verina Que, Sergio Santana, Wenqi Zhang, Yan Zhou는 우리 연구에 지원을 아끼지 않았습니다. CDL과 토론토 대학교 로트만 경영대학원의 Carol Deneka, Rachel Harris, Jennifer Hildebrandt, Malaika Kapur, Amarpreet Kaur, Khalid Kurji, Lisa Mah, Ken McGuffin, Sonia Sennik, Kristjan Sigurdson을 비롯한 많은 분들의 역할은 환상적이었습니다. 이 프로젝트를 지원한 전현직 학장 Susan Christoffersen, Ken Corts, Tiff Macklem에게도 감사를 드립니다. 이 책을 훌륭하게 편집한 Jeff Kehoe와 우리를 대신해 각종 사무를 처리해준 Jim Levine에게도 감사의 인사를 드립니다. 이 책의 아이디어는 대부분 캐나다 사회과학인문학연구평의회, David Michel과 Danny Goroff가 이끄는 슬론 재단의 기금으로 전미경제연구소가 주최한 인공지능 경제학 콘퍼런스에서 이루어진 연구 성과에 바탕을 두고 있습니다. 두 분에게도 감사의 인사를 드립니다. 마지막으로 인내심을 잃지 않고 책이 나오기까지 도움을 준 우리의 가족 Gina, Amelia, Andreas, Natalie, Belanna, Ariel, Annika, Rachel, Anna, Sam, Ben에게도 감사의 인사를 전합니다.

주

서문: 멀리서 온 성공

1. 총리가 이 연례행사에서 일론 머스크(Elon Musk) 등이 설립한 뉴럴링크(Neuralink)의 운영이사 시본 질리스와 나눈 자유로운 대담이 유튜브에 있다. "Justin Trudeau in Conversation with Shivon Zilis," YouTube, November 9, 2017, https://www.youtube.com/watch?v=zm7A1KXUaS8&t=853s.

2. "About Canada's Innovation Superclusters," Government of Canada, n.d., https://www.ic.gc.ca/eic/site/093.nsf/eng/00016.html.

3. "04: Human vs. Machine," *Spotify: A Product Story*, podcast, March 2021, https://open.spotify.com/episode/0T3nb0PcpvqA4o1BbbQWpp.

4. 돈세탁은 심각한 문제다. 유엔의 추계에 따르면 매년 2조 달러가 금융 기관을 통해 세탁되고 있다. 경영 관리 컨설팅 회사 올리버 와이먼(Oliver Wyman)에 따르면, 이 문제를 해결할 자동화와 데이터 서비스의 시장 가치가 130억 달러에 이른다고 한다. "Nasdaq to Acquire Verafin, Creating a Global Leader in the Fight Against Financial Crime," November 19, 2020, https://www.nasdaq.com/press-release/nasdaq-to-acquire-verafin-creating-a-global-leader-in-the-fight-against-financial.

5. Erica Vella, "Tech in T.O.: Why Geoffrey Hinton, the 'Godfather of A.I.,' Decided to Live in Toronto," Global News, October 8, 2019, https://globalnews.ca/news/5929564/geoffrey-hinton-artificial-intelligence-toronto/.

6. Geoff Hinton, "On Radiology," Creative Destruction Lab: Machine Learning and the Market for Intelligence, YouTube, November 24, 2016, https://www.youtube.com/watch?v=2HMPRXstSvQ.

01 세 가지 유형의 기업가 비유

1. Richard B. Du Boff, "The Introduction of Electric Power in American Manufacturing," *Economic History Review* 20, no. 3 (1967): 509-518, https://doi.org/10.2307/2593069.
2. Du Boff, "The Introduction of Electric Power in American Manufacturing."
3. Warren D. Devine Jr., "From Shafts to Wires: Historical Perspective on Electrification," *Journal of Economic History* 43, no. 2 (1983): 347-372.
4. Nathan Rosenberg, *Inside the Black Box: Technology and Economics* (New York: Cambridge University Press, 1982), 78.
5. Nathan Rosenberg, "Technological Change in the Machine Tool Industry, 1840-1910," *Journal of Economic History* 23, no. 4 (1963): 414-443.
6. Paul A. David, "The Dynamo and the Computer: An Historical Perspective on the Modern Productivity Paradox," *American Economic Review* 80, no. 2 (1990): 355-361.
7. 기업가들이 신기술의 기회를 활용하면서 맞이할 여러 가지 선택에 대한 프레임워크는 Joshua Gans, Erin L. Scott, and Scott Stern, "Strategy for Start-Ups," *Harvard Business Review,* Mayvard Busin, 44-51 참조. 이 글에서 기업가들이 추구하는 도입 단계 솔루션은 저자들이 '가치 사슬 전략'이라고 이름 붙인, 즉 실행을 지향하면서 기존 가치 사슬에 들어맞는 전략이다. 응용 단계 솔루션은 저자들이 '판도를 바꾸는 전략'이라고 부르는 것으로, 실행과 함께 새로운 가치 사슬의 제공을 지향한다. 이 솔루션은 또한 장치 디자인을 보호하기 위해 공식적인 지식재산권의 사용을 포함하는 전략의 사례일 수도 있다. 마지막으로 시스템 단계 솔루션은 '구조적 전략'으로 여기에는 새로운 가치 사슬뿐 아니라 그 시스템을 보호하기 위한 관리 투자 역시 포함된다.

02 인공지능의 시스템적 수용의 미래

1. 이 콘퍼런스의 발표 논문집을 보려면 Ajay Agrawal, Joshua Gans, and Avi Goldfarb, eds., *The Economics of Artificial Intelligence: An Agenda* (Chicago: University of Chicago Press, 2019) 참조.
2. Paul Milgrom, personal email, January 17, 2017.
3. Colin F. Camerer, "Artificial Intelligence and Behavioral Economics," comment by Daniel Kahneman, in Agrawal et al., *The Economics of Artificial Intelligence*, chapter 24, page. 610 참조.
4. Betsey Stevenson, "Artificial Intelligence, Income, Employment, and Meaning," in Agrawal et al., *The Economics of Artificial Intelligence*, chapter 7, page. 190 참조.
5. Erik Brynjolfsson, Daniel Rock, and Chad Syverson, "Artificial Intelligence and the Modern Productivity Paradox: A Clash of Expectations and Statistics," in Agrawal et al., *The Economics of Artificial Intelligence*, chapter 1.
6. Timothy F. Bresnahan and Manuel Trajtenberg, "General Purpose Technologies 'Engines of Growth'?" *Journal of Econometrics* 65, no. 1 (1995): 83-108; T. Bresnahan and S. Greenstein, "Technical Progress and Co-invention in Computing and in the Uses of Computers," *Brookings Papers on Economic Activity, Microeconomics* (1996): 1-83.
7. Alanna Petroff, "Google CEO: AI is 'More Profound Than Electricity or Fire,'" CNN Business, January 24, 2018, https://money.cnn.com/2018/01/24/technology/sundar-pichai-google-ai-artificial-intelligence/index.html.
8. S. Ransbotham et al., "Expanding AI's Impact with Organizational Learning," *MIT Sloan Management Review*, October 2020.
9. Catherine Jewell, "Artificial Intelligence: The New Electricity," *WIPO Magazine*, June 2019, https://www.wipo.int/wipo_magazine/en/2019/03/article_0001.html.
10. Ransbotham et al., "Expanding AI's Impact with Organizational Learning."
11. Daron Acemoglu et al., "Automation and the Workforce: A Firm-Level View from the 2019 Annual Business Survey," conference paper, National Bureau

of Economic Research, Cambridge, MA, February 2022, https://conference.nber.org/conf_papers/f159272.pdf에서 패널 데이터 A와 B를 비교하는 그림 1 참조.

12. Nathan Rosenberg, *Inside the Black Box: Technology and Economics* (New York: Cambridge University Press, 1982), 59.
13. Michael Specter, "Climate by Numbers," *New Yorker*, November 4, 2013, https://www.newyorker.com/magazine/2013/11/11/climate-by-numbers.
14. Michael Lewis, *The Fifth Risk* (New York: W. W. Norton & Company, 2018), 185, Kindle.
15. Lewis, *The Fifth Risk,* 186, Kindle.
16. Lewis, *The Fifth Risk,* 186, Kindle.
17. Lewis, *The Fifth Risk,* 186, Kindle.

03 인공지능은 예측하는 기술이다

1. 광고비와 매출액 사이의 인과관계를 밝히는 것이 한층 더 어려운 이유는 광고 대상이 예상 구매자이기 때문이다. 광고의 인과관계에 대한 논의로는 T. Blake, C. Nosko, and S. Tadelis, "Consumer Heterogeneity and Paid Search Effectiveness: A Large-Scale Field Experiment," *Econometrica* 83 (2015): 155-174, https://doi.org/10.3982/ECTA12423; Brett R. Gordon et al., "A Comparison of Approaches to Advertising Measurement: Evidence from Big Field Experiments at Facebook," *Marketing Science* 38, no. 2 (2019), https://pubsonline.informs.org/doi/10.1287/mksc.2018.1135 참조. 더 일반적으로 최근에 나온 두 권의 책이 비전문적인 독자를 대상으로 인과 추론을 설명한다. Judea Pearl and Dana Mackenzie, *The Book of Why* (New York: Basic Books, 2018)는 컴퓨터과학의 관점에서 설명한다. John List, *The Voltage Effect* (New York: Random House, 2022)는 경제학적 관점에서 설명한다. 존 리스트의 책에서 강조하는 것은 실험을 수행하더라도 어떤 솔루션을 대규모로 사용하면 실험 결과가 소용없게 된다는 것이다.
2. Larry Hardesty, "Two Amazon-Affiliated Economists Awarded Nobel Prize,"

Amazon Science, October 13, 2021, https://www.amazon.science/latest-news/two-amazon-affiliated-economists-awarded-nobel-prize.
3. Satinder Singh, Andy Oku, and Andrew Jackson, "Learning to Play Go from Scratch," *Nature*, October 19, 2017, https://www.nature.com/articles/550336a.
4. Avi Goldfarb and Jon R. Lindsay, "Prediction and Judgment: Why Artificial Intelligence Increases the Importance of Humans in War," *International Security* 46, no. 3 (2022): 750, doi:https://doi.org/10.1162/isec_a_00425.
5. Bonnie G. Buchanan and Danika Wright, "The Impact of Machine Learning on UK Financial Services," *Oxford Review of Economic Policy* 37, no. 3 (2021): 537-563, https://doi.org/10.1093/oxrep/grab016.
6. Kwame Opam, "Amazon Plans to Ship Your Packages Before You Even Buy Them," *Verge*, January 18, 2014, https://www.theverge.com/2014/1/18/5320636/amazon-plans-to-ship-your-packages-before-you-even-buy-them.
7. Anu Singh, Tyana Grundig, and David Common, "Hidden Cameras and Secret Trackers Reveal Where Amazon Returns End Up," CBC News, October 10, 2020, https://www.cbc.ca/news/canada/marketplace-amazon-returns-1.5753714.
8. 아마존이 반송 제품을 폐기한다면 배송 후 쇼핑에서 상품 회수에 신경을 써야 할 이유가 무엇인지 궁금할 것이다. 문제는 소비자가 회수될 제품을 폐기했는지 사용하는지 아마존은 알 길이 없다는 것이다.

04 결정하거나 결정을 피하거나

1. Michael Lewis, "Obama's Way," *Vanity Fair*, October 2012, https://www.vanityfair.com/news/2012/10/michael-lewis-profile-barack-obama.
2. H. Simon, "Administration of Public Recreational Facilities in Milwaukee," unpublished manuscript, Herbert A. Simon papers, Carnegie Mellon University Library.
3. L. Lamport, "Buridan's Principle," *Foundations of Physics* 42, no. 8 (2012): 1056-1066, http://lamport.azurewebsites.net/pubs/buridan.pdf.
4. 이 규칙을 문자 그대로 입증하는 예외에 대해서는 오바마가 색 바랜 정장을 입었던 날 벌어진 소동을 참조. "Obama Tan Suit Controversy," Wikipedia, https://

en.wikipedia.org/wiki/Obamatansuitcontroversy.

5. 이처럼 가정하는 것은 산수를 쉽게 하도록 하기 위함이다. 대수학이 내킨다면 비가 올 확률을 p, 젖으면 발생하는 비용을 w, 번거롭게 우산을 휴대해서 발생하는 비용을 c라고 가정해보자. 만일 pw=(1-p)c라면, 우산을 휴대하든 않든 차이가 없다. 우리 책에서는 p=0.5, w=c=10달러로 가정한다.
6. Natalia Emanuel and Emma Harrington, "'Working' Remotely? Selection, Treatment and the Market Selection of Remote Work," mimeo, Harvard, 2021, https://scholar.harvard.edu/files/eharrington/files/trimpaper.pdf.
7. S. Larcom, F. Rauch, and T. Willems, "The Benefits of Forced Experimentation: Striking Evidence from the London Underground Network," *Quarterly Journal of Economics* 132, no. 4 (2017): 2019-2055.
8. D. P. Byrne and N. de Roos, "Startup Search Costs," *American Economic Journal: Microeconomics* 14, no. 2 (May 2022): 81-112.
9. Atul Gawande, *The Checklist Manifesto: How to Get Things Right* (New York: Henry Holt and Co., 2009), 61-62, Kindle.

05 감추어진 불확실성

1. 경제학자들은 이 주장에 각별한 친밀감을 느낄 것이다. 우리는 《예측 기계》에서도 공항 라운지에 대해 언급하며 이 설명을 인용한 바 있다.
2. SF Staff, "Airports Are Becoming More Like Tourist Destinations," *Simple Flying*, January 5, 2020, https://simpleflying.com/airports-tourist-destinations/.
3. "Destination Airports," Gensler, n.d., https://www.gensler.com/blog/destination-airports.
4. Paul Brady, "The Top 10 International Airports," *Travel and Leisure*, September 8, 2021, https://www.travelandleisure.com/airlines-airports/coolest-new-airport-terminals.
5. Elliott Heath, "The Golf Course Inside an Airport," *Golf Monthly,* June 6, 2018, https://www.golfmonthly.com/features/the-game/golf-course-inside-an-airport-157780.

6. Incheon International Airport Corporation, 2016 Annual Report, https://www.airport.kr/cofile/en/file01/2016annualReport(eng).pdf.

7. Airports Council International, "ACI Report Shows the Importance of the Airport Industry to the Global Economy," press release, April 22, 2020, https://aci.aero/2020/04/22/aci-report-shows-the-importance-of-the-airport-industry-to-the-global-economy/.

8. "Putting the AI in Air Traffic Control," Alan Turing Institute, January 17, 2020, https://www.turing.ac.uk/research/impact-stories/putting-ai-air-traffic-control.

9. Arnoud Cornelissen, "AI System for Baggage Handling at Eindhoven Airport Proves Successful," Innovation Origins, January 28, 2021, https://innovationorigins.com/en/ai-system-for-baggage-handling-at-eindhoven-airport-proves-successful/.

10. Tower Fasteners, "The Future of AI in Aviation," press release, n.d., https://www.towerfast.com/press-room/the-future-of-ai-in-aviation.

11. Xinyu Hu et al., "DeepETA: How Uber Predicts Arrival Times Using Deep Learning," Uber Engineering, February 10, 2022, https://eng.uber.com/deepeta-how-uber-predicts-arrival-times/.

12. From William Booth, "Maintaining a Competitive Hedge," *Washington Post*, January 11, 2019, https://www.washingtonpost.com/graphics/2019/world/british-hedgerows/; the BBC documentary *Prince, Son and Heir: Charles at 70*, December 31, 2018.

13. Steven D. Levitt and Stephen J. Dubner, *Freakonomics: A Rogue Economist Explores the Hidden Side of Everything*, revised and expanded ed. (New York: William Morrow, 2006), xiv.

14. Massachusetts Department of Agricultural Resources, "Greenhouse BMPs," n.d., https://ag.umass.edu/sites/ag.umass.edu/files/book/pdf/greenhousebmpfb.pdf.

15. Ric Bessin, Lee H. Townsend, and Robert G. Anderson, "Greenhouse Insect Management," University of Kentucky, n.d., https://entomology.ca.uky.edu/

ent60.

16. Massachusetts Department of Agricultural Resources, "Greenhouse BMPs."

17. Ecoation, "Human+Machine," n.d., https://www.ecoation.com/; Ecoation, "Integrated Pest Management," n.d., https://7c94d4b4-da17-40b9-86cd-fc64ec50f83b.filesusr.com/ugd/0a894f_a83293fa199c4f60a71254187a0b7f4c.pdf.

18. Ecoation, "Integrated Pest Management," Case 4.

06 규칙은 교착된다

1. Atul Gawande, "The Checklist," *New Yorker*, December 2, 2007, https://www.newyorker.com/magazine/2007/12/10/the-checklist.

2. A. Kwok and M-L McLaws, "How to Get Doctors to Hand Hygiene: Nudge Nudge," *Antimicrobial Resistance and Infection Control* 4, supplement 1 (2015): O51, https://www.ncbi.nlm.nih.gov/pmc/articles/PMC4474702/.

3. Ali Goli, David H. Reiley, and Hongkai Zhang, "Personalized Versioning: Product Strategies Constructed from Experiments on Pandora," working paper, presented at Quantitative Marketing and Economics Conference, UCLA, October 8, 2021. 3장에서 언급한 대로 때때로 인공지능에는 이러한 예측에 필요한 데이터를 수집하기 위해 실험이 필요하다. 여기에서는 인공지능이 그러한 실험을 보충한다.

4. 이 문제에 대한 최초의 분석으로는 Susan Athey, Emilio Calvano, and Joshua S. Gans, "The Impact of Consumer Multi-homing on Advertising Markets and Media Competition," *Management Science* 64, no. 4 (2018): 1574-1590 참조.

5. "Without Rules, There Is Chaos," YouTube, https://www.youtube.com/watch?v=qoHU57KtUws.

6. John Stuart Mill, *On Liberty*, ed. David Spitz (New York: W. W. Norton and Company, 1975, based on 1859 edition), 98.

7. New York State Education Department, "The New York State Kindergarten Learning Standards," n.d., http://www.p12.nysed.gov/earlylearning/standards/documents/KindergartenLearningStandards2019-20.pdf.

8. "The State of the Global Education Crisis: A Path to Recovery," World Bank, n.d., https://www.worldbank.org/en/topic/education; "Overview," World Bank, n.d., https://www.worldbank.org/en/topic/education/overview#1; "Digital Technologies in Education," World Bank, n.d., https://www.worldbank.org/en/topic/edutech#1.
9. "Training Entrepreneurs," *VoxDevLit* 1, no. 2 (August 9, 2021), https://voxdev.org/sites/default/files/TrainingEntrepreneursIssue2.pdf.
10. 3장에서 이러한 실험이 유용한 이유를 설명했다.
11. Ken Robinson, *The Element: How Finding Your Passion Changes Everything* (New York: Penguin, 2009), 230.

07 교착된 시스템 대 유연한 시스템

1. Worldometer, "Coronavirus Cases," https://www.worldometers.info/coronavirus/country/us/, 2021년 11월 25일 접속.
2. 이 주제만 다룬 것으로는 Joshua Gans, *The Pandemic Information Gap: The Brutal Economics of COVID-19* (Cambridge, MA: MIT Press, 2020) 참조.
3. June-Ho Kim et al., "Emerging COVID-19 Success Story: South Korea Learned the Lessons of MERS," *Our World in Data*, March 5, 2021, https://ourworldindata.org/covid-exemplar-south-korea.
4. Jennifer Chu, "Artificial Intelligence Model Detects Asymptomatic Covid-19 Infections through Cellphone-Recorded Coughs," *MIT News*, October 29, 2020, https://news.mit.edu/2020/covid-19-cough-cellphone-detection-1029.
5. H. Bastani et al., "Efficient and Targeted COVID-19 Border Testing via Reinforcement Learning," *Nature* 599 (2021): 108-113, https://doi.org/10.1038/s41586-021-04014-z.
6. Hannah Beech, "On the Covid Front Lines, When Not Getting Belly Rubs," *New York Times*, May 31, 2021, https://www.nytimes.com/2021/05/31/world/asia/dogs-coronavirus.html.
7. Michael J. Mina and Kristian G. Andersen, "COVID-19 Testing: One Size Does

Not Fit All," *Science* 371, no. 6525 (2020): 126-127; Daniel B. Larremore et al., "Test Sensitivity Is Secondary to Frequency and Turnaround Time for COVID-19 Screening," *Science Advances* 7, no. 1 (2021), https://www.science.org/doi/10.1126/sciadv.abd5393.
8. Joshua S. Gans, Avi Goldfarb, Ajay K. Agrawal, Sonia Sennik, Janice Stein, and Laura Rosella, "False-Positive Results in Rapid Antigen Tests for SARS-CoV-2," *JAMA* 327, no. 5 (2022): 485-486, https://jamanetwork.com/journals/jama/fullarticle/2788067.
9. Laura C. Rosella, Ajay K. Agrawal, Joshua S. Gans, Avi Goldfarb, Sonia Sennik, and Janice Stein, "Large-Scale Implementation of Rapid Antigen Testing for COVID-19 in Workplaces," *Science Advances* 8, no. 8 (2022), https://www.science.org/doi/10.1126/sciadv.abm3608; "CDL Rapid Screening: Supporting the Launch of Workplace Rapid Screening across Canada," Creative Destruction Lab Rapid Screening Consortium, https://www.cdlrapidscreeningconsortium.com/.
10. 이 프로그램의 시행은 "Like Wartime: Canadian Companies Unite to Start Mass Virus Testing," *New York Times*, February 18, 2021, https://www.nytimes.com/2021/01/30/world/americas/canada-coronavirus-rapid-test.html에 실렸다.
11. Laura C. Rosella et al., "Large-Scale Implementation of Rapid Antigen Testing for COVID-19 in Workplaces."
12. 조슈아는 정확히 이 부분을 주제로 코로나19 관련 경제학 책을 처음으로 출간했다: Joshua Gans, *The Pandemic Information Gap: The Brutal Economics of COVID-19* (Cambridge, MA: MIT Press, 2020).

08 시스템 중심적 사고방식

1. Brian Christian, *The Most Human Human: What Artificial Intelligence Teaches Us About Being Alive* (New York: Anchor, 2011).
2. Ajay Agrawal, Joshua Gans, and Avi Goldfarb, "Artificial Intelligence: The Ambiguous Labor Market Impact of Automating Prediction," *Journal of*

Economic Perspectives 33, no. 2 (2019): 31-50, https://pubs.aeaweb.org/doi/pdfplus/10.1257/jep.33.2.31.

3. Carl Benedikt Frey and Michael A. Osborne, "The Future of Employment: How Susceptible Are Jobs to Computerisation?" *Technological Forecasting and Social Change* 114 (January 2017): 254-280, https://www.sciencedirect.com/science/article/abs/pii/S0040162516302244; "A Study Finds Nearly Half of Jobs Are Vulnerable to Automation," *Economist*, April 24, 2018, https://www.economist.com/graphic-detail/2018/04/24/a-study-finds-nearly-half-of-jobs-are-vulnerable-to-automation; Aviva Hope Rutkin, "Report Suggests Nearly Half of US Jobs Are Vulnerable to Computerization," *MIT Technology Review*, September 12, 2013, https://www.technologyreview.com/2013/09/12/176475/report-suggests-nearly-half-of-us-jobs-are-vulnerable-to-computerization/.
4. Daron Acemoglu, "Harms of AI," working paper 29247, National Bureau of Economic Research, Cambridge, MA, September 2021, https://www.nber.org/papers/w29247; Daron Acemoglu and Pascual Restrepo, "Automation and New Tasks: How Technology Displaces and Reinstates Labor," *Journal of Economic Perspectives* 33 no. 2 (2019): 330; Jeffrey D. Sachs, "R&D, Structural Transformation, and the Distribution of Income," in *The Economics of Artificial Intelligence: An Agenda*, eds. Ajay Agrawal et al. (Chicago: University of Chicago Press, 2019), chapter 13. 종합적인 평가로는 Joshua Gans and Andrew Leigh, *Innovation + Equality: Creating a Future That Is More Star Trek than Terminator* (Cambridge, MA: MIT Press, 2019) 참조.
5. Tim Bresnahan, "Artificial Intelligence Technologies and Aggregate Growth Prospects," working paper, Stanford University, May 2019, https://web.stanford.edu/~tbres/AI_Technologies_in_use.pdf.
6. 우리의 이러한 결론은 에릭 브리뇰프슨의 결론과 유사하다. 그러나 논증 방식이 다르다. 우리가 강조하는 점은 가치 증대에 초점을 두는 게 인공지능 개발자의 이해에도 부합한다는 것이다. Erik Brynjolfsson, "The Turing Trap: The Promise and Peril of Human-Like Artificial Intelligence," Stanford Digital Economy Lab,

January 12, 2022, https://digitaleconomy.stanford.edu/news/the-turing-trap-the-promise-peril-of-human-like-artificial-intelligence/.

7. 다음의 글들을 참조. Alvin Rajkomar, Jeffrey Dean, and Isaac Kohane, "Machine Learning in Medicine," *New England Journal of Medicine* 380 (2019): 1347-1358, https://www.nejm.org/doi/full/10.1056/NEJMra1814259; Sandeep Redd, John Fox, and Maulik P. Purchit, "Artificial Intelligence-Enabled Healthcare Delivery," *Journal of the Royal Society of Medicine* 112, no. 1 (2019), https://journals.sagepub.com/doi/full/10.1177/0141076818815510; Kun-Hsing Yu, Andrew L. Beam, and Isaac S. Kohane, "Artificial Intelligence in Healthcare," *Nature Biomedical Engineering* 2 (2018): 719-731, https://www.nature.com/articles/s41551-018-0305-z.

8. James Shaw et al., "Artificial Intelligence and the Implementation Challenge," *Journal of Medical Internet Research* 21, no. 7 (2019): e13659, doi: 10.2196/13659; Yu et al., "Artificial Intelligence in Healthcare."

9. Siddhartha Mukherjee, "A.I. versus M.D.," *New Yorker*, March 27, 2017; Cade Matz and Craig Smith, "Warnings of a Dark Side to AI in Health Care," *New York Times*, March 21, 2019.

10. 우리는 토폴과 만난 적이 없지만 그의 작업을 지지하는 팬이다. 우리는 코로나19 기간 동안 신속항원검사의 전국적 프로그램을 준비하면서 그의 시의적절하고 통찰력 있는 트위터와 글에서 큰 도움을 얻었다. "CDL Rapid Screening Consortium," Creative Destruction Lab, https://www.cdlrapidscreeningconsortium.com/.

11. Avi Goldfarb, Bledi Taska, and Florenta Teodoridis, "Artificial Intelligence in Health Care? Evidence from Online Job Postings," *AEA Papers and Proceedings* 110 (2020): 400-404.

12. Steven Adelman and Harris A. Berman, "Why Are Doctors Burned Out? Our Health Care System Is a Complicated Mess," *STAT*, December 15, 2016, https://www.statnews.com/2016/12/15/burnout-doctors-medicine/.

13. Eric Topol, *Deep Medicine* (New York: Basic Books, 2019).

14. World Bank, "Leveling the Playing Field," *World Development Report* 2021,

https://wdr2021.worldbank.org/stories/leveling-the-playing-field/,104.

15. Morgane le Cam, "The Day Bluetooth Brought a Cardiologist to Every Village in Cameroon," *Geneva Solutions*, n.d., https://genevasolutions.news/explorations/11-african-solutions-for-the-future-world/the-day-bluetooth-brought-a-cardiologist-to-every-village-in-cameroon.

16. Steve Lohr, "What Ever Happened to IBM's Watson?" *New York Times*, July 16, 2021, https://www.nytimes.com/2021/07/16/technology/what-happened-ibm-watson.html?smid=tw-share.

17. 우리가 《예측 기계》의 인공지능 캔버스를 이용해 추천한 프로세스다.

09 지금껏 가장 뛰어난 시스템

1. Rob Toews, "AlphaFold Is the Most Important Achievement in AIEver," *Forbes*, October 3, 2021, https://www.forbes.com/sites/robtoews/2021/10/03/alphafold-is-the-most-important-achievement-in-ai-ever/; Ewen Callaway, "'It Will Change Everything': DeepMind's AI Make Gigantic Leap in Solving Protein Structures," *Nature*, November 30, 2020, https://www.nature.com/articles/d41586-020-03348-4.

2. Will Douglas Heaven, "DeepMind's Protein-Folding AI Has Solved a 50-Year-Old Grand Challenge of Biology," *MIT Technology Review*, November 30, 2020, https://www.technologyreview.com/2020/11/30/1012712/deepmind-protein-folding-ai-solved-biology-science-drugs-disease/.

3. Toews, "AlphaFold Is the Most Important Achievement in AIEver."

4. Callaway, "'It Will Change Everything.'"

5. Iain M. Cockburn, Rebecca Henderson, and Scott Stern, "The Impact of Artificial Intelligence on Innovation: An Exploratory Analysis," in *The Economics of Artificial Intelligence: An Agenda*, eds. Agrawal et al. (Chicago: University of Chicago Press, 2019), 120. 스턴은 우리의 Machine Learning and the Market for Intelligence conference in 2018에서 이 논문의 아이디어를 탁월하고 이해하기 쉽게 소개했다. Scott Stern, "AI, Innovation, and Economic Growth," YouTube,

November 1, 2018, https://www.youtube.com/watch?v=zPeme4murCk&t=8s.
6. 우리의 CDL에서 인공지능에 기반한 연구 도구를 많이 볼 수 있다. 다음 세 가지 사례는 CDL 출신들이 연구 도구를 만들면서 상당한 자금을 조달한 경우다. (1) 애텀와이즈는 분자 접착제 연구를 위해 단백질과 분자의 결합 친화도를 예측하는 인공지능 도구를 만드는 데 1억 7500만 달러를 유치했다. Atomwise, "Behind the AI: Boosting Binding Affinity Predictions with Point-Based Networks," August 4, 2021, https://blog.atomwise.com/behind-the-ai-boosting-binding-affinity-predictions-with-pointbased-networks. (2) 딥 게노믹스는 새로운 유전자 치료제를 개발하기 위해 유전자 변형 결과를 예측하는 인공지능 도구를 만드는 데 2억 4000만 달러를 유치했다. Deep Genomics, "Deep Genomics Raises $180M in Series C Financing," July 28, 2021, https://www.deepgenomics.com/news/deep-genomics-raises-180m-series-c-financing/. (3) 벤치사이는 임상 연구에 최적화한 시약을 예측하는 인공지능을 만들기 위해 1억 달러를 유치했다. BenchSci, "BenchSci AI-Assisted Reagent Selection, n.d., https://www.benchsci.com/platform/ai-assisted-reagent-selection.
7. 올리버 웬들 홈스가 극찬한 것은 H. J. Lane, N. Blum, and E. Fee, "Oliver Wendell Holmes (1809~1894) and Ignaz Philipp Semmelweis (1818~1865): Preventing the Transmission of Puerperal Fever," *American Journal of Public Health* 100, no. 6 (2010), 1008-1009, https://doi.org/10.2105/AJPH.2009.185363 참조.
8. Dokyun Lee and Kartik Hosanagar, "How Do Recommender Systems Affect Sales Diversity? A Cross-Category Investigation via Randomized Field Experiment," *Information Systems Research* 30, no. 1 (2019): iii-viii, https://pubsonline.informs.org/doi/abs/10.1287/isre.2018.0800. 2021년 11월 16일 이도균과 주고받은 이메일.
9. Ajay Agrawal, John McHale, and Alex Oettl, "Superhuman Science: How Artificial Intelligence May Impact Innovation," working paper, Brookings, 2022.
10. Ewen Callaway, " 'It Will Change Everything': DeepMind's AI Makes Gigantic Leap in Solving Protein Structures," *Nature* 588 (2020): 203-204, https://www.nature.com/articles/d41586-020-03348-4.

11. "AI for Discovery and Self-Driving Labs," Matter Lab, n.d., https://www.matter.toronto.edu/basic-content-page/ai-for-discovery-and-self-driving-labs.

10 판도 변화와 지배력

1. Severin Borenstein and James Bushnell, "Electricity Restructuring: Deregulation or Reregulation?" *Regulation* 23, no. 2 (2000), http://faculty.haas.berkeley.edu/borenste/download/Regulation00ElecRestruc.pdf.
2. Clayton M. Christensen, *The Innovator's Dilemma: When New Technologies Cause Great Firms to Fail* (Boston: Harvard Business Review Press, 1997). Richard Foster, *Innovation: The Attacker's Advantage* (New York: Summit Books, 1986)처럼 앞선 저작에서도 비슷한 아이디어를 탐구했지만 '판도 변화'라는 용어를 강조하지는 않았다.
3. 그러나 역사에서 보듯 밑바닥부터 올라오는 판도 변화를 맞이한 기업들은 종종 이에 개의치 않고 그 기술에 대응하며 이를 이용할 수 있다. 이런 기업은 새로운 진입자를 인수하며 투자를 밀어붙여 따라잡을 수도 있다. 이 과정에서 레버리지 효과를 누리며 물살이 한동안 거셀지라도 이 프로세스에서 살아남을 수 있다. 이러한 대응에 대한 논의는 Joshua S. Gans, *The Disruption Dilemma* (Cambridge, MA: MIT Press, 2016) 참조.
4. Jill Lepore, "The Disruption Machine," *New Yorker*, June 16, 2014.
5. Tim Harford, "Why Big Companies Squander Good Ideas," *Financial Times*, September 6, 2018, https://www.ft.com/content/3c1ab748-b09b-11e8-8d14-6f049d06439c.
6. Rebecca M. Henderson, and Kim B. Clark, "Architectural Innovation: The Reconfiguration of Existing Product Technologies and the Failure of Established Firms," *Administrative Science Quarterly* (1990): 930.
7. 이러한 차이를 자세히 살펴보려면 Gans, *The Disruption Dilemma* 참조.
8. 이에 대한 이론적 경제학 모델은 Joshua Gans, "Internal Conflict and Disruptive Technologies," mimeo, Toronto, 2022 참조.
9. 블록버스터의 종말 와중에 벌어지는 술수를 모두 보여주는 상세한 설명으로는

Gina Keating, *Netflixed: The Epic Battle for America's Eyeballs* (New York: Penguin, 2012) 참조. 블록버스터의 흥망성쇠에 대한 회고적 설명을 보려면 다큐멘터리 〈더 라스트 블록버스터(The Last Blockbuster)〉 참조. 여기에서는 회사 운영 방식을 설명하면서 오리건주 벤드(Bend)에 마지막으로 남아 있는 블록버스터 대여점에 대한 가슴 저미는 이야기를 소개한다.

11 기계가 지배한다고?

1. Joan Baum, *The Calculating Passion of Ada Byron* (Hamden, CT: Archon Books, 1986).
2. 에이다는 우리의 CDL 프로그램을 이수했고, 이 책을 쓸 당시 2억 달러에 달하는 자금을 유치했다.
3. Ada, "Zoom, the World's Fastest Growing Company, Delivers on Customer Experience with Ada," case study, n.d., https://www.ada.cx/case-study/zoom?hsCtaTracking=bbb3dca6-ad19-42b2-97e3-8bcd92813842%7C754f3b30-ab8b-418d-b36c-d0ab3be3514f.
4. David Zax, "'I'm Feeling Lucky': Google Employee No. 59 Tells All," *Fast Company*, July 12, 2011, https://www.fastcompany.com/1766361/im-feeling-lucky-google-employee-no-59-tells-all; Nicholas Carlson, "Google Just Kills the 'I'm Feeling Lucky Button,'" *Business Insider*, September 8, 2010, https://www.businessinsider.com/google-just-effectively-killed-the-im-feeling-lucky-button-2010-9. 마리사 마이어(Marissa Meyer)는 이렇게 말했다. "'이제 운이 따를 것 같아'에서 마음에 드는 점은 이 버튼이 사용자로 하여금 자신 말고도 비슷하게 느끼는 사람이 더 있을 거라 생각하도록 만든다는 것이다." 어느 철학자는 이 버튼이 무오류에 대한 구글의 신(神) 콤플렉스를 집약적으로 보여준다고 생각했다. 농담이 아니다. John Durham Peters, "Google Wants to Be God's Mind: The Secret Theology of 'I'm Feeling Lucky,'" *Salon*, July 19, 2015, https://www.salon.com/2015/07/19/google_wants_to_be_gods_mind_the_secret_theology_of_im_feeling_lucky/. 일부를 인용해보자.

웹을 탐색할 때는 구글 홈페이지가 제공하는 두 가지 선택, 즉 '구글 검색'이나 "이제 운이 따를 것 같아"를 반드시 눌러야 한다. "이제 운이 따를 것 같아"는 웹 주소의 주관적 형식이다. 이 버튼을 누르면 구글이 사용자에게 주소를 알려주는 것이 아니다. 웹에 들어가는 것은 바로 나, 곧 일인칭 주체이며 불운을 떨치려 주문을 중얼대면서 도박사의 심정으로 간절한 호소를 전달하는 것이다. 구글의 검색 페이지는 욕망의 입구이자 모두가 청원을 바치는 옥좌다. (구글 서버에는 욕망의 문서고가 있다.) "이제 운이 따를 것 같아"는 또한 점괘를 뽑는 종교적 관습을 떠올리게 한다. 이 버튼을 누르면 종종 원하는 것을 얻으므로 구글은 뽐낼 만하다. (최근에 이 버튼은 대부분의 사용자를 위키피디아 페이지로 인도하지만 초기에만 해도 훨씬 예상치 못한 곳으로 인도하곤 했다.) 계속해보자. 구글이 '행운'의 버튼을 누르는 1퍼센트 남짓의 검색에서 한 푼도 벌지 못하지만(이 버튼을 누르면 오직 특정 사이트 하나만 보여주므로 광고가 일체 따르지 않는다), 구글의 리더들은 결과 신봉자들의 비난을 받으면서도 놀라울 정도로 꿋꿋하게 이 버튼을 고집한다. 이 리더들은 갈 길을 알고 있다. 이 버튼은 신탁을 내릴 듯한 분위기와 괴짜에 대한 매혹을 잃지 않으면서 실현하지 못한 이익을 충분히 보상한다. 이것을 잃는다면 손실이 막대할 것이다. 구글 홈페이지에 들어간 사용자는 문턱에 올라 문을 두드린다. 두 가지 선택이 나란히 사용자를 맞이한다. 하나는 점을 치는 고대의 방식이고, 다른 하나는 현대적 방식이다. 컴퓨터를 통해 전체를 살피라는 요청과 주역(周易)을 닮은 불가사의가 짝을 이루면서 이 기업에 대한 문화적 공감이 기지개를 켠다. 고대와 현대, 신과 구글, 연속성이 뚜렷하다. 구글 검색 페이지는 아마도 검색이나 요청을 하면 맞이할 단순한 구조를 가진 가장 경건한 형식이다. 사람들은 무엇을 찾고 있는가? 정적 속의 신호, 신의 사랑, 법망을 피해 다니는 도망자, 잃어버린 열쇠고리를 찾고 있다. 구글은 이 중 일부를 찾는 데 도움을 줄 것이다.

5. Janelle Shane, *You Look Like a Thing and I Love You* (New York: Little Brown, 2019), 144.
6. Lewis Mumford, *Technics and Civilization* (New York: Harcourt, Brace, 1934), 27.

12 누적되는 지배력

1. 이 장은 다음을 기반으로 했다. Agrawal, Joshua Gans, and Avi Goldfarb, "How to Win with Machine Learning," *Harvard Business Review*, September-October 2020.
2. Marco Iansiti and Karim Lakhani, *Competing in the Age of AI* (Cambridge, MA: Harvard Business Review Press, 2020).
3. Joseph White, "GM Buys Cruise Automation to Speed Self-Driving Car Strategy," Reuters, March 11, 2016, https://www.reuters.com/article/us-gm-cruiseautomation-idUSKCN0WD1ND.
4. Clara Curiel-Lewandrowski et al., "Artificial Intelligence Approach in Melanoma," *Melanoma*, ed. D. Fisher and B. Bastian (New York: Springer, 2019), https://doi.org/10.1007/978-1-4614-7147-943; Adewole S. Adamson and Avery Smith, "Machine Learning and Health Care Disparities in Dermatology," *JAMA Dermatology* 154, no. 11 (2018): 1247-1248, https://jamanetwork.com/journals/jamadermatology/article-abstract/2688587.

13 대분리

1. David J. Deming, "The Growing Importance of Decision-Making on the Job," working paper 28733, National Bureau of Economic Research, Cambridge, MA, 2021.
2. Chris Bengel, "Michael Jordan Shares Hilarious Response to Risking Injuries in Sneak Peek of 'The Last Dance' Documentary," CBS, April 19, 2020, https://www.cbssports.com/nba/news/michael-jordan-shares-hilarious-response-to-risking-injuries-in-sneak-peek-of-the-last-dance-documentary/.
3. Michael Jordan, "Depends How Fing Bad the Headache Is!" YouTube, April 20, 2020, https://www.youtube.com/watch?v=2WWspa-mFZY; Bengel, "Michael Jordan Shares Hilarious Response."
4. Jordan, "Depends How Fing Bad the Headache Is!"; Bengel, "Michael Jordan Shares Hilarious Response."

5. Ramnath Balasubramanian, Ari Libarikian, and Doug McElhaney, "Insurance 2030—The Impact of AI on the Future of Insurance," McKinsey, March 12, 2021, https://www.mckinsey.com/industries/financial-services/our-insights/insurance-2030-the-impact-of-ai-on-the-future-of-insurance#.
6. Fred Lambert, "Tesla Officially Launches Its Insurance Using 'Real-Time Driving Behavior,' Starting in Texas," Elektrek, October 14, 2021, https://electrek.co/2021/10/14/tesla-officially-launches-insurance-using-real-time-driving-behavior-texas/.
7. Miremad Soleymanian, Charles B. Weinberg, and Ting Zhu, "Sensor Data and Behavioral Tracking: Does Usage-Based Auto Insurance Benefit Drivers?," *Marketing Science* 38, no. 1 (2019).
8. Paul Green and Vithala Rao, "Conjoint Measurement for Qualifying Judgmental Data," *Journal of Marketing Research* 8, 355-363, p. 355. https://journals.sagepub.com/doi/pdf/10.1177/002224377100800312.
9. Robert Zeithammer and Ryan P. Kellogg, "The Hesitant Hai Gui: Return-Migration Preferences of U.S.-Educated Chinese Scientists and Engineers," *Journal of Marketing Research* 50, no. 5 (2013), https://journals.sagepub.com/doi/abs/10.1509/jmr.11.0394?journalCode=mrja.
10. 물론 바자리는 자신이 이것을 혼자서 이룬 게 아니며 그러기에는 다소 복잡한 일이었다고 말할 것이다. 그는 자신이 아마존에 필요한 경제학과 데이터 사이언스 그룹을 세운 팀의 일원이라고 강조한다.
11. Katrina Lake, "Stitch Fix's CEO on Selling Personal Style to the Mass Market," *Harvard Business Review*, May-June 2018.

14 확률로 표현되는 사고방식

1. Tom Krisher, "Feds: Uber Self-Driving SUV Saw Pedestrian, Did Not Brake," AP News, May 24, 2018, https://apnews.com/article/north-america-ap-top-news-mi-state-wire-az-state-wire-ca-state-wire-63ff0b97fe1c44f98e4ee02c70a6397e; T.S, "Why Uber's Self-Driving Car Killed a Pedestrian," *Economist*, May

29, 2018, https://www.economist.com/the-economist-explains/2018/05/29/why-ubers-self-driving-car-killed-a-pedestrian.

2. Uriel J. Garcia and Karina Bland, "Tempe Police Chief: Fatal Uber Crash Likely 'Unavoidable' for Any Kind of Driver," *AZCentral*, March 2018, https://www.azcentral.com/story/news/local/tempe/2018/03/20/tempe-police-chief-fatal-uber-crash-pedestrian-likely-unavoidable/442829002/.
3. National Transportation Safety Board, "Collison between Vehicle Controlled by Developmental Automated Driving System and Pedestrian", Accident Report (Washington, DC: NTSB, March 18, 2018), https://www.ntsb.gov/investigations/AccidentReports/Reports/HAR1903.pdf.
4. Hilary Evans Cameron, Avi Goldfarb, and Leah Morris, "Artificial Intelligence for a Reduction of False Denials in Refugee Claims," *Journal of Refugee Studies* 35, no. 1 (2022), https://doi.org/10.1093/jrs/feab054.
5. Hilary Evans Cameron, *Refugee Law's Fact-Finding Crisis: Truth, Risk, and the Wrong Mistake* (Cambridge, UK: Cambridge University Press, 2018).
6. 이러한 사고방식에 대한 분석으로는 P. Bolton and A. Faure-Grimaud, "Thinking Ahead: The Decision Problem," *Review of Economic Studies* 76, no. 4 (2009): 1205-1238 참조. 예측 기계 적용에 대해서는 Ajay Agrawal, Joshua Gans, and Avi Goldfarb, "Prediction, Judgment, and Complexity: A Theory of Decision-Making and Artificial Intelligence," in *The Economics of Artificial Intelligence: An Agenda* (Chicago: University of Chicago Press, 2018), 89-110 참조.
7. 경험에 의해 습득하는 판단 모델에 대해서는 Ajay Agrawal, Joshua S. Gans, and Avi Goldfarb, "Human Judgment and AI Pricing," *AEA Papers and Proceedings* 108 (2018): 58-63 참조.
8. 이 생각은 Ariel Dora Stern and W. Nicholson Price II, "Regulatory Oversight, Causal Inference, and Safe and Effective Health Care Machine Learning," *Biostatistics* 21, no. 2 (2020): 363-367, https://academic.oup.com/biostatistics/article/21/2/363/5631849에서 논의한 의료 규제의 변화에서 빌려온 것이다.

15 새로운 판단 적임자

1. Peter Baghurst et al., "Environmental Exposure to Lead and Children's Intelligence at the Age of Seven Years: The Port Pirie Cohort Study," *New England Journal of Medicine* 327, no. 18 (1992): 1279-1284.
2. 80퍼센트라는 수치는 그들의 자료에서 빌려온 것이다. 엄밀히 말해, ROC 곡선 아래 면적의 넓이는 0.95다. 즉, 이 모델은 정확히 95퍼센트의 확률로 납관의 매설을 예측한다.
3. Alexis C. Madrigal, "How a Feel-Good Story Went Wrong in Flint," *Atlantic*, January 3, 2019, https://www.theatlantic.com/technology/archive/2019/01/how-machine-learning-found-flints-lead-pipes/578692/.
4. "The Lead-Pipe Finder," The Best Inventions of 2021, *Time*, November 10, 2021, https://time.com/collection/best-inventions-2021/6113124/blueconduit/; Zahra Ahmad, "Flint Replaces More Lead Pipes Using Predictive Model, Researches Say," MLive, June 27, 2019, https://www.mlive.com/news/flint/2019/06/flint-replaces-more-lead-pipes-using-predictive-model-researchers-say.html; Adele Peters, "We Don't Know Where All the Lead Pipes Are. This Tool Helps Find Them," *Fast Company*, October 4, 2021, https://www.fastcompany.com/90682174/this-tool-figures-out-which-houses-are-most-likely-to-have-lead-pipes; Sidney Fussell, "An Algorithm Is Helping a Community Detect Lead Pipes," *Wired*, January 14, 2021, https://www.wired.com/story/algorithm-helping-community-detect-lead-pipes/; Madrigal, "How a Feel-Good Story Went Wrong in Flint."
5. National Weather Association, "About NWA," n.d., https://nwas.org/about-nwa/; Ben Alonzo, "Types of Meteorology," *Sciencing*, April 24, 2017, https://sciencing.com/types-meteorology-8031.html. 이 내용은 대부분 미국 국립기상협회장을 지낸 토드 레리코스와의 인터뷰(2021년 11월 17일)에서 가져온 것이다.
6. 저자와 토드 레리코스의 인터뷰, 2021년 11월 17일.
7. Michael Lewis, *The Fifth Risk* (New York: W. W. Norton & Company, 2018), 131, Kindle.

8. 저자와 토드 레리코스의 인터뷰.
9. Andrew Blum, *The Weather Machine* (New York: Ecco, 2019), 159, Kindle.
10. Blum, *The Weather Machine*, 160.
11. 저자와 토드 레리코스의 인터뷰.
12. 저자와 토드 레리코스의 인터뷰.
13. 최고위 경영자는 부하 직원보다 신뢰할 만하고 선명한 해법을 제시하는 인공지능에 기대를 걸 수도 있다. 인공지능에는 고위 경영자의 목표에 도움을 준다는 측면에서 자신만의 이해관계를 갖는 부하 직원보다 많은 장점이 있다. 그럼에도 불구하고 예측 기계의 불완전성 때문에 경영자는 부하 직원들이 적극적으로 의사 결정의 바탕이 될 해법을 제시하길 바랄 수 있다. 경영자가 인공지능에 의지할지, 아니면 부하 직원에게 의사 결정 권한의 일부를 맡길지는 경영자의 바람에 달린 문제다. 더 자세히 살펴보려면 Susan C. Athey, Kevin A. Bryan, and Joshua S. Gans, "The Allocation of Decision Authority to Human and Artificial Intelligence," *AEA Papers and Proceedings* 110 (2020): 80-84 참조.
14. Ajay Agrawal, Joshua S. Gans, and Avi Goldfarb, "Artificial Intelligence: The Ambiguous Labor Market Impact of Automating Prediction," *Journal of Economic Perspectives* 33, no. 2 (2019): 31-50, https://pubs.aeaweb.org/doi/pdfplus/10.1257/jep.33.2.31.
15. Agrawal et al., "Artificial Intelligence."

16 신뢰성 있는 두 가지 시스템 디자인

1. Thomas C. Schelling, *The Strategy of Conflict* (Cambridge, MA: Harvard University Press, 1960), 80.
2. 오후 4시 20분이라고 대답한다면 당신은 많은 모임에 늦은 이유를 하나 더 알게 되는 셈이다.
3. J. Roberts and P. Milgrom, *Economics, Organization and Management* (Englewood Cliffs, NJ: Prentice-Hall, 1992), 126-311.
4. H. A. Simon, *The Sciences of the Artificial*, 3rd ed. (Cambridge, MA: MIT Press, 2019).

5. 이에 대한 수학적 설명은 J. Sobel, "How to Count to One Thousand," *Economic Journal* 102, no. 410 (1992): 18 참조.
6. R. M. Henderson and K. B. Clark, "Architectural Innovation: The Reconfiguration of Existing Product Technologies and the Failure of Established Firms," *Administrative Science Quarterly* 35, no. 1 (1990): 930.
7. Ajay K. Agrawal, Joshua S. Gans, and Avi Goldfarb, "AI Adoption and System-Wide Change," working paper w28811, National Bureau of Economic Research, Cambridge, MA, 2021.
8. . https://www.mckinsey.com/business-functions/mckinsey-digital/how-we-help-clients/flying-across-the-sea-propelled-by-ai.
9. Maggie Mae Armstrong, "Cheat Sheet: What Is Digital Twin?," *IBM Business Operations* blog, December 4, 2020, https://www.ibm.com/blogs/internet-of-things/iot-cheat-sheet-digital-twin/.
10. "The Power of Massive, Intelligent, Digital Twins," Accenture, June 7, 2021, https://www.accenture.com/ca-en/insights/health/digital-mirrored-world.
11. Michael Grieves and John Vickers, "Digital Twin: Mitigating Unpredictable, Undesirable Emergent Behavior in Complex Systems," *Transdisciplinary Perspectives on Complex Systems* (New York: Springer, 2016), 85-113, https://link.springer.com/chapter/10.1007/978-3-319-38756-74.
12. Grieves and Vickers, "Digital Twin: Mitigating Unpredictable, Undesirable Emergent Behavior in Complex Systems."
13. "Virtual Singapore," Prime Minister's Office, National Research Foundation, Singapore, https://www.nrf.gov.sg/programmes/virtual-singapore; DXC Technology, "Why Cities Are Creating Digital Twins," GovInsider, March 18, 2020, https://govinsider.asia/innovation/dxc-why-cities-are-creating-digital-twins/.
14. "Pushing the Boundaries of Renewable Energy Production with Azure Digital Twins," Microsoft Customer Stories, November 30, 2020, https://customers.microsoft.com/en-in/story/848311-doosan-manufacturing-azure-digital-twins.

17 백지상태에서 설계하기

1. "Cooking," National Fire Protection Association, n.d., https://www.nfpa.org/Public-Education/Fire-causes-and-risks/Top-fire-causes/Cooking.
2. Isaac Ehrlich and Gary S. Becker, "Market Insurance, Self-Insurance, and Self-Protection," *Journal of Political Economy* 80, no. 4 (1972): 623-648; John M. Marshall, "Moral Hazard," American Economic Review 66, no. 5 (1976): 880-890.
3. Daniel Schreiber, "Precision Underwriting," *Lemonade* blog, n.d., https://www.lemonade.com/blog/precision-underwriting/.
4. Daniel Schreiber, "AI Eats Insurance," *Lemonade* blog, n.d., https://www.lemonade.com/blog/ai-eats-insurance/.
5. Daniel Schreiber, "Two Years of Lemonade: A Super Transparency Chronicle," *Lemonade* blog, n.d., https://www.lemonade.com/blog/two-years-transparency/.
6. IPC Research, "Lemonade IPO: A Unicorn Vomiting a Rainbow," *Insurance Insider*, June 9, 2020, https://www.insidepandc.com/article/2876fsvzg2scz9uy1iww0/lemonade-ipo-a-unicorn-vomiting-a-rainbow.

18 시스템 변화에 대한 대비

1. Sendhil Mullainathan and Ziad Obermeyer, "Diagnosing Physician Error: A Machine Learning Approach to Low-Value Health Care," *Quarterly Journal of Economics* 137, no. 2 (2022): 679-727, online appendix 3, https://academic.oup.com/qje/advance-article-abstract/doi/10.1093/qje/qjab046/6449024.
2. Mullainathan and Obermeyer, "Diagnosing Physician Error."
3. 전형적인 논의는 Jeffrey E. Harris, "The Internal Organization Of Hospitals: Some Economic Implications," *Bell Journal of Economics* (1977): 467-482 참조. 교과서에 대한 논의는 Jay Bhattacharya, Timothy Hyde, and Peter Tu, *Health Economics* (London: Red Globe Press, 2014) 참조.
4. 이 논의는 멀레이너선과 오버마이어의 책 부록 3을 바탕으로 한 Ajay Agrawal, Joshua Gans, and Avi Goldfarb, "Similarities and Differences in the Adoption

of General Purpose Technologies," working paper, University of Toronto, 2022, https://conference.nber.org/conf_papers/f158748.pdf에 실려 있다. 당연히 멀레이너선과 오버마이어가 다룬 다양한 고려 사항 중에서 일부를 따온 것이다.

5. 예를 들어 Department of Emergency Medicine, "Mission," University of Pittsburgh website, https://www.emergencymedicine.pitt.edu/about/mission 참조.
6. Eric Topol, *Deep Medicine* (New York: Basic Books, 2019).
7. Alvin Rajkomar, Jeffrey Dean, and Isaac Kohane, "Machine Learning in Medicine," *New England Journal of Medicine* 380 (2019): 1347-1358, https://www.nejm.org/doi/pdf/10.1056/NEJMra1814259?articleTools=true.
8. Jurgen Knapp et al., "Influence of Prehospital Physician Presence on Survival after Severe Trauma: Systematic Review and Meta-analysis," *Journal of Trauma and Acute Care Surgery* 87, no. 4 (2019): 978-989, https://journals.lww.com/jtrauma/Abstract/2019/10000/Influence_of_prehospital_physician_presence_on.43.aspx.
9. Victor Nathan Chappuis et al., "Emergency Physician's Dispatch by a Paramedic-Staffed Emergency Medical Communication Centre: Sensitivity, Specificity and Search for a Reference Standard," *Scandinavian Journal of Trauma, Resuscitation and Emergency Medicine* 29, no. 31 (2012), https://sjtrem.biomedcentral.com/articles/10.1186/s13049-021-00844-y.
10. 이 쟁점에 대한 고전적인 논의는 Edith Penrose, *The Theory of the Growth of the Firm* (Oxford, UK: Oxford University Press, 2009); Kenneth J. Arrow, *The Limits of Organization* (New York: Norton, 1974) 참조. 공식적인 논의는 Oliver Hart and Bengt Holmstrom, "A Theory of Firm Scope," *Quarterly Journal of Economics* 125, no. 2 (2010): 483-513에 있다.
11. 레베카 헨더슨과 킴 클라크는 이런 혁신을 각각 모듈러 혁신과 구조적 혁신으로 보았다. Rebecca M. Henderson and Kim B. Clark, "Architectural Innovation: The Reconfiguration of Existing Product Technologies and the Failure of Established Firms," *Administrative Science Quarterly* (1990): 930. Joshua

Gans, *The Disruption Dilemma* (Cambridge, MA: MIT Press, 2016)도 참조.

에필로그: 인공지능의 편향과 시스템

1. E. Pierson et al., "An Algorithmic Approach to Reducing Unexplained Pain Disparities in Underserved Populations," *Nature Medicine* 27, no. 1 (2012): 136-140, https://doi.org/10.1038/s41591-020-01192-7.
2. J. H. Kellgren and J. S. Lawrence, "Radiological Assessment of Osteo-Arthrosis," *Annals of the Rheumatic Diseases* 16, no. 4 (1957): 494, https://ard.bmj.com/content/16/4/494; Mark D. Kohn, Adam A. Sassoon, and Navin D. Fernando, "Classification in Brief: Kellgren-Lawrence Classification of Osteoarthritis," *Clinical Orthopaedics and Related Research* 474, no. 8 (2016) 1886-1893, https://www.ncbi.nlm.nih.gov/pmc/articles/PMC4925407/.
3. 예를 들어 J. E. Collins et al., "Trajectories and Risk Profiles of Pain in Persons with Radiographic, Symptomatic Knee Osteoarthritis: Data from the Osteoarthritis Initiative," *Osteoarthritis and Cartilage* 22 (2014): 622-630 참조.
4. E. Pierson et al., "An Algorithmic Approach to Reducing Unexplained Pain Disparities in Underserved Populations."
5. April Glaser and Rani Molla, "A (Not-So) Brief History of Gender Discrimination Lawsuits in Silicon Valley," Vox, April 10, 2017, https://www.vox.com/2017/4/10/15246444/history-gender-timeline-discrimination-lawsuits-legal-silicon-valley-google-oracle--note; Sheelah Kolhatkar, "The Tech Industry Gender-Discrimination Problem, *New Yorker,* November 13, 2017, https://www.newyorker.com/magazine/2017/11/20/the-tech-industrys-gender-discrimination-problem; David Streitfeld, "Ellen Pao Loses Silicon Valley Bias Case Against Kleiner Perkins," *New York Times,* March 27, 2015, https://www.nytimes.com/2015/03/28/technology/ellen-pao-kleiner-perkins-case-decision.html.
6. David Streitfeld, "Kleiner Perkins Portrays Ellen Pao as Combative and Resentful in Sex Bias Trial," *New York Times*, March 11, 2015, https://www.nytimes.

com/2015/03/12/technology/kleiner-perkins-portrays-ellen-pao-as-combative-and-resentful-in-sex-bias-trial.html.

7. 이런 상황을 설명하는 것으로는 J. Kleinberg et al., "Algorithms as Discrimination Detectors," *Proceedings of the National Academy of Sciences* 117, no. 48 (2020): 30096-30100, https://www.pnas.org/content/pnas/117/48/30096.full.pdf 참조.
8. Marianne Bertrand and Sendhil Mullainathan, "Are Emily and Greg More Employable Than Lakisha and Jamal? A Field Experiment on Labor Market Discrimination," *American Economic Review* 94, no. 4 (2004): 991-1013, http://www.jstor.org/stable/3592802.
9. Ziad Obermeyer et al., "Dissecting Racial Bias in an Algorithm Used to Manage the Health of Populations," *Science* 366, no. 6464 (2019): 447-453, https://www.science.org/doi/10.1126/science.aax2342
10. Sendhil Mullainathan, "Biased Algorithms Are Easier to Fix Than Biased People," *New York Times*, December 6, 2019, https://www.nytimes.com/2019/12/06/business/algorithm-bias-fix.html.
11. Mullainathan, "Biased Algorithms Are Easier to Fix Than Biased People."
12. Obermeyer et al., "Dissecting Racial Bias."
13. Obermeyer et al., "Dissecting Racial Bias."
14. Mullainathan, "Biased Algorithms Are Easier to Fix Than Biased People."
15. Carmina Ravanera and Sarah Kaplan, "An Equity Lens on Artificial Intelligence," Institute for Gender and the Economy, Rotman School of Management, University of Toronto, August 15, 2021, https://cdn.gendereconomy.org/wp-content/uploads/2021/09/An-Equity-Lens-on-Artificial-Intelligence-Public-Version-English-1.pdf.
16. Kleinberg et al., "Algorithms as Discrimination Detectors."
17. 알고리즘의 편향은 세 부분으로 나누어 이해할 수 있다. (1) 입력 변수의 선택에서 일어나는 편향, (2) 측정 자료의 선택에서 일어나는 편향, (3) 학습 과정의 구조적 편향. 이 세 종류의 편향으로 마저 설명할 수 없는 격차는 구조적 불이익에 해당한다. 출처: Kleinberg et al., "Algorithms as Discrimination Detectors."

18. Bernie Wilson, "Schilling Fined for Smashing Ump Camera," AP News, June 2, 2003, https://apnews.com/article/774eb21353c94032b8b175d3f55d3e7d; Katie Dean, "Umpires to Tech: You're Out!" *Wired*, June 18, 2003, https://www.wired.com/2003/06/umpires-to-tech-youre-out/.
19. Dominick Reuter, "1 Out of Every 153 American Workers Is an Amazon Employee," *Business Insider*, July 30, 2021, https://www.businessinsider.com/amazon-employees-number-1-of-153-us-workers-head-count-2021-7.
20. Jeffrey Dastin, "Amazon Scraps Secret AI Recruiting Tool That Showed Bias Against Women," Reuters, October 10, 2018, https://www.reuters.com/article/us-amazon-com-jobs-automation-insight-idUSKCN1MK08G.
21. Matthew Yglesias, "Automate as Much Traffic Enforcement as Possible," Slow Boring, November 4, 2021, www.slowboring.com/p/traffic-enforcement.
22. Marzyeh Ghassemi, lecture, NBER AI 2021, Cambridge, MA, September 23, 2021, https://www.youtube.com/watch?v=lfDu5337quU.

찾아보기